「偏見・差別・人権」を問い直す

京都大学講義

竹本修三
駒込 武
伊藤公雄
友澤悠季
野田公夫
前平泰志
脇中 洋

京都大学学術出版会

目　次

人権という言葉の廃墟から
　　──もうひとつの「講義」への出発
　　　　　　　　　　　　　　（駒込　武・友澤悠季）　3

第1講　「地球を救う」は人を救うか？
　　──「環境問題」に潜む権力性
　　　　　　　　　　　　　　（野田公夫・友澤悠季）　15

　　Column 1　学問のなりたちを問い直す──「自主講座公害原論」から，いまへ

第2講　それぞれの夢の行方──〈私〉のなかの民族問題を考える
　　　　　　　　　　　　　（駒込　武・片田　晶・安岡健一）　59

　　Column 2　朝鮮学校の歴史を知っていますか？
　　Column 3　日本軍「慰安婦」問題と日本社会の世論

第3講　ジェンダーから点検する社会──性差別と向き合う
　　　　　　　　　　　　　　　　　　　（伊藤公雄）　97

　　Column 4　なぜ彼女は野宿を続けるのか
　　Column 5　性的少数者の多元的な「可視化」

第4講　自らを受け止めるとは──「障害」をめぐって
　　　　　　　　　　　　　　　　　　　（脇中　洋）　133

　　Column 6　障害者として生きること
　　Column 7　京都大学の身体障害者受入れについて
　　Column 8　犯罪に巻き込まれる障害者

第5講　無関心な人々の共謀──部落差別の内実を問い返す
　　　　　　　　　　　　　　　　　　　（前平泰志）　191

　　Column 9　事実として起こっている部落差別事件

演 習　メール討論　「障害」のある人・「障害者」であることを
　　　　めぐって　　　　　　　　　　　　　　　　　　　219

京都大学・全学共通科目「偏見・差別・人権」に関して
　──あとがきに代えて　　　　　　　　　　（竹本修三）　263

謝　辞　　　　　　　　　　　　　　　　　　　　　　　284

京都大学講義
「偏見・差別・人権」を問い直す

人権という言葉の廃墟から
もうひとつの「講義」への出発

駒込　武
友澤悠季

人権について語ることの難しさ

　人権について語るのは，難しい。大学の講義という場では，とりわけそうである。なぜだろうか？

　理由のひとつは，話す前から，「人権は大切だ」というオチが見えてしまっていることである。誰にとっても，オチのわかっている話題に興味をつなぐことは難しい。しかも，このオチは，どこかうさんくさい。

　ネット上の巨大掲示板では「頭に「人権」をつけると全てが胡散臭くなる件」というスレッドが立てられ，「人権タクシー」「人権公園」「人権ペンギン」……と延々と書き連ねられていて，思わず吹き出してしまう。タクシー会社にはタクシー会社の目的，公園には公園本来の役割，ペンギンにはペンギンらしさというべきものがあるはずなのに，人権という言葉が頭につけられた瞬間に，本来の目的や性質を離れて，妙に力んで「すべての人のため」という看板をとってつけたような感じとなる。このとってつけたような感じが，「胡散臭さ」のひとつの要因だろう。

　インターネットという疑似空間においてこうしたスレッドが立てられる状況は，人権という言葉に対する共通の重みの感覚が基盤部分から崩れていることを反映しているのかもしれない。人権という言葉は，長い間，「伝家の宝刀」のような役割を果たしてきた。だが，便利な言葉は，それだけ，曖昧さ

をはらみ，誰でもが使い，流通量も多いことによって，手垢にまみれてゆく。いわば抜けがらとなった言葉の廃墟が生じているのだ。

　実際，言葉の廃墟を示す用法は枚挙にいとまがない。特に国際政治の舞台では，政治的目的や経済的効率性が優先される現実の中で，人権という言葉はいとも簡単に投げ棄てられたり，時と場合により都合よく使い分けられたりしている。

　たとえば，『グアンタナモ，僕達が見た真実』(監督：マイケル・ウィンターボトム，マット・ホワイトクロス，2007年1月公開) というノンフィクション映画がある。この映画では，「自由と民主主義の国」であるはずのアメリカ政府が，「テロリスト」の容疑をかけた人びとを裁判にもかけずに，米軍基地に長期間拘留した上で，拷問を加えている事実がなまなましく描かれている。今日の法観念からすれば，あきらかに人権侵害にあたる出来事である。ただし，この基地はアメリカがキューバから借りた土地に設けられているので，アメリカの国内法は適用されない仕組みとなっている。いわば政府公認の「無法地帯」となっているわけである。「テロ対策」という口実でこうした「無法地帯」を自らつくりだしているアメリカ政府が，他国に対しては「人権を尊重していない」と圧力をかけることもあるのだから，「人権は大切だ」という語りに「胡散臭い」ものを感じるのはやはり自然なことだ。

　大学という場に立ち戻って考えれば，身体的なハンディキャップを持つ学生に対する保障と配慮が十分になされないまま，「人権に関する授業」が進行するという皮肉な事態もありうる。あるいは，「人権は大切だ」という考えを否定する立場からレポートを書いた学生がいたとして，もしも教員が単に自分と価値観が異なることだけを理由として「不可」をつけたとすれば，それも一種の人権侵害となる可能性がある。今日，セクシャル・ハラスメントにかぎらず，大学における多様な形態のキャンパス・ハラスメントが問題視されるようになっているが，さまざまな利害関係や権力関係の錯綜する大学という場は，それ自体が差別の「現場」でもある。

　大学において教えられる知識そのものも，偏見や差別から自由ではありえない。むしろ，偏見や差別を生み出し，正当化してしまう場合もある。たと

えば，知能テストを考えてみよう。最近では「テスト・ザ・ネイション」（全国一斉IQテスト）というテレビ番組で簡易化された知能テストが大々的に行われていたりもするが，本来は「知的障害児」を選別するために開発されたものである。知能テストは，人間のさまざまな能力のなかで限られた思考能力を測るものであり，生育環境や検査時の体調などによっても左右される。それにもかかわらず，あたかも人間の生まれつきの能力を示す絶対的な数値であるかのようにみなされがちである。学校教育では，教師が「知能の低い子ども」という固定観念を抱くことにより，その子どもの潜在能力を低く見積もり，実際に「知能」の低下を招いてしまう事態も指摘されている。さらに歴史的には，「劣った遺伝子」を持つ「知能の低い人びと」のせいで犯罪や貧困が増加するのだから，「知能の低い人びと」は子どもを産めないように断種すべきだという極端な主張がなされたこともあった。

　こうした問題は，知能テストそのものによるものではなく，その使い方によるものだと考えることもできる。しかし，どのように精密な技術を開発しても，それを用いるのが人間である以上，想定外の効果を生み出してしまう可能性は常に存在する。しかも，誤差を少なくすることを目指して技術を精緻にすればするほど，技術をつかいこなせる少数の「専門家」と，それ以外の人びととの落差も大きくなる（たとえば，知能テストの結果は一般には被験者には知らされず，テストそれ自体や検査法を示したマニュアルも原則的に医療・教育関係者などしか入手できないようになっている）。「専門家」とそれ以外の人びとという階層的な関係も，人権侵害の土壌となる。

　もとより，大学における「専門家」養成という機能を一律に否定できるものではないし，知能テストに関しても人びとの福祉に役立つ形で用いられることもあるだろう。ここで確認しておきたいことは，「客観的」で「合理的」な知識と思われるものが，偏見や差別の増幅につながってしまうこともあるという点である。こうした事態に無頓着で無関心なまま大学の教壇から「人権は大切だ」と語ったとしても，やはり「胡散臭い」という印象を拭うのは難しいと言わざるをえない。

それでも，人権を語ることの大切さ……

　大学という空間は，差別の「現場」であるばかりでなく，人権侵害の土壌を耕すことにも「貢献」してしまっている。そのことは，人権問題について大学も特別な空間ではなく，社会の一部に過ぎないことを示すものとも言える。大切なのは，大学の内にいると外にいるとを問わず，また，自分で意識するとしないとにかかわらず，私たちは，差別する／差別される関係の中に置かれているということである。差別という言葉が大げさに聞こえるとしたら，誰かを脅かす／誰かから脅かされる関係から逃れられないと表現することもできる。ただし，この人は「脅かす人」，あの人は「脅かされる人」というように，役割が固定されているわけではない。ある側面では他者を脅かす立場にある人が，別の側面ではほかの人から脅かされていることも少なくない。差別する／差別される，脅かす／脅かされるという関係は，私たちの社会生活のいたるところで，複雑に重層しながら存在している。

　たとえば，朝鮮学校の関係者から，こんな話を聞いたことがある。朝鮮学校にはしばしば「お前ら，殺したる～！」というような脅迫電話がかかってくるという。ある時，「なぜそのように思わはるんですか？」とつとめて冷静に応対していると，やがて脅迫電話をかけた当人が「俺だって，たいへんなんや～」と泣きながら職場における不遇な状況について語り始めたという。似たような問題は，2003年に京都大学構内で発見された差別ビラにも見いだされる。そこでは，「さぁ，穢多，殺せ！　恩知らずで平気でわれわれからたかる馬鹿チョンどもを殺せ，役立たずの障害者を殺せ！」という暴力的な言葉を書き連ねた上で，急に「どうせ俺は欠点しかなく，根気もなく，何をやっても長続きしないだめな人間だ」と記し，「だめな人間だから差別をしようと勝手」と開き直っている（この差別ビラの問題点に関しては，本書第5講のコラムも参照してほしい）。

　脅迫電話や差別落書き・差別ビラは犯罪的な行為であり，決して許すことはできない。しかし，同時に，なぜこうした事態が生じるのかを考えてみる

必要もある。今日の日本社会では，職場や学校，時には家庭においてすら「有益な人間」と「だめな人間」を選別する傾向が根強く存在している。いったんは「有益な人間」として自分をアピールすることに成功した人もいつ「だめな人間」にされてしまうかわからない。不安に満ちた状況の中で，誰かに脅かされているという，漠然とした被害者感覚が蔓延しているように思える。この被害者感覚を養分として，自分とは関係のない第三者，しかも安心して攻撃できる社会的な「弱者」に自分の不安や不満のはけ口を求めようとする衝動が生まれる。よく考えてみれば，「だめな人間」というレッテルを自分に貼る人，自分を脅かすものの正体はほかのところに存在するはずなのに，その正体をつきとめようと立ち止まって考えてみるのは意外と難しいことなのかもしれない。

　性別や出自を理由とした就職差別，あるいはハラスメントのように明確に理不尽で暴力的な事態に直面した場合でも，被害を受けた人が「自分の人権が侵された」と受けとめるのは想像以上に困難なことである。ごくふつうの日常を生きていたはずの自分が「被害者」であるのを自覚することは，被害の痛みを忘れさせるのではなく，むしろ強めてしまうからである。なんとかやりすごそうとしてみたり，自分にもいたらないところがあったのだと自分を責めてみたり……。それでも，いてもたってもいられなくなって被害を訴え出てみれば，「余計な波風を立てた」とみなされて周囲の人から孤立してしまうこともある。人権という言葉は，そうした人びとに「今は，あなたはひとりぼっちだと思えるかもしれない。だが，あなたの主張はもっともだ」という励ましを与えるものだ。すなわち，理不尽な暴力から自分自身を守り，他者とのつながりを回復するための通路となるはずのものである。私たちは誰もが，多かれ少なかれ，他者から脅かされながら生きている。そうした中でなんとか生きようとするときにこそ，人権という言葉のもつ可能性が再発見されるのだと思う。

　では，脅かすのは誰なのだろうか。ハラスメントをめぐる事案に接して印象的なことは，加害者とされる人が，みな同じように「悪意はなかった……」と述べることである。この言葉は真実かもしれない。しかし，そこには決定

的に欠落しているものがある。他者の痛みへの想像力である。自分にとっては「ほんのちょっとした冗談のつもり」のことが，他者にとっては心身の調子を崩してしまうような深刻な事態となることもありうるのだ。

　ハラスメントのように直接的な関係ばかりではない。自分自身はまったく無意識・無関心でありながら，そのことにより，結果として，他者を脅かしていることもある。偏見や差別に直面して誰かが「痛い！」という言葉を発したとしても，自分の経験の中で似たようなことを想起できなければ，「なんでそんなささいなことで……」と無関心なままにやり過ごしがちである。他方，「痛い！」という言葉を発した人びとからすれば，無関心な人びとは，直接自分を脅かした人びとの共謀者とも言える。偏見や差別について無関心でいられるのは，その人自身が「強者」の立場にいるからであり，「強者」の論理を無意識のうちに内面化してしまっていることを示すものと思えるからである。先の差別ビラの例の場合，そこで名指しで攻撃された者からすれば，差別ビラを書いた当人はもとより，こうしたビラの存在を「ささいなこと」とみなす人びともまた，自分を脅かす者なのだ。

　脅かす者と脅かされる者の関係が，直接的なものであれ，間接的なものであれ，両者の意識の落差は大きい。そうした状況においてこそ，「悪意はなかった……」「なんでそんなささいなことで……」という自分の思いを少しの間だけでも棚に上げて，いったん他者の痛みに想像力をめぐらせてみる必要がある。

　とは言っても，他者の痛みに想像力をめぐらせるのは，そんなに簡単なことではない。そもそも痛みとは，身体的な痛みであれ，心の痛みであれ，自分の内部における痛みの感覚として存在するものであり，インビジブル（目に見えない）なものである。身体的な痛みの場合は，それでも40度の熱があるといった事実がひとつの指標となるが，心の痛みについては，そんな手がかりもない。自分の痛みすらうまく説明するのは難しいのに，他者の痛みをわかるのはいっそう困難なことである。私たちにできることがあるとすれば，他者の訴えかけに耳を傾けることであり，個別具体的な苦悩の由来について知ろうとすることである。たとえば，その人はこれまでどのような願いや希

望や夢を持ちながら生きてきたのか，偏見や差別によってその願いや希望や夢がどのように打ち砕かれたのか……。どんな痛みなのか完全にわかったとは言えないにしても，ひとつひとつ個別具体的に知ろうとする中で，人それぞれの人生に固有な輪郭が浮かび上がり，他者の痛みがかならずしも他人事としてではなく感じられるようになることもある。そこでは，脅かす／脅かされる関係を越えて，対話的な関係が切り開かれていることになる。こうした新たな関係性は，他者を脅かす立場にある人を解放するものでもある。

　はじめにも述べたように，偏見や差別をめぐる問題は常に複雑に重層している。誰かが「脅かす人」，誰かが「脅かされる人」というように固定されているわけではない。誰かを脅かす者が同時に脅かされる者であるという状況こそが，一般的である。そして，だからこそ，私たちは，人権という言葉を必要としているのだと思う。それは，人間であるというそのことだけで認められるべき基本的な権利であり，彼や彼女のものであると同時に，あなたのものであり，私のものである。すなわち，彼，彼女，あなた，そして私が，いわれなき偏見や差別によって，それぞれの願いや希望や夢を追求することを妨げられてはならないと宣言するものである。もとより，私にとっての願いの追求が他者にとってのそれと矛盾したり葛藤したりする場合もあるし，すべての人びとがお互いに脅かさない／脅かされないような社会は，ひとつの仮想的なイメージとしてしか存在しえない。だが，そのイメージは，脅かす／脅かされるという関係から生じる息苦しさ，生きにくさを他者との対話的な関係の中で解きほぐすことを求める原理として働き続けているのではないだろうか。

共通の根っこを探る試み

　大学の教壇から「人権は大切だ」と語ることは，どのように見ても「胡散臭い」ことである。他方で，脅かす／脅かされる関係の息苦しさの中で，人権という言葉を切実に必要としている現実もある。だとすれば，問われるべきはむしろ大学における講義のあり方なのではないか。すなわち，人権にま

つわる切実な感覚を受けとめ，広く社会的に共有する方法を模索するためのアリーナ（劇場，広場）として大学という空間を組み替えていかねばならないのではないか。そんな夢とも妄想ともつかぬ思いを母胎として，本書は誕生した。

　本書の発端は，京都大学における全学共通科目「偏見・差別・人権」の講義の記録をまとめようという計画である。執筆者の多くも，この講義を担当した教員である。しかし，講義の記録を起こせばすぐにでも本ができるかのような当初の楽観的な予想に反して，これは暗中模索の始まりだった。執筆者会議を重ねる中で，理学研究科，農学研究科，文学研究科，教育学研究科などに所属する教員の専門分野が異なるのはもちろん，人権問題に関するスタンスも同じではないことがわかった。講義という場で人権を語ることの難しさも，溜め息とともに共有された。一定の専門性に即した学問領域の研究成果を公刊するのとはおよそ異質な努力を必要とすることが，実際に本を編集する段階になって今さらながら明確になったのである。

　考えてみれば，大学の専門分野の構成は極度に細分化されているのに対して，人権問題はつねに複合的であり，既存の学問領域には還元しえない広がりを備えている。たとえば，水俣病のような公害病の場合，原因究明に際して自然科学の知識が必要とされたのはもとより，被害の実態を共有し，企業の責任を問う文脈では人文社会系の知識も重要な役割を果たした。だが，既存の学部・学科構成は，こうした複合的な事象の専門家の養成には適していない。そのことは，「人権学部」や「水俣病学科」が存在しないことにも象徴されている。公害病のように複合的な事象は，せいぜい「応用」領域としてとりあげられるにすぎないのである。

　したがって，実は，人権問題の専門家と言えるような人は，大学の中でも法学関係者などごく少数である。本書の執筆者の中では，第2講から第5講までの執筆を担当した教員は，それぞれ「民族問題」「性差別問題」「障害者問題」「同和問題」の専門家に近い人びとだが，それぞれの専攻は社会学だったり，心理学だったり，教育学だったりする。すなわち，かならずしも人権問題の専門家としてのトレーニングを積んできたわけではなく，たまたまそ

れぞれの専攻の中で差別に関わる問題に焦点をあてて研究してきたに過ぎないとも言える。農学研究科や理学研究科など自然科学系の専攻の場合，それぞれの専攻と人権問題との距離はいっそう遠くなりがちである。こうした違いを認識しながら，しかもなおかつ一定のまとまりを持った本とするには，いわば「専門家としての鎧」を脱ぎ捨てて，それぞれが人権という観点から自分の足下を点検してみるような作業が必要であるとわかった。それは，共通の根っことしての人権問題を探り当てようとする作業でもあった。本書はその試験的な掘削(くっさく)の記録である。

この掘削の過程で，大学における一方通行の講義のあり方が今さらながら省みられることになった。そして，講義を本にするのではなく，むしろ講義という場では語りにくいことを語り，講義という形式では実現しにくいことをやってみようではないか，ということになった。さらに，本づくりにかかわる試行錯誤のプロセスそのものをひっくるめて，いわば「番外編講義」として見せよう，ということにもなった。『京都大学講義「偏見・差別・人権」を問い直す』という長い表題には，「偏見・差別・人権」を問い直す京都大学講義という意味合いのほか，「京都大学講義を問い直す番外編講義」という意味合いも含まれている。それでは，どのような方向性で問い直しをしようとしているのか？

本書の第一の特色は，教員が執筆するばかりでなく，京都大学の学部学生，大学院生，職員の方々にも執筆を依頼したことである。学生・院生の中には，講義の場を介して向かい合っていた者もいるし，学内に頻発した部落差別落書きをめぐる大学当局の対応の不備について，責任を追及する側（学生・院生）／追及される側（教員）として対峙する関係にあった者もいる。執筆を依頼した部分は，各稿の本文である場合もあれば，コラムの場合もある。形式的には，まったく統一されていない。内容的にも，教員が書いていることの補完というよりは，むしろ微妙な緊張関係にある。大学という組織にまつわる諸問題を知悉(ちしつ)した職員の方にもっと積極的に執筆依頼をすべきであったという思いは残るが，大学というアリーナの中で相互触発的なコミュニケーションの場を切り開こうとする姿勢は示せたのではないかと思う。本稿にしても，

教育学研究科の教員である駒込武と，農学研究科の大学院生である友澤悠季が，各稿で提示されたアイデアを踏まえながら，緊密な討論に基づいて共著としてまとめたものである。

　第二の特色は，「概説書」的なスタイルを意識的に排そうとしたことである。「概説書」ならば，そもそも人権とは何か，歴史的にどのように定義されてきたのか，ということから書き始めねばならないだろう。そうした「客観的」な知識を不要とは考えていない。だが，人権という言葉がいとも簡単に投げ棄てられるこの世界において，それでも人権について語り伝えようとする行為は，自分自身が揺さぶられるような契機を否応なく含み込むはずであるということに本書ではこだわった。そのために，体系性や客観性をある程度犠牲としても，自分自身の経験の中での痛みや戸惑いの感覚を記述の出発点とするように努めた。

　たとえば，第1講「「地球を救う」は人を救うか―「環境問題」に潜む権力性」（野田公夫・友澤悠季）は，友澤が「環境問題という言葉は壊したほうがいいと思うんです」とつぶやいたことに対して，教員である野田が想定外の発言に衝撃を受けたことを契機として書かれたものである。第2講「それぞれの夢の行方―〈私〉のなかの民族問題」（駒込武・片田晶・安岡健一）では駒込が自分の父親の足取りと「慰安婦」とされた女性の足取りが歴史の中で交錯していた事実への驚きを記し，第3講「ジェンダーから点検する社会―性差別と向き合う」（伊藤公雄）では学生時代に性差別主義者としてぼこぼこに殴られた経験から語り始めている。さらに，第4講「「自らを受けとめる」とは―「障害」をめぐって」（脇中洋）では心理士として子どもの「異常さ」を判断することが養育者の困惑や怒りを招いてきたことへの戸惑いを語り，第5講「無関心な人々の共謀―部落差別の内実を問い返す」（前平泰志）では自分の職場（京都大学教育学部）が教育実習生向けのオリエンテーションにおいて配布した文書が「差別文書」として糾弾された事実をとりあげている。それぞれ立場もテーマも異なりながらも，自分自身にとっての切実な感覚を起点として人権問題にアプローチしようとしている点は共通している。

　第三の特色は，本書を編集するプロセスにかかわる「舞台裏」的な内容も

あえて掲載したことである．その一つは，「障害者」問題にかんする脇中の草稿に対して，前平が疑問を提示したことから始まるメール討論である．友澤も途中から参加したこの論争では，第三者的な立場にある者が「障害」をめぐる「当事者」の苦しみに共感することは可能なのか？　そもそも誰が「当事者」であり，それを誰が決めるのか？　といった問題が，「障害者」問題をはみ出していく広がりを持って議論されている．もう一つは，本書の成立経緯を記した竹本修三の文章である．そこでは，「偏見・差別・人権」という全学共通科目が多くの学生にとって「楽勝科目」として受けとめられているというプラクティカルな（しかし，学生にとっては切実な）現実にどのように対応したのかという問題や，さしあたって人権とは無縁と思われる領域（固体地球物理学・測地学）の専門家がどのように人権にかんする思考を深めていったのかということが語られている．

　すでに記したように，本書は，共通の根っことしての人権問題を探り当てるために試験的な掘削を行った記録であり，いわば「未完」である．どこから読み始めていただいても，さしつかえない．ただし，「環境問題」にかかわる稿を最初に置いたことについては，この種の刊行物の中では異色でもあるので，ひとこと説明しておきたい．

　この本の目次を見て，「なぜ人権の本がカンキョーから始まるの？」と思われた方には，ぜひこの稿から読んでみていただきたい．この稿は冒頭で，「カンキョーモンダイ」が「カンキョー」の問題だと思ったとたん，このテーマが「人権」とどう結びついているのかは見えなくなる，と謎をかけている．実はこの一文は，「環境問題」だけに限らず，すべての稿において共通する，言葉と実態のズレのむずかしさを訴えている．「人権問題」という言い方にしても，「環境問題」という言い方にしても，あらかじめ定められた「問題」があるかのような印象を与えるが，まず個別具体的な状況の中で苦悩を抱えた人びとが訴えを起こし，その訴えに賛同したり反対したりする関係の中で初めて「〜問題」というカテゴリーが成立するのだと説かれている．言葉を換えれば，そもそもどのような問題を「人権問題」として捉えるのかということ自体，私たちが日々の生活の中で考え直していくべきことだということ

である。従来,「人権問題」として着目されることの少なかった領域の中でこそ, 人権をめぐる問題が鋭い形で問われることもあるのだ。

だが, 実際に本書で取り上げられた「問題」の範囲は限られている。たとえば, インフォームド・コンセントなど「医療と人権」をめぐる問題群や, 非正規雇用の若年労働者がワーキングプア化し, さらにホームレス化していく状況など, 取り上げるべきと思いながら取り上げられなかったことも数多くある。「環境問題」を最初に置いたのは, 本書における「問題」の取り上げ方が決して「模範解答」を示すものではなく, ひとつの試行錯誤の軌跡を示すものである点を明確化したいという意図によるものである。

本書が, 読者のみなさんによってどのように受けとめられるのか, 送り出す側としては, ワクワクドキドキしている。人権に関するオーソドックスな本よりもかえって「胡散臭い」と見られることも覚悟しているし, 形式的にはとにかく内容的には別に新しいことはないという批判も予測している。とにかく私たちの願いは,「人権……? もう聞き飽きたよ……」という思いを越えて, 人権について自分の身近なところから, 切実な感覚をもって考えてみるきっかけをつくり出すことである。

人権という言葉がいとも簡単に打ち棄てられる社会は, 自分自身が予想もつかない形で突然ゴミ箱の中のゴミのように扱われるかもしれない恐怖を抱かせる社会でもある。そして, 人権を語ることは, ほとんど無意識の恐怖に満たされた社会にあって,「希な望み」としての希望を語ることでもある。本書が, 人権をめぐる議論を活発化させるための一助となることを願っている。

野田公夫
友澤悠季

「地球を救う」は人を救うか？
「環境問題」に潜む権力性

衝撃の「つぶやき」から

　2005年9月13日。「環境と人権」の講義と本書の執筆をてつだってくれないか，と言われた大学院生の友澤悠季は，野田公夫の研究室を訪れた。ひとしきり野田の説明をうけた友澤は，こうつぶやいた。「先生は，「環境問題」ってなんだと思いますか？　……わたし，「環境問題」という言葉は壊したほうがいいと思うんです」。

　野田は，友澤のこのつぶやきに仰天した。野田は京都大学大学院農学研究科の教員である。農学研究科は，「生命・食料・環境」という三大研究領域をテーマとして掲げているから，直接に環境問題を手がけた経験はない野田も，関連領域の研究者としての関心はいだき続けていた。そこに，「環境と人権」の講義依頼と本書に執筆するという話がきた[1]。野田は，かねてよりの関心に加え，「人権と関連させて環境問題を考える」というテーマにチャレンジングな魅力を感じたため，勇気をふるって引き受けることにした。そして，たまたま同年春に修士論文「飯島伸子における『公害問題』への視座――環境問題の再検討に向けて」をとりまとめた友澤が，公害・環境問題における格差・差別および被害者視点という問題系に注目していることを知り，協力を依頼

1　当初与えられたテーマと本稿のテーマとの相違については，文末附記を参照いただきたい。「環境と人権」の講義は全学共通科目「偏見・差別・人権」における基幹テーマの一つとして2005年度に新設され，本講義の担当とあわせて本書への執筆が依頼された。

することにしたのである。この時点では野田は，友澤が年少の頃から「環境問題」に強い関心を持ち続けていることは知っていたが，まさか「環境問題」という設定そのものに疑義を持っているとは思ってもみなかった。

　野田はこの「つぶやき」を重く受けとめた。友澤は，「環境問題」を格差・差別・被害者という視点から捉えなおそうとする過程で，環境問題というカテゴリー自体の解体へと向かった。それは，「格差・差別・被害者という視点」と「環境問題という問題のたてかた」が根本的に相容れないものであり，「環境問題と人権」というテーマ設定自体が矛盾をはらむということを意味する。これは，常に「人権」という語を中心において語られてきた他の諸領域にはない問題状況であろう。友澤は一体なぜ，そのように考えるに至ったのだろうか。

　第1講のテーマは「環境問題」である。「カンキョーモンダイ」が「カンキョー」の問題だと思ったとたん，このテーマが「人権」とどう結びついているのかは見えなくなる。そこにこそ，「環境問題」をめぐる一連の言説[2]が隠し持っている「深い対立」がある。以下では，まず，友澤が「つぶやき」を発した意図を語り，これに野田が応じるという形で，友澤の問いかけの意味を明らかにしていく。このささやかな対話を通じて，「環境問題」という茫漠とした言葉を「壊し」つつ，人権という視角から環境問題とそれをめぐる諸言説を問い直し，「環境問題」という設定に潜む権力性を考えてみたい。

2　「言語で表現された内容の総体」を意味するディスクール（英語 discourse；仏語 discours）の訳語。通常はミシェル・フーコー的な意味で用いられ，その言説分析では，とくに言説自身がその秩序化において生み出す権力作用のあり方に焦点がおかれてきた（M. フーコー，中村雄二郎訳『知の考古学』河出書房新社 1981 年ほか）。
　　ここでは，環境問題という語りもまた様々な立場を反映した思惑に貫かれながら一つの言説の秩序として生み出され，かつ消費されていることに注意をはらい，この表現を用いた。以下も同様である。また本稿ではしばしば環境問題にカギカッコを付しているが，これは「言説としての環境問題」のことであり，環境問題言説という表現と同じ意味である。

I 環境問題という言葉は壊したほうがいい？　——友澤悠季

１．ビジブル／インビジブルから考える——「環境問題」理解のなりたち

■「環境問題」ってなんだと思いますか？——アンケートの回答から

　2005年11月，わたしたちは２回連続の「環境と人権」初回講義において，簡単なアンケートを実施した。質問は『「環境問題」といわれて思いおこす具体例をいくつか教えてください』というもので，166人が回答を寄せてくれた。回答方法は自由記述とし，言葉の選び方は全て回答者に任せた。

　アンケートを実施した意図は，出席者それぞれが「環境問題」をどのような具体例でイメージしているのかを，対話のチャンスの限られた講義の中で，少しでも知りたかったからである。また，選択肢をこちらから提示せず自由記述形式にした意図は，回答項目が偏るのか散らばるのか，その傾向をつかみたかったのである。集計した結果は18-19ページの表のとおりであった（別表１参照）。まず，118人の人が「〔地球〕温暖化〔現象〕」（〔　〕内の語句がつくものとつかないものがあったが同義と解釈して集計。以下「温暖化」）のいずれかにあてはまる言葉を書いている。次いで「オゾン層破壊」58人，「森林破壊」あるいは「森林伐採」あわせて41人，「砂漠化」40人，「大気汚染」32人，「酸性雨」31人，「ゴミ問題」14人，と続き，これ以外のものは，すべて10に満たなかった。なお，自然科学の学説を考慮すれば，ここに挙げた回答同士には相互連関があると見られるものも多いが，イメージを形成する要素を知りたいがために分離して集計した。

　この結果を「数」の観点から見てみると，100を超えたのは「温暖化」だけであった。「環境問題」といえば「温暖化」というイメージが呼びおこされる傾向が圧倒的なようである。さらに，「オゾン層破壊」や「砂漠化」を，「温暖化」と近接した回答と見ることもできる。いわゆる「地球環境問題」カテゴリーに属するものが数多く挙がっている傾向が読み取れる。

別表1 アンケート集計結果:「環境問題と言われて思い起こす具体例を書いてください」

項目	回答数	備考(回答者による補記)			
〔地球〕温暖化〔現象〕	118	CO_2問題と	温暖化現象	温室効果ガスによる	先進国の二酸化炭素の排出
		CO_2排出問題, NOx排出問題	京都議定書		
オゾン層破壊	58	CO_2の増大	オゾンホール	CO_2の増加	フロンガスによる
森林破壊あるいは森林伐採	41	砂漠化と熱帯雨林の減少	森林の減少	熱帯林伐採	森林伐採によるCO_2の増加,温暖化問題
		森林伐採+砂漠化	ダム開発による森林破壊,生態系の破壊		
砂漠化	40	砂漠の拡大			
大気汚染	32	光化学スモッグ	自動車の排気ガス	排ガスによる人体への被害	空気汚染
		発展途上国の大気汚染			
酸性雨	31				
ゴミ問題	14	スーパーの袋,魚肉のトレイ	ゴミの処理問題	再生紙やペットボトル等再利用の問題	
水質汚染	9				
水質汚濁	7	個人的には,琵琶湖,淀川,鴨川などの河川,湖沼の汚れが一番気になります			
生態系破壊	7	森林伐採による	環境破壊による動物の住処の破壊	絶滅危険種	動物の死滅
		ダム開発による	生物多様性の減少		
土壌汚染	7	土壌塩化			
エネルギー	6	化石燃料の過剰使用	燃料問題		
環境ホルモン	6	内分泌攪乱物質問題			
焼畑農業	6				
資源問題	5	資源の枯渇	石油などの化石燃料の枯渇	エネルギー資源の枯渇	
海洋汚染	5				

ダイオキシン	5				
海面上昇	4	南極の氷解	氷河融解		
公害問題	4	四大公害病	水俣病, チェルノブイリ事故, 赤潮	大気汚染や地盤沈下など	途上国の公害問題
食糧問題	3				
人口問題	3	人口爆発			
地盤沈下	3				
自然破壊	3				
放射性物質の処理	2	原子力発電所の放射性廃棄物			
世界規模の災害多発	2	災害の増加			
赤潮	2				
その他 (票数が1だったもの)	20	アラル海の塩湖化／核開発／住宅問題／感染病のまんえん等 (二次的に, マラリアの北上など)／農薬／アスベスト問題／過放牧／万博の土地開発後の赤土問題／環境汚染／ヒートアイランド現象／海洋資源の減少／道路による森林, 山の細分化／後進国の過剰な開発／水不足／浜辺の汚染／エルニーニョ現象／生活空間での問題, 騒音など／各種汚染／ラムサール条約, ウミガメの産卵, 小池百合子			

注）出席者数＝回答数 166 名。回答方法は自由記述・複数回答可とし，出席票に併記する形式で，講義終了後に回収した。集計に際しては，自然科学的知見からは類似のものと見なされるものも，イメージを形成する要素を知るために分離して集計した。アンケート実施日・場所：2005 年 11 月 30 日於京都大学，「環境と人権」2 回の講義のうち，初回の講義において実施した。

しかし，では「環境問題」のイメージは「地球環境問題」のみに占有されているかというとむしろ逆であろう。互いに同じカテゴリーとして統合できないと判断された内容は 60 ほどもある。回答が指示する内容の位相はバラエティに富み，具体的な地域・個人・事件名等が特定できるようなものからそうでないものまで多種多様であった。

以上を見る限りでは，「環境問題」の呼びおこすイメージについて，「地球」という単位でのイメージ喚起が圧倒的であるいっぽうで，とらえどころのなさも併せ持つという，一見矛盾した特徴が浮かび上がる。

■ビジブル（可視的）なものの説得力

「イメージ」と一言で述べてきたが，筆者は，アンケートに挙げられた回答を眺めながら，オゾン層が薄くなっていくようすをシミュレーションした CG 映像，森林の緑が後退して茶色に塗りかえられていく衛星画像，無残に

穴のあいた彫刻，さらには右肩上がりに急激に伸び続ける人口予測のグラフなどを思いおこした。これらイメージ形成を助けるものを，広い意味で映像と呼ぶとすると，映像には，「環境問題」の存在を説得的にアピールする力があるように見える。

　問題性を世に広く訴えるアピール手段として，映像が頻繁に使われる——この傾向は，「環境問題」では顕著である[3]。裏を返せば，自身が問題に巻き込まれていないかぎり，そうした映像の力を借りずに「環境問題」の存在を納得することは容易ではない。それは，「環境問題」が自然科学的知見による把握を必要とする領域であることに関わる。

　もっとも回答の多かった「温暖化」を例にとろう。地球の気温が全体として上昇している，という仮説を述べるためには，大きな費用と時間と労力をつぎ込んだ自然科学的知見の蓄積が必要となる。そのプロセスは，気温が漸近的に上昇していることを観測し，その要因をあらゆる観点から計算・推測し，地球全体の「温暖化」現象を予測するというものになるだろう。しかし，「地球」は実験室ではないから，観測や分析手法においての精緻化は進行するものの，容易には結論がでないという状態になる。

　こうしたプロセスは，普段自然科学的知見にあまり触れない者からすれば，理解不能な領域で行われるものである。とくべつな探求を始めない限り，データの意味を自発的に理解し確かめうる方途を持ち合わせない。いわゆる素人にとっては，これら自然科学的知見がどういった事態を意味するものなのかが，自らがその事態に巻き込まれでもしない限り了解できないのである。ところが，これがいったん映像や，簡略化された数値，グラフなどのイメージとして視覚化されると，過剰なまでの説得力が生まれる。たとえばある工学者は，テレビ番組で「将来温暖化が進むとたとえばアメリカのどこの州の

3　たとえば，世界各国で起きている戦禍の被害を報じるニュース映像の中からは，人間の遺体を初めとして受け手に強い負の刺激を及ぼすと予想される映像はのぞかれているのが普通である。ここでは映像におけるアピールには制限がかけられている。だが，「環境問題」で，人間以外の風景や物質を示す映像が多用される場合，そうした制限はない。送り手も受け手も，映像を介していわば存分にその「惨状」を訴え，また眺めることができる。

農作物がどんなふうになるという」映像が流れたのを見て,「いまこんなものを出すと非常に誤解されるのではないか,とつくづく思った」と語っている[4]。可視的な情報によってイメージを固定化する映像の力は,専門家の中で諸説が乱立し論争が続いている状況を背後に押しやる。どんなに難解な自然科学的知見の積み重ねであろうと,現象の存在は広範な人びとに一気に了解される。渦中に身を置かないものにとっての「環境問題」の理解は,細分化した自然科学的知見を映像が集約して伝えることでのみ形づくられているイメージだといっても過言ではない。

■インビジブル（不可視的）な人権のありか

ではわたしたちの「環境問題」理解は,映像の力によってのみ占有されてよいのか。そうではない。自然科学的知見も,それをビジブルに提示してくれる映像も,あくまで「環境破壊」や「環境汚染」という現象を表すテクニカル・タームにすぎない。現象は,「環境問題」が問題たるゆえんを語ってはいないのである。

そもそも「問題」は,誰かがある状況を「問題だ」と訴えてはじめて認識される。「環境問題」の問題たるゆえんを考えることとは,つまり,その誰かについて考えることである。そこには必ず,個別具体的な生を営む誰かが,平穏な日常を打ち破って訴えを声にせざるを得なかった状況が存在する。この場合,その人にとって「環境問題」は,自然科学的知見や映像によって認識されるものではなく,自らの状況そのものである。それは決して,ビジブルではないし,わかりやすくもない。だが本稿の主張を先取りすれば,「環境問題」における人権の所在こそは,こうした個別具体性そのものにほかならない。

こう考えると,「環境問題」の渦中に置かれた人びととそうでない人びとの認識には,深い溝がある。前節で述べてきたように,映像のもつ圧倒的な力

---

4 茅陽一「エネルギーと地球環境」有馬朗人編『東京大学公開講座　環境』（東京大学出版会, 1991）, 156頁。

のもとに「環境問題」を認識した場合は，問題を「環境破壊」や「環境汚染」という現象と同義と見なし，人間不在のまま議論を進めることさえ可能である。筆者は，このことに気づいたとき，「環境問題」という言葉が，人びとの抱える個別具体的状況を反映した言葉とはなりえていないのではないか，という問いに突きあたった。そして冒頭の「つぶやき」を漏らすことになる。

2．かくされたもの／かかげられたもの ——「公害から環境へ」という言説を考える

■人権をめぐるたたかいの場としての「公害」

　ビジブルでわかりやすい「映像」の向こう側にある，インビジブルでわかりにくい「人びとの訴え」。「環境問題」の問題たるゆえんに視線をずらしていくための糸口は，日本において「環境問題」というカテゴリーが一般的になるプロセスの中にある。

　「環境問題」カテゴリーの成立前史を考える際，必ず俎上にのぼってきたのが「公害」という問題である。「公害」は，いまから40年ほど前，「環境問題」よりもはるかにインパクトを伴って世に迎えられた言葉であった[5]。その問題性は，日本における第二次世界大戦後の歴史的変化とセットで語られてきた。戦後行なわれた諸改革から高度経済成長へ，という劇的な変化は，さまざまな局面において「不条理な事態」を生んだ。この「不条理な事態」の最たる例の一つとして言及されてきたのが「公害」である。1950年代から1970年代にかけては，「公害」こそ基本的人権の否定ではないか，と声をあげた人々によって異議申し立てが起こされ，数々の地域で運動が取り組まれた。ここでは多種多様な訴えが「公害」というカテゴリーに仮託され，大気汚染，河川の汚染・汚濁，騒音，振動，地盤沈下，さらには水不足，交通事故や渋滞，食中毒などもここに数えられた。併せて，鉱山や化学系工場における労働災害や職業病も近接領域と考えられ，こうした問題をすべて含む言葉として「社

---

[5]　「公害」という言葉が使われはじめたのは明治期だとする説が有力である。本稿中で意味内容の変遷等を含めての検討を行うには紙面が足りないのでここでは触れない。

会的災害」という呼び名も使われた。この時期の「公害」には，今思いつくよりもはるかに幅広い種類の問題が含まれていたのが特徴である。

　ところで，異議申し立てにおける人びとの目的は新しい言葉を作り出すことではない。「公害」の定義も，そのときのその文脈に応じて柔軟な意味づけが与えられる。自らが置かれた困難を言いあらわし，社会に訴えるためのツールとして「公害」が使われ[6]，その中から「公害」にも細分項目が作られていく。例えば今はあまり使われない「食品公害」「洗剤公害」「清掃公害」などの新しい言葉が生み出されてきたのである。定義の厳密性や，言葉の永続性は問題ではなかった。この時期の「公害」概念の多義性には，そのまま，当時の人びとの「人権」に対する意識の多義性が映りこんでいる[7]。

　ところが，1970年頃を境に，行政や科学者が主導して「環境破壊」あるいは「環境汚染」という概念を使い始める。そのうちに「公害」は，「環境破壊」「環境汚染」の一種，すなわち下位概念である，と位置づけられるようになった。行政が汚染対策を立てるにあたり自然科学的知見の整備が緊急の課題となり，大学を中心とした諸機関で研究分野が整備されていくのもこの頃である。その多くは，「公害」の現象の部分だけを精密に研究する分野として専門分化した。この過程を通じて，「環境問題」という言葉が一般化していく。

　このうつりかわりは，しばしば「公害から環境へ」という図式で説明されてきた。「公害」と「環境問題」の認識の順序としては，「公害」が与えたインパクトによって溝が掘られ，そこに後から「環境問題」という言葉が流し込まれた，といった具合で理解できようか。だがこの図式は慎重に扱いたい。なぜなら，「公害」と「環境問題」の間の同質性と異質性，あるいは連続性と

6　なお，そうした人びとの運動に対し，地域のことしか考えていないとして「地域エゴイズム」という言葉を浴びせ，けん制をする論者もあった。これに対し住民運動当事者である宮崎省吾（注20）は，そもそも自治とはある特定な状況の中において「地域住民」という立場に立ちきって議論を展開することからしかなしえない，という主張を展開した。道場親信「1960-70年代「市民運動」「住民運動」の歴史的位置」『社会学評論』(226号，2006) を参照のこと。

7　ほかに例えば，「公害」の害を出す側は私企業なのだから「公」の字はそぐわない，とする批判などもあった。福武直「公害と地域社会」大河内一男編『公害』(東京大学出版会，1965) pp. 195-221.

非連続性は,きちんと評価され位置づけられているわけではないからである。

　ひとつ重要な指摘として,「公害から環境へ」という説明は,「環境問題」カテゴリーの成立以前に「公害」に注ぎ込まれていた訴えの多くを隠してしまう,という批判がある[8]。「地球環境問題」ブームの中で,「公害」の渦中におかれ,被害を直接に受けた人びとの抱えた問題はどう扱われてきただろうか。水俣病事件をはじめとした「公害」事件関連の被害者救済制度はまだ不十分であり,かつ大勢の患者が病名を認められないまま高齢期を迎えている。また,1980年代に日本国内から海外へと転出した企業の工場は発展途上国で類似の問題をひき起こしている。そして近年一挙に問題化したアスベスト問題においても,こうした経緯をなぞるような事態が起きてきた。数え切れない事実がある中で,果たして「公害から環境へ」という単純な説明は妥当だといえるのだろうか？

　詳細な検討はひとまず置いても,「公害」の提起した問題の「核心」を忘れてはならないとの主張が繰り返しなされてきたこと自体は重要な意味をもっている。

■「地球を守ろう」では人権が守られない

　「公害から環境へ」との説明に対する批判は既に1970年代からなされていたが,1980年代後半に「地球環境問題」というカテゴリーが一般化していくにつれ,より一層強く主張されるようになった。裏を返せばそれほどに「地球環境問題」はニューストピックとして力を持った。マスメディアも,政治家も,ロック歌手も「地球」を口にし,「21世紀は環境の時代だ」とのスローガンもまた大々的にかかげられた。こうした状況を「一九九〇年代を目前にして,地球環境問題についての大々的なキャンペーンが繰り広げられている」と揶揄したある雑誌は,皮肉めかしてこう続ける。

8　たとえば,宮本憲一『維持可能な社会に向かって』(岩波書店, 2006),丸山徳次「文明と人間の原存在の意味への問い —— 水俣病の教訓」加藤尚武編『環境と倫理』(有斐閣アルマ, 1998) など。

「地球環境問題」とは，政治家や科学者や市民運動家や家庭の主婦や電力会社や通産省やその他さまざまな人たちがみんなで地球を守ろうとしていて，それにもかかわらず，現実には加速度的に地球環境が破壊されているという，奇妙な問題である[9]。

　この文章にも登場するが，「地球環境問題」のかかげる奇妙なスローガンには，「みんなで地球を守ろう」というものがある。スローガンを成り立たせているのは，とつぜん客体として人格化された「地球」と，これまたとつぜん主体格を持たされた生物種としての「人類」である。ここで人間観の転換が起きたといってもいい――「人類」は，「地球環境問題」の被害者であり加害者である。破滅を招かないためには，運命共同体である"宇宙船地球号"の乗組員として，「人類」一人ひとりが地球を守る主体たれ――そのような物語が広く一般化した。

　「公害から環境へ」という図式化の作業もまた，この奇妙なスローガンに見られる人間観と組み合わさったものであった。だがこの人間観が開いてしまった負の回路がある。現代社会は決して「人類」とひとくくりにされる画一的な存在で構成されているのではない。「温暖化現象」ひとつとっても，「発展」「開発」をめぐる国家間・地域間の格差が常に議論の的である。海面上昇によって沈まんとしている南洋諸島の国々にとっては，「発展」「開発」を論じる余地さえ残されないかもしれない。「公害」において行われた異議申し立てもまた，徹底して人間社会内部に生じた格差，差別をめぐって起こされた。「人類」という巨大な主体が内部に抱える問題系は複雑さをもってあまりある。こうした現実を「人類」という画一的人間観で把握することは，人間社会内部に存在するさまざまなコンフリクトをかくし，人権をめぐって提出された多様な論点を置き去りにしてしまう。言い換えれば，「公害から環境へ」という説明は，むしろ，問題の核心を見誤らせる暗い側面をもつので

---

[9]　1989年に刊行された『地球環境・読本――あるいは地球の病いについて，あなたが間違って信じていること』（別冊宝島101，JICC出版局）のまえがきにあたる部分より。

ある[10]。

■「公害」のステレオタイプを「壊す」

ところで，「公害」と「環境問題」の違いはおおむねこう説明されてきた。『「公害」の事例では，被害が明確かつ深刻であったが，「環境問題」では不明確なことが多い』。あるいは『「公害」では被害者と加害者の対立が明確であり，害を起こした主体の責任もはっきりしていたが，「環境問題」では被害者と加害者の弁別は難しく，責任の所在も錯綜しており明確には限定できない』等々。

ここで指摘できるのは，「公害」が喚起するイメージもまた，せまく限定されたビジブルな映像で構成されてきたことである。おそらく上記の説明は，熊本水俣病事件やイタイイタイ病事件の初期における劇症患者とされた人々を撮ったモノクロの写真・映像，また四大公害事件[11]においてたたかわれた訴訟や補償闘争のイメージからなされている。だが，それらのイメージは，一つの事件における，さらに限られた一側面である。四大公害事件の渦中に置かれた人びとの苦悩に向き合うことと，「公害」を四大公害事件のごくわずかな側面で代用して説明を済ませることはまったく別の行為である。このイメージの背後にもまた，明確でもなくビジブルでもない，いわばわかりにくい「被害」の問題がある。

---

10 それでは，「公害から環境へ」という図式はまったく間違っているのだろうか。そうともいえない。というのは，人間存在を環境（人間外の存在）とのつながりの中で捉える視点は，反公害運動がさまざまな試行錯誤を積み重ねる中でつかみとられた視点でもあったからである。しかしそれらは，決して自然科学的知見によって得られた結論とは同列には並べられない。くりかえすようだが，この図式についてはまだまだ多面的な検討が必要なのである。

11 現在，教科書などで，熊本水俣病，新潟水俣病，四日市ぜんそく，富山イタイイタイ病を総称して四大公害病と呼ぶ言い方がある。

3. 誰が〈被害〉を決めるのか──「環境問題」再考のために

■インビジブルな苦悩

　飯島伸子 (1938-2001) という社会学者がいる。飯島は，1971年から7年ほど，薬害スモン[12]の調査に関わり，患者となった人びとへの聞き取りを続けた。その結果をまとめた報告書の中で，こんなことを述べている。

> 重症の患者の場合は，失明や歩行不能，言語障害など第三者によって，その身体上の障害を理解してもらえる症状が多いが，中・軽症[13]になれば，本人にとって苦痛な身体障害でも第三者には理解されない場合が多く，それがまた患者の苦痛を増す結果となる例が少なくない[14]。

　飯島の主張はこう読める。本人にとって苦痛と感じることがらが，第三者から理解されない場合，それは新たな苦痛を生んでしまうのであり，かつこれは症度の軽重とは別の苦痛である──。しかし，医学における症度の有効性を否定するかにも読めるような文章を書いた飯島の意図は，どこにあるのだろうか。
　たとえば以下は，スモンにより慢性的な足の痺れを抱えたある婦人が，「孫の守」と題して綴った文章である。

12　スモン (SMON = subacute-myelo-optico-neuropathy, 亜急性脊髄視神経症) とは，腹痛などを訴えた患者に対し，医師がキノホルム剤の超長期連用を繰り返させた結果，失明・下半身麻痺などの神経障害を発症させた事件である。一定の地域（病院の通院圏内）に患者が集中したことから感染説が生じ，差別的な反応を招いた。スモンの会全国連絡協議会編『薬害スモン全史』（労働旬報社，1981）。
13　臨床研究においては，スモンに該当するかの診断基準および重症度判定は，知覚障害の程度，運動障害の程度，下痢・腹痛の程度他複数の項目から総合的に判断されることになっていたが，その基準をめぐっても議論がたたかわされていた。これらの項目は，全て身体上の症状，すなわち医学者が臨床的に判断できる軸に基づいて作られた。
14　飯島伸子「患者・家族の損害」『特定疾患スモン調査研究班保健社会学分科会研究報告書（昭和49年度）』18頁。

「ミルクを与えておけばよく寝ているから」と言われるままに安易に引き受けた。ところが孫は眠りからさめると泣き出した。……ただワァワァ泣くだけで手がつけられない。抱いてみた。足は立っていることに耐えられない。泣き止むから坐る。また泣く。立ってよいよいしていればいいといったってスモンのおばあちゃんじゃどうしようもないの。私は独り言を赤ん坊の分るはずもないのにつぶやく。とうとう足の痛さに耐えかねて放り出した。そのうち泣き寝入りするだろう。私は手をこまぬいて見下ろす外なかった。しばらくしてその泣声に隣家の主婦がきてくれて抱き上げていった。……スモンのために孫になつかれないことはさびしい。よその人が幸せそうに孫の守をしていると、私は永久にそれは不可能だとあきらめ、歩くことが出来ればいいじゃないかと自分の心に言いきかす[15]。

　「私」の抱える症状は、独力でなんとか歩ける、と見なされる限りにおいては「中・軽症」にあてはまる。しかし、そうした評価軸とは質的に違う困難がここに描かれている。「私」は、「入院の時尻の世話までしてくれた娘に恩返しをしなければ」と思う気持ちもあり、辛いことは予想していても、断りきれない。そして娘家族の住む町へ、「片松葉杖ついて休み休み」歩き、混雑を避けて鈍行電車を選び、1時間半かけて出かけていく。なかなか会う機会のない祖母に孫はなつかず、「私」は孫の好物を買っていって与えるほかない。孫をおんぶしてあやすことはできないから、他から奇異に見られるのは承知で、孫と一緒になって這いつくばり「小砂利を投げっこ」して遊ぶのである。
　この文章には、家族とのごく日常的なかかわりの中で生じる「さびしさ」が織り込まれているように思われる。通常は、家族という存在には、苦痛をやわらげる方向での助け合いが可能だと想定されることが多い。しかし、家族との日常生活は、食事、着替え、排泄、洗濯、掃除などのあらゆる細かい

15　赤堀春江「〈連載・その日その日〉孫の守」全国スモンの会発行『曙光 No. 27』(1974.12.1)。

動作の連続によって成り立っている。そのほとんどは，苦痛を感じない人にとっては全く無意識にこなしてしまえる細かな動作であり，ささいなことを任せることが苦悩を生むということにはなかなか思いが至らない。いっぽう，動作を無意識ではこなせない「私」にとっては，その一つ一つが精神的な「さびしさ」を呼びおこすもととなっていくのである。類似の事例は，飯島の書く報告書でも数多く触れられている。「自分の身のまわりのことがやっと」と思っていても，夫に全てを任せることに気兼ねを感じ，「とても疲れる」けれど掃除をやる女性，感染説のために職を追われて専業主婦になり，家族に助けてもらいながら家事をやりぬいているが，歩き方のことを「とてもかっこうが悪い」と娘に指摘され，「胸をさされる思いがした」女性。

　一般化していえば次のようなことになろう。あらゆる人は，個別具体的な関係性の網目として生きている。網をつむぐ糸は，夫であり妻であり，また子であり孫であり，隣人であり職場仲間である。この網目の交錯が，人としての精神つまり生そのものを支えているのである。報告書にあらわれているのは，突然身にふりかかってきた「薬害スモン」によって，そうした網目が揺さぶられ，身体だけでなくむしろ精神に新たな苦痛が生まれてしまうという事態である。それは，客観的指標によって判定される症度の軽重からはみだしてしまうような，個別具体的な苦悩の存在である。

　一人ひとりが個別具体的な文脈を生きている以上，こうした〈被害〉のありように一つとして同じものはない。渦中の人に成り代わることは不可能だという前提のもと，その人が直面している〈被害〉に少しでも近づこうとするならば，人びとの発する言葉，あるいはしぐさや表情などからも，状況を読み解くほかに方途はない。飯島はそうした方法で〈被害〉にアプローチしようとした。そして，「症度」という客観的指標の限界を認めざるを得なかったのである。

■ けんか両成敗では解決しない
　患者団体は，行政や企業，医師，病院に対して異議申し立てをした。しかしとられた対策においては，客観的指標が駆使され，〈被害〉は一定の基準で

分類された。そこには，これまで述べてきたような個別具体的な困難は含まれる余地は少ない。薬害スモンに限らず，ほとんどの「公害」問題をめぐる対立において，患者となった人びとの前にはこの溝が立ちはだかっている。客観的指標は徹底的に個別具体性を削ぎ落とし，いわば顔のない〈被害〉だけを切り取ってしまう[16]。

最たる例は，「公害」訴訟の過程で〈被害〉が金銭に換算されたことだろう。金銭による補償は，働き手を失った遺族や，職を失った患者の人びとの生活を物的に支えるための最低限必要な措置であるが，上述の苦痛・苦悩を消し去るものではありえない[17]。そこには，どんな償いをもってしても除き難い苦痛がある。

このことを宮本憲一は「絶対的損失」と呼び，「人間の健康の被害とか死亡とかの問題」は計量不可能であることを指摘した[18]。上述の視点から補足をすれば，ここで言われる「人間」とは，経済学における顔のないコマではなく，個別具体的な関係性をもった存在なのであるからこそ，人びとにとっての損失が「絶対的」であるのだ，という意味に理解されよう。

また同様の意味で宇井純は，訴訟の構造それ自体が差別ではないか，と問うている。

> 水俣で最近分かってきたことは，差別としての公害の構造が見えてきたことではないか。病気になれば差別されるということが一つですけれども，それだけではなくて，もう一つ，被害者は被害をのがれることはできないし，日夜全身で感じている。それに対して加害者は，常にそれを，書かれた数字でしか認識できない。これは差別

---

16 個別具体的な困難が認識されるときに，客観的指標が全く関わらないという意味ではない。日ごろわたしたちが体温を測るなどの動作は，自分の認識を補完するツールとして客観的指標を用いているといえる。
17 さらに，金銭を受け取ったことに対して，他者が揶揄しねたむような事態も生じ，人びとの困難は一層増した。
18 都留重人ほか「《座談会》公害問題と学際的協力」『公害研究』1（1）（1971），6頁における宮本憲一の言葉。

と同じ構造なのではないか。……総体として被害をつかまえている被害者と、それから数字で、何PPM、何％という形でしか公害を認識できない加害者とを同じ次元において、双方の言い分を公平に聞いたうえで納得いく線を出すという、……差別問題ならば決してこのような第三者機関、けんか両成敗では解決しない[19]。

あたかも正当な調停のしかたにみえる「けんか両成敗」が、成り立ちからして差別の構造を有する、という指摘は、「公害」だけでなくさまざまな社会問題に照らして広く検討されるべき重要な問題であるが、この指摘の意味は、自然科学的知見の介在を不可欠とする「環境問題」においてこそ、よけいに重い。宇井は、私たちが「環境問題」を把握する際、何からはじめるべきか・何にもどってくるべきかの原点を示唆しているのである。

■何からはじめるべきか、何にもどってくるべきか
　宇井は、「何PPM、何％」という把握の仕方を退けているわけではない。そうではなく、数値が、「被害をのがれることはできない」人びとの苦悩の一部分を「書かれた数字」として把握したものに過ぎない、という、客観的指標の限界性を指摘しているのである。

　客観的指標は、あらゆる面で、ツール（道具）である。ツールは、科学・技術に基づき、目的によって様々に作り出される。〈被害〉を考える際のツール（たとえば医学が整備した指標）もまた、人という総体の「部分」を把握するために作り出された。だからこそ、ツールによって把握された「部分」をどれほど積み重ねても、総体と同じではないことを常に念頭に置く必要がある。1970年代反公害運動に取り組んだある人物はこう述べている。

　　公害に「科学的」「客観的」基準などは存在しないのである。あるの

---

[19] 飯島伸子，宮本憲一ほか「〈座談会〉日本公害史」『世界』第302号（1971年1月）82-83頁における宇井純の発言。

は具体的な個々人に関する具体的公害なのである。この個人差こそ，人間を人間たらしめているものである。基本的人権の中枢は，一人ひとりの人間の固有性の絶対的尊重にある[20]。

　この部分は，騒音が与える苦痛が一人ひとりによって違うということを主張するくだりだが，その射程は，決して騒音問題のみに限られない。なによりも重要なのは，一人ひとりの生きる個別具体的文脈の尊重こそが，人権を支えるもっとも基本的原則だ，と述べられている点である。これまでの叙述に即して言い換えれば，何をもって〈被害〉と呼ぶかを決める権利こそが「人権」の中枢である，ということになる[21]。

　このことは，「環境問題」という枠を超えて，「問題（＝社会問題）」とはなにか，という問いにつながっていく。わたしたちの日常を構成するトピックの中には，「○○問題」と名づけられたカテゴリーが数多くある。が，これらは全て当たり前に存在していたのではない。個別具体的な状況に生きる誰かが，困った事態に直面し，「これではやっていけない」と訴える。直接その事態に直面していない他者も，その訴えに対し，「彼／彼女の主張はもっともだ」と賛同したり「それはちがう」と反論したりし始める。こうした行為が連動し，人びとが議論に関わっていって初めて，「○○問題」は成立し得る。

　「環境問題」もまた，異議申し立てを表明した人びととそれを支援した人びとの営みがなければ存在しえなかった。この地点から「人権」を想像するためには，客観的指標を，徹底して，個別具体的な文脈の内部へとりこみつづ

20　宮崎省吾「線引きの思想を排す ── 公害行政のあり方」『いま，「公共性」を撃つ ── ［ドキュメント］横浜新貨物線反対運動』（創土社，1974（2005）），267頁。
21　なお本稿を超える問題ではあるが，「権利」や「人権」を，誰もが必ず所有している前提条件としてよいかという点には注意が必要である。そもそも「人権」の概念自体，ある特殊な状況下，ある種の客観的指標（たとえば国家の法律）を前提として成立してきた概念であり，その客観的指標や適用範囲を誰が決めるのか，という問題は常に生じている（本書他章参照）。ここで例にとった宮崎の思考は，人びとの訴えの根拠として「基本的人権」をめぐる教育がなされた戦後日本社会における主張として読めるが，だからといって，本稿が，そうした枠組み自体を問い直し，「人権」概念に依拠せずに異議申し立てをする回路の可能性を否定するものではない。

ける必要がある。指標によって個別具体的な文脈が無視されてはならず，両者の位置関係は逆転してはならない。問題の把握も解決の模索も，渦中の人が訴える〈被害〉にその始点と終点をおいてこそ，可能となる。こうした原則が確認されて初めて，ツールに「使われる」ことなく「環境問題」を把握する試みに取り組むことができるのではないだろうか。

II 「世界システム論」から環境問題を考える────野田公夫

1．衝撃から受容へ──友澤の提起をどのように受けとめたか

野田がえがいていた環境問題

　友澤が指摘する環境問題言説のいくつかは，わたしにとっても気になる問題であった。とくに「地球環境問題（宇宙船地球号）」という課題設定の仕方は，「人間と人間との間」（社会）ではなく「人間と自然との間」に線引きをする（人間 vs 自然）ことを意味する。それは，人間もまた自然の一部であることを無視するものであり，一方では人々の間にある幾多の格差・差別を消してしまう（友澤がいうように，実際の「異議申し立ては徹底して人間社会内部に生じた格差，差別をめぐって起こされ」たにもかかわらず，である）とともに，他方では「無垢の自然に対する一方的加害者としての人間の削減」という危うい「解決」を主張することにもつながる（ディープ・エコロジー）。さらにいえば，後者の延長上には減らすべき人間と残すべき人間を区別する（人間を序列化する）考えすら生まれうるのであり，これらの傾向に強い危惧を抱いていたからである。

　にもかかわらず「環境問題という言葉を壊す」という思いに至らなかったのは，「環境問題」という概念が登場した時に（同時代人として）抱いた新鮮な感覚を，なお大切にしたいという気持ちが勝っていたためである。「お前自身も加害者だ」という指摘はストンと胸に落ちたし，「日常生活の些細な工夫が巨大な問題の解決につながる」という提起は「生活」という問題領域の重

さに目を開かせてくれた。さらに、イデオロギー対立の時代にあって「世界が一つになれるテーマ」を得たことは、ある種の福音を見出したような感激ですらあった。したがって、「環境問題」という言葉が切り拓いた地平を尊重しつつ、社会問題という視点を徹底する（人間と自然の間に線引きしない。ましてや人間の上位に自然を置くような転倒をしない）ことで自ずと問題の腑分けができていくのではないか——これが2005年夏時点のわたしのスタンスであり、世界を支配・従属の連鎖で捉えた世界システム論[22]の考え方を紹介しつつ、日本と途上国との関係および日本国内の地域格差のなかに環境問題が如何に不当な「配置」を余儀なくさせられているか、このことを中心にして「環境と人権」を論じてみよう……これが当初の講義プランであったのである。

■インビジブルな「被害」への開眼

しかし、友澤との対話を通じて、明らかに目を開かされた問題があった。それは、かつて公害を問題にする際に「ビジブルなもの」「激烈なもの」を通じて世にその深刻さを訴えがちであったことが、「他者から見えにくいもの」すなわちインビジブルな「被害」を問題の外に押しやってしまったとの指摘である。人は人間関係の網目に支えられて生きている。「目に見えないダメージ」は人間関係の維持を困難に陥れることによって当事者を巨大な痛苦に陥れた——このような指摘を通じ、わたしもまた「歴然とわかる」写真や叙述を通じて公害問題をイメージし、理解したつもりになっていたことを思

---

22 世界システム論では世界全体を経済的連鎖においてとらえ、先進国が先進国たりえているのは後進国からの富を吸収しているからであり、後進国が後進国の位置に甘んじざるを得ないのは先進国に富を奪われているからであり、この構造は強固で容易に変更できないと説明する。このような支配・収奪関係を端的に表現するために、先進国に相当するものを中枢（国）、後進国に相当するものを周辺（国）とよぶ（先進・後進では単なるタイムラグになってしてしまう）が、本稿もその用法にしたがうことにする。世界システム論に対しては「支配の側面を強調しすぎで周辺諸国・地域のアクティビティに対する評価が低い」という妥当な批判があるが、「世界規模における支配のシステム」を問いつづけていることは他の理論には見られない大きなメリットであり、依然として世界を論じるときには避けてはならない議論である。代表的論者・作品としてイマヌエル・ウォーラーステイン『近代世界システム』（名古屋大学出版会 1993）・同『脱社会科学』（藤原書店 1993）など。

い知ったのである。その意味で，友澤によってもたらされた飯島伸子の理論（被害構造論）は，目から鱗であった。「線引き」と「位置関係」の変更によって腑分け可能な先の問題とは異なり，〈被害〉というものをどう理解するのかという，より根源的な問題を突きつけられたからである。先に述べた「環境問題を社会問題として把握する」という視点は，友澤の表現を借りれば，「『公害』のステレオタイプを『壊す』」ことを通じて獲得された営為（飯島の視角）に裏打ちされてこそ意味あるものになる。「環境問題」という言葉を有効たらしめるには，それを社会問題として再把握するとともに当事者の視点に立ちきることが必要であり，しかもそれは，インビジブルなもの，家族・親族・職場・地域などの人間関係への影響を含む被害構造全体を深く理解することを通じてのみ果たされる（友澤は，〈被害〉を決める権利こそが「人権」の中枢と表現した）……このような視座からみれば，現実の環境問題言説のありように対し「壊したほうがいい」ほどの距離を感じるのは当然であろうと，再認識させられたのである。

　そのように思考がすすむにつれて，「環境問題言説がこのような傾向を強く帯びるのはなぜか」「このような環境問題言説を強固に成り立たせている基盤はどこにあるのか」という論点に，わたしの関心は移行した。実は，ここにはもう一つのインビジブルで巨大な力が作用している。これらの問題状況は，人権にかかわる他領域と重なる部分もあるが，環境問題言説に特徴的な現象だと思われるものも多い。「環境問題と人権」というテーマを考えるうえで，それが置かれた固有の磁場，それを貫く固有の力学をみつめたいと思ったのである。

2　何が「環境問題」をつくったのか

■経済活動という起動力

　友澤が強い懸念を示しているのは，「環境問題」言説における人間の欠落に対してである。「公害」という人権をめぐる異議申し立てから始まったはずの問題領域が，なぜ，時代の推移につれそのような言説へと結びついたのか？

その背後にある力学を理解するためには,「環境問題」の起動力である経済活動[23]の機能について確認しておかねばなるまい。

　環境問題は,直接には生産(と消費)に起因する物質的なものをめぐる問題(汚染・変質・破壊などの量や率)として現れる。そして生産(と消費)は経済の機能であり,経済こそ環境問題の起動力なのである。経済の発展は技術進歩とともに「人による自然支配力の増大」として現れ,環境問題を拡大・深化させる。

　経済現象の重要な特徴は,それが人間の行為であるにもかかわらず,人間にとって制御不能とも言いたくなるような強力な自己主張力(市場法則という言い方はその端的な表明である)をもっていることである。経済は社会を規制する外在的な力であり条件であるようにみえるのである。近年のグローバリゼーションの進展は国民国家の対応策としてデレギュレーション(規制緩和)をうみだし,そのことが社会の競争性と格差性を急速に拡大させているが,これもまた,ともすれば「どの社会,どの個人もが受容せざるをえない〈新しい与件〉」として,外在的・宿命的に受けとめられてしまうのである。

　人間が生み出し人間が担うものでありながら,経済は,人間社会の外にある自己運動であるかのように現象する。「環境問題」は,この経済がもたらす〈物的な撹乱〉として立ち現れるために,他の人権諸領域における問題群とは異なる際立った特徴をもつのである。このような事情が,人間とその外囲との間に線引きすることに違和感を与えず,あたかも「人間(社会)の外」に起こった問題であるかのような理解を可能にさせているのであろう(「カンキョーモンダイ」を「カンキョー」の問題だと思う,とはこのことである)。こうして環境問題への関心は,いわば「市場の失敗」に対する反省と,傷ついた環境に対する技術的対処という二つの論点に集中していくことになったのである。

23　広い意味における「利潤を求める資本の運動」のこと。社会主義も「国家資本」と解しここに含めて用いたい。

■リアリティを獲得する「科学的管理」

　友澤は，本来難解であるはずの「環境破壊」「環境汚染」のしくみが，映像によって容易にビジブルなイメージとなり，了解されるという状況を指摘したが，そもそもなぜ，「環境問題」では，人権にかかわる他の諸領域よりも一層科学的・技術的指標に基づいて一般的に評価する傾向が強いのだろうか。

　「環境問題」の大部分は生産の随伴物として現れるが，生産の規模と水準（これを生産力という）は「結果としての技術[24]」（同様に，技術とは「可能性としての生産力」といえる）とも表現でき，「環境問題」はスムーズに技術問題として理解される。ここではまず技術上の問題として，すなわち「技術的指標によって把握される技術的に解決すべき問題」として受けとられるのである。また，今日では生産のみならず消費も深く管理されている。フォーディズム[25]以降の現代経済は，生産（供給）の前提である消費（需要）のコントロールをも意識的に組み込んだからである。こうして消費（生活）もまた経済の引き起こす環境問題の重要な構成要素となり，その意味で「技術の関数」としての性格を明瞭にした。さらに高度経済成長期以降，わたしたちの日々の生活自体が急速に「技術」化したという事情が加わった。日常生活があらゆる場面で「科学技術」の助けを借りるようになっただけではなく，今や生活を構成する外部環境（温度・湿度・照度……）から内部環境としての身体（栄養・衛生・健康・こころ……）に至るまでが，種々の科学的・技術的指標によってチェックされ律せられつつある。このような状況のもとで，（生産＝産業のみならず）生活の場においても科学的・技術的指標に基づいて理解するという思考方法がリアリティを獲得し，「環境問題」はいわばその象徴になったとい

24　近年は「生産技術」を超えて広く使われるようになっているが，ここでは「生産技術」をコアとし「モノにかかわる技術」を含めた概念として用いる。

25　フォード社によって開発された大量生産向きのT型車とアセンブリー・ライン方式による大量生産（1920年代のアメリカに大規模なモータリゼーションをまきおこした）に象徴される「規格化された商品の大量生産」システムのこと。ただしこれは，単なる生産システムではなく，「労（高賃金給付）使（ストライキ自粛）の歴史的妥協」とそれを基盤にした「（所得増加による）購買意欲の増進」および「（生産サイドからの）需要の組織的喚起」を含んでいる。現代経済はこの後者の側面を極端に肥大化させている。

えようか。

■ 見えなくなる「公害問題」

「公害」の発生源として批判の対象となった企業が，世論におされて周辺諸国[26]に移転し，「公害」という現実を中枢諸国[27]の目から不可視にしたという事実にも注目したい。

大きくみれば，「公害問題」は〈第二次産業主導下の中枢諸国における社会問題〉であったが，「環境問題」は〈第三次産業主導下の中枢諸国における言説〉だとも表現できる。ここで言いたいのは，次のようなことである。「公害問題」がいち早く工業化を達成した中枢諸国が体験した社会問題（現実）[28]であったのに対して，「環境問題」はその後公害発生源を国外に追い出すことができた中枢諸国においてこそ成立し流布しえた言説（観念）である。そして公害工業（第二次産業）の移転を可能にしたのは，中枢諸国経済が第三次産業主体に切り替わりつつあったという現実であり[29]，この点で，両者には各々明瞭な歴史性があるといわなければならない。いずれにおいても「問題」化されたのは中枢諸国においてであるが，前者が社会問題としてのリアリティ（実体）に深く裏付けられていたのに対し，後者とくに「地球環境問題」という問題のたてかたは，多分に中枢諸国本位のイデオロギー性（観念性）を強く帯びることになったのである。

このような事情から，エネルギー使用量にしても CO_2 排出量にしても中枢諸国の寄与率こそ決定的であるが，にもかかわらず，周辺諸国の人口増大・消費水準の上昇，生産の非効率性や拡大スピードの速さに格別の関心がむけ

26 注22を参照されたい。
27 同。
28 正確には「早期の工業化」ではなく「早熟で過剰な工業化」こそが「公害」を甚大なものにした。したがって世界史的にみれば，まずは後発資本主義国日本の高度経済成長期に集中的・典型的に現れた（注11の四大公害病を参照されたい）。〈kogai（公害）〉が世界語になったのはそのためである。
29 ここでは問題を単純化している。第三次産業への移行とともに，第3節〈新たな投資場面〉で述べるように，製造技術（第二次産業）自体の差別化という問題も大きい。また中枢諸国が公害企業を完全に追い出しえたわけではもちろんない。

られることになる。他方では，周辺諸国においては依然として「公害」は多発し続けているうえ，その多くが中枢諸国企業の経済活動の一部であるにもかかわらず，かかる問題への関心は後景に退き，「誰もが被害者であり加害者」である環境問題言説が新しい時代のシンボルとしてクローズアップされてくる。周辺諸国は，前者の文脈でのみ注目され，後者の文脈では無視されるのである。

　すなわち，20世紀末以降の中枢諸国における，「地球環境問題」という言い方に象徴されるような「環境問題」に対する大きな関心は，「公害」発生源の国外排除によってこそ成立しえたのであり，このことが，問題を（先進国の）社会外在的に把握することを容易にしたように思う。以上の意味で，環境問題言説はすぐれて中枢諸国のイデオロギーなのであり，「環境問題言説が人間（社会）から乖離する傾向」もまた中枢諸国においてこそ顕著な現象となりえたのである。

3　なぜ「流行る」のか ── 「環境問題」の起動力としての現代

　友澤が述べたように，かつて「21世紀は環境の時代」とのスローガンが流行った時期があった。そして21世紀のいま，「公害問題」では加害・被害あるいは審判をめぐって対立していた企業・住民・政府も，ともすれば報道に踏み切ることを躊躇していたマスコミも，すべてが一緒になって「環境問題」を高唱している。この奇妙な現象を，ただ単純に，諸主体の協働が進んできた結果とポジティブに評価するだけでは不十分である。ここでいまいちど，「地球環境問題」について考えてみよう。

■「地球環境問題」というリアリティの登場

　わたし自身の実感も加味しつつ振りかえれば，地球環境問題という問題提起は，すでに前世紀末の時点で，多くの人々にとって十分なリアリティをもっており，パラダイム・シフトとしての興奮すらともなって積極的に受けとめられていた。これは，経済の世界化・地球規模化と世界規模での自然の疲弊

が十分「実感」しうるような様々な事態がうまれてきていたからであろう。

　前節で，公害企業の国外移転により中枢諸国の人々にとって問題がインビジブルになったという側面を指摘したが，他方ではビジブルになってきた新たな諸事件があった。オゾンホール・酸性雨・黄砂や原発被害は国境を越えた脅威が日常の話題に上りつつあったし，地下水枯渇・土壌流出や塩害さらには湖の「消滅」など，自然そのものの崩壊・変質（かかる変化がごく短期間で起こったことが，この時代の特色である）とでもいうべき種々の情報（友澤が指摘するように，この時もまた映像や「科学的データ」の力が決定的であったのだろう）にもふんだんに接することになったのである。

　よく，「公害」によって科学・技術の負の側面があきらかになったという言われ方がされるが，それは正しくない。その少し前の時代──敗戦から1950年代にかけての時代にも，「科学・技術の負の側面」は強く意識されていた。科学・技術戦争（その象徴が原子爆弾とミサイルである）とよばれた今次大戦がもたらした惨劇は歴然としていたし，戦後も核兵器の巨大化と世界化が急ピッチで進行し，核実験のもたらす恐怖はわが身の問題となっていたからである[30]。しかし他方では「（地球規模での）自然改造」という，今思えば破天荒な「科学の夢」が熱い期待をこめて語られてもいた。この時代に大いなる不安と大いなる夢が両立しえたのは，問題が科学・技術の「負の側面（軍事技術・核兵器）」もしくは「失敗＝制御不全（公害）」として理解されていたからであろう[31]。これに対して上述の新しい問題群は，人間活動拡大の「不可避的な随伴物」，科学・技術自体に「内在するリスク」として，いわば宿命的で文明的な難問として意識されつつあったのである。

---

[30] 1954年3月マグロ延縄漁船・第五福竜丸がビキニ環礁における水爆実験により被爆し，同年9月，無線長久保山愛吉が死亡した。「（死の灰に汚染するから）雨に濡れてはいけない」というのは，小学校低学年のわたしたちにとっても「常識」であった。

[31] 少年の頃のわたしのなかでは，「核の恐怖」と「科学への期待」は矛盾するものではなかった。「核のもつ未曾有の破壊力」こそ「正しく制御された科学が発揮しうる巨大な力」を証明するものであるかのように関連付けられていたのである。また初の人工衛星スプートニク打ち上げ成功（1957年）の感激は今なお鮮明であり（当時9歳），科学・技術とは，不思議なほど「恐ろしく」かつ「輝いた」存在であった。

他方，このような問題群には直接目が向かなくとも，多くの人々にとって「人間の自然支配力増大」「(それにともなう) 自然環境の痛み」というイメージは，日常生活のなかで十分に体感できるものになっていた。いわゆる高度経済成長の時代には年率10％の成長がほぼ10年の長きにわたって持続した(単純計算すれば10年で経済規模が約2.4倍に膨張したことになる)。この時代は，「技術の進歩」が消費財 (生活) のレベルで実感できた初めての時代でもあり (それまではもっぱら兵器と生産財において語られていた)，経済規模 (流通貨幣量に等しい) の増大をはるかに上回る量 (技術進歩にともない貨幣の商品支配量は爆発的に増える) と多様さをもった新しい商品が，人々の周りにあふれかえったのである (この起点には，先に述べた現代経済の変質があった)。一世代若返ればまるで変わってしまう生活様式——〈今浦島〉という言葉が実感をもって語られた時代であった。そのような体験のうえに，〈池・川・海の水質悪化や大気汚染の普遍化〉〈ごみ処理の社会問題化・ごみ焼却場や産業廃棄物処理場設置をめぐる住民紛争〉などに直面したとき，それらは「新しい社会」における「地球を覆いかねない環境問題」として，十分な現実感をもって受けとめられえたのであろう。

「歴史の終わり」[32] を救った地球環境問題？
　しかも「地球環境問題」は，世界システム総体が直面していた大困難を一気に相対化しうる「21世紀にふさわしい高遠な倫理」として期待された。それは二つの作用をもっていた。
　一つは，強引にすすめられつつある市場原理主義化 (政治的には「強者による〈自由〉の独往的宣言」となる) のもたらす世界的な分断・対立・抗争にどう対応するかという，主に経済に起因する問題に対してである。市場競争の激化は国・地域・人の格差をさらに拡大し，人々を支えていたさまざまなコミュ

---

[32] この表現はフランシス・フクヤマ『歴史の終わり』(三笠書房，1993) の表題からとった。「地球共同体のたちあげ」と「自然／人間という新たな基本矛盾の設定」は，フクヤマのいう「歴史の終わり」にふさわしい，あるいは，「歴史の終わり」が必要とする課題設定 (歴史を終わらせない工夫) といえるように思うからである。

ニティを解体する。併進する情報革命は，それを加速するとともに「例外」が存在できる余地を狭め，分断・対立を一層深刻なものにする。中枢諸国（これらは市場原理主義化を主導している）の官・民あげた「地球環境問題」キャンペーンには，世界を「新たな（そして唯一の）共同体」と謳（うた）いあげることにより問題の位相を転換する（上記の諸問題を個別的・副次的な位置に落としてしまう）という強い期待がこめられているのではないか？

いま一つは，1989年の社会主義体制崩壊（世界政治における決定的対立物の消滅）がもたらした「大状況に支えられた統合力」の喪失にどう対処するかという，主に政治に起因する問題に対してである。それまでの世界が東西両陣営の対立という鋭い緊張に支えられてかろうじて安定を保ってきた面があったとすれば，「冷戦という緊張」が失せた後の世界は極めて不安定なものにならざるをえない。これではグローバリズム（市場原理主義）が世界各地に惹起しつつある政治的・社会的緊張にはとても対処しえないであろう。そのために，冷戦体制をしのぐより根源的な緊張感（対抗軸）を，新たに，（人間と人間との間＝冷戦体制に代わり）「自然と人間との間（地球環境問題）」に設定する（これは先に「線引き」と表現したことである）――「地球環境問題」という問題設定にはこのような卓抜な政治的アイデアが潜んでいるのではないか？

「地球環境問題」が，とくに中枢諸国において（公害問題とは異なり）無条件ともいえる肯定性を付与され，官・民こぞって，ある種の興奮と新時代に立ち向かう使命感すら帯びつつ受け入れられた背景には，以上のような事情があるのではないか？――このような目線から問い直してみることもまた必要であろうと思う。さらにいえば，多元性や人と人との関係をも想起させてしまう〈世界〉ではなく，「単一の有機的自然（運命共同体・Mother Earth）」という強いメッセージ力をもつ〈地球〉という語を採用したことにも，上述のような深い政治性が貫かれているのではないか，と思われるのである。

「環境問題」が生みだすヘゲモニー

不況がもたらした犯罪の急増が，不況を打破するリーディング産業として防犯産業を育て上げたという戦後アメリカの逸話があるが，同じような状況

が「環境問題」にもある。「環境問題」に対する関心の高まりは，一方では経済（資本）にとって強い制約要因になるが，他方では，新たな産業領域の拡大に対する大きな刺激となる。そして「環境」が生産（産業）・消費（生活）のあらゆる部面で配慮されるべき〈時代のシンボル〉になった現在，その経済効果は巨大であろう。前世紀末には，第一次産業のみならず第二次産業にも相対的縮小産業の烙印が押されたが，「環境問題」の広がりは，これら諸産業に起死回生の機会を与えたかにみえる。

　農業に続き製造業においても，〈エコ〉こそが商品性を高める最も効果的な手段になっており（ファッションとしての環境），「公害問題」の時代には予期できなかった巨大な新市場が目前に広がったのである。さらに，行き過ぎではないかと思えるほどの健康・清潔ブームと，そのもとで急速に拡大しつつある種々の健康・清潔市場は，消費者の関心を外部環境とともに内部環境（身体）へ向けさせたものとして，同じトレンドの上にある。これまで技術移転の結果急速に競争力を失ってきた中枢諸国工業（および農業）は，明らかに「環境問題」を追い風として受けとめ，より高次の技術競争を優位（先行的）にしかける格好の場として位置づけている（ハイブリッド・カーへの熱意はその象徴であろうか）。近年の貿易戦争のほとんどが，「環境基準・安全基準（の適否もしくは合否）」を理由にする中枢諸国によって口火が切られていることはその反映であろう。

　最後に，「環境問題」が21世紀の世界政治における新たなヘゲモニー領域——中枢諸国が他の諸国に対して支配力を発揮できる領域という意味である——を構成しつつあることにも注意を払いたい。今や，「環境問題にどの程度配慮しどのように取り組んでいるか」は，国家・社会の「格（国際社会で与えられる地位）」を端的に示す指標として政治化され，世界政治の力になりつつある。かつて憲法や議会がそうであり，人権や民主主義もしばしばそのように扱われたように，である。

　以上のような意味で，わたしたちもまた，「環境問題」のありようを規定する「経済と政治のヘゲモニー（支配力の所在）」に注意を払いたいと思う。

「振り分けられつづける」環境被害

　世界におけるヘゲモニーのありようを見事に説明したのが、世界システム論の考え方である。これによれば、中枢諸国が中枢たりえるのは周辺諸国から一方的な富の移転があるためであり、周辺なくして中枢はない。周辺とは中枢の必要に応じそのような役割を与えられた存在であり、かつて公害産業とよばれた危険工業の多くは、かかる「位置」関係を反映して周辺諸国に移転・立地することになる。"development of underdevelopment（低開発という開発）"[33] という印象的なフレーズがある。これは、「周辺における"低開発状況"は、"開発不足の結果"ではなく中枢本位に行われた"開発の結果"」であるという意味であり、「開発」が世界システム上の位置に応じて全く異なる現実をもたらすことを告発したものである。指摘されているのは、開発主権が当該国・地域にあるか否かこそが、開発の意味を決定づけるということである。

　同様のことは、同一の法で覆われた一国内でも恒常的に起こる。世界レベルの不平等は世界システム上の位置（＝力）に起因するが、国内における不平等はコスト・ベネフィット論に基づく経済学的「公平」の産物である。この理論は、公共投資の合理性と正当性を「ベネフィット（社会的効用の貨幣評価額）－コスト（社会的損失の貨幣評価額）」が最大になる方法に見出す。「損失より効用が大きいものを」は理にかなっているように見えるが、実際には以下の経路を通じて深刻な問題を生み出す。一般に、低所得地域では土地などの価格水準が大幅に低いことに加え、環境破壊に対する価値評価も明らかに低い。騒音被害も大気汚染や土壌汚染も緑の喪失も、その被害を価格で表すとなれば自ずと主観的評価（自分にとってどの程度大きな問題なのか）にならざるをえないからである。ゆえに、便益が等しければ（自己評価が低い）低所得地域で事業を興すことが経済学的には妥当となる。そしてこのような投資が行われると、環境破壊の起きた低所得地域の実質的生活水準はさらに低

---

[33] 従属理論の論客グンダー・フランクの言葉である。従属理論自体はすでに過去の理論であるが、「低開発」現象の本質をついたこの言葉は今でも生命力を失っていない。

下し，便益のみを享受できた高所得地域では一層向上することになる。劣悪な条件にある地域は，経済学的には一層環境破壊型公共事業の「適地」になるという悪循環が生じるのである。公共事業の場合が典型的であるが，広い意味での「公共性」があらゆる事業実施の（形式的にせよ）前提になりつつある現在では，私的投資による開発行為についてもほぼ妥当するといってよい[34]。

環境被害は「誰もが同様に被る」ものでは決してなく「政治と経済における力」に応じて地政学的に「割り振られ」てしまう——これもまた「環境問題と人権」の忘れてはならない一側面であり，「環境問題」が何よりも中枢諸国と国内中枢地域の言説であることを自覚的に捉え返すための重要な視座なのである。

人権から「環境問題論」を問い直す —— おわりに代えて

冒頭に記した友澤の問いかけは，個別具体性によって生きている人びとの苦悩に思いをいたさないまま，科学的・技術的あるいは官僚的な測定・判断により処理されうるフィールドとして，あるいは分断された問題状況を覆い隠したままあたかも人類一般の共通テーマとして，一方的に「環境問題」なるものが語られていく側面を危惧したものであった。野田は，このような言説状況を，環境問題の起動力である経済とそれがつくりだした現代世界のありようから理解・把握することを試みた。

---

[34] 宇沢弘文『自動車の社会的費用』（岩波新書，1974）は，この問題を具体的に考察したすでに古典ともいえる名著である。同書ではウイリアム・カップ『私的企業と社会的費用』岩波書店・1967年における「社会的費用（ある経済行為が社会にもたらした種々の被害のうち発生者が負担していない部分を貨幣表示したもの）」の考え方を用い，現代社会の象徴であり日本のリーディング産業である自動車（産業）がもたらす社会的費用を具体的に考察した。興味深いのは，同じ「（車1台が増えることにより発生する）社会的費用」の計算において，自動車工業会は約6,600円，運輸省は約7万円，野村総研約18万円，宇沢弘文約1,400万円という極端に異なる結論が示されていることである。宇沢はこのいずれを妥当だと判断するかは当該国の社会的価値観が決めることだとしたが，これはわたしたちにとって極めて重い問いであろう。

以上を通じてわたしたちが主張しようとしたことは，次のようなことである。

　"環境問題をめぐる言説は，人間存在を具体的にみつめる地平から問題論を構成しようとする見方と，科学主義・技術主義的にとらえる地平から人類共通の抽象的テーマを主張する見方とに分裂している。わたしたちは，後者の見方は前者の見方なきままに発展させられてはならないと考える。たとえ地球温暖化など一見後者でしかありえないかにみえる問題群においても，前者の見方に支えられた具体的な問題把握があってこそ後者がツールとして生きてくるのである。"

　「環境問題という言葉を壊してしまいたい」という冒頭の苛立ちは，今や以上の文脈において腑分けされ読み解かれることにより，「人権視点からの環境問題論の再構成」へという新たなる課題に昇華したともいえようか。

　最後に，本稿の問題提起者であった友澤の，脱稿後のメッセージを「肉声」で送りたいと思う。

　——わたしはこれまで，「環境問題という言葉を壊す」という表現を使って，自分の考えを述べてきました。しかし，この表現そのものに釈然としないものを感じた方も多いのではないでしょうか。というのも，講義でこの話をしたあとに幾人かの方から，「言葉をすべて捨て去ることなどできないではないか」「言葉遊びにしか聴こえない」「非現実的だ」という"異議"を頂いたからです。そこで最後に，この"異議"について弁明を試みてみたいと思います。

　わたしは，いま26歳ですが，26年間の間に，さまざまな人と言葉でコミュニケーションをしてきました。わたしが今使う言葉とは，それら無数のやり取りの中で選び，取捨選択した意味内容の中からつくられてきたものです。今これを書いている瞬間も，わたしのなかでは常に言葉が作りかえられていることを実感せざるをえません。わたしにとって言葉とは自分であり，言葉をすべて捨て去ることなどできない存在です。

「壊す」というのは,「マル禁ワード」ごっこを続けることではありません。もしわたしが「明日から環境問題という言葉はつかわないんだもんね!」と宣言したところで,現実は現実として存在しつづけ,何も変わらないし,もちろん「環境問題」の苦悩も消えない。この感覚は,おそらくわたしだけでなく,さきの"異議"を出して下さった方,そしてこれを読んで下さっている方にも,共有できる感覚なのではと思います。そしてこの入り組んだ性格は,言葉だけでなく,広い意味での「客観的指標」においても共通のものといえるでしょう。ものごとを理解する際のツールである言葉も,客観的指標も,すでに身体化されていて,これを突然壊し,捨て去ることはできません。壊したつもりでも,それはあくまで想像の世界のことであって,実際には絡み付いて引き剥がすことができないものです。

　ではなんだというのか。ここでもういちど,「環境問題という言葉を壊す」というフレーズを壊したいと思います。白状すると,わたしの目的は,「環境問題という言葉を壊す」ことではなく,「環境問題という言葉を壊した後の世界を想像する回路を開く」ことでした。壊すことができないとわかりながら「壊す」という言葉を投げかけたのは,わたしの,あるいは皆さんの頭の中で,「壊すことを想像する」ためであったということにほかなりません。

　ところで,さきほどの"異議"には,こんなことも書いてありました。「友澤の考えは,根本的な解決にならないのではないか」。わたしもそう思います。しかし同時に問わなければならないのは,ある問題が根本的な解決を迎えるということを誰がどうやって判断するのか,ということです。つまり,既に被害を負った人を想像してみたとき,根本的な解決とは,どういう内容をさすのでしょうか?

　想像,という言葉を使いました。わたしは,(いまのところ),何かの「問題」に対する「解決」とは,どこかに用意されてあって到達するようなものではなく,さまざまな隘路にはまりながら,行為遂

行的に探し続けられていくものではないかと考えています。その隘路と隘路をつなぐハシゴみたいなものが，想像という行為なのではないかと期待をかけているのです。本稿では，そこで想像される内容を，さしあたり「人権」と呼びました。

そもそも「人権」とは何か？ このありふれた質問に，無数の人々が答えを出そうとしてきた歴史があります。それでも，「人権」が担保された状態がどんなものなのかは，実は誰にも決められません。とすれば逆に，誰でも決めようとしてよいのだ，ともいえます。難しいのは，人の意識は，他人から完全にははかりえないもの（計測不可能，譲渡不可能）であり，かつ，自分の意識だからといってすべてはかりえるわけでもない，という事実です。したがって，個人の意識とは，複数の中に生きる限り，五感を介して何らかの合図を誰かに送り・受け取る中に生まれているわけで，自分と誰かのあいだの境界はとても曖昧なものです。そして，そこにいつも介在しているツールこそが，想像という行為ではないか。だからこそ，「人権」を考えるということは，そうしたやりとりの中からしか始まらないのではないかと思ったのです。

「偏見・差別はよくないことである」「人権はだいじなものである」という命題を正しく理解し規律づけることにはたいした意味はありません。意味ある行為とは，いまそこに訴えられた個別具体的な「偏見・差別」がどうやって生まれているのか，そしてそこに求められている「人権」はどうすれば生まれ得るのかの道を，絡み付いてくる「言葉」，捨てられない「客観的指標」を使いながら，探していくことではないか。かくいう私自身も，そうしたやりとりを通じてここに書いたことを撤回する瞬間が訪れることを覚悟しています。

［附記］

当初わたしたちに与えられたテーマの名前は，「環境と人権」であった。講

義および本稿で，断り無くこれを「環境問題と人権」に読み替えていることについて触れておきたい。

　本稿を通じて問いたかったことのひとつに，具体性の薄い概念（言葉）とどう付き合っていくべきか，という問題がある。わたしたちの念頭には，「具象に基づかない思弁的な抽象化作業は，えてして犯罪的な成果を産み落とす」との問題意識が当初からあった。なかでも，「環境」という言葉は，それそのものでは具体性を想起させにくい（このことは，講義中に回収したアンケートの余白にもたびたび記されていた）。仮に，この茫漠とした「環境」という概念の一から十までを論じようとすれば，目を通さねばならない書物は無限に広がるであろうが，そのことは確実に，労多くして功少なし（どころか，害あり）という事態をもたらすだろうとの予感を持った。したがって，わたしたちはひとまず，「環境」全般について論じるのではなく，「環境問題」について論じたいと考えたのである。（そして「環境問題」全般について論じることについても，じつは同様の困難をはらむものであり，ゆえに冒頭の友澤の提起があるわけである。）

　ただし，こうした戦略を選択したことは，「環境と人権」というテーマにまつわる学的蓄積の欠如を示すものでは全くないことに注意されたい。国内外を問わず，「環境」を冠した学問領域はここ10年で急速に分布するようになり，これに「人権」を射程に含む領域を交差させれば，多くの蓄積——たとえば，フェミニズムをめぐるもの，西欧哲学思想を参照しつつ発展した「環境倫理」，米国における反民族差別運動の流れからくる「環境正義」「環境差別」などの概念を用いる社会科学領域の蓄積——を参照しないわけにはいかない。しかしわたしたちはそれらの蓄積を講義の中でカバーする力量を持ち合わせなかった。本稿中でも，それらの蓄積は扱いきれずに終わっている。ゆえに，もし興味を惹かれた読者の方がおられれば，ぜひそうしたキーワードを元に新たな書物をたぐっていただきたいのである。現状における二人の試行錯誤をそのまま書き記すという未完成な本稿のスタイルが，読者の欲求不満を惹起し，それらの隣接領域の書物へ手を伸ばす契機となるならば望外の喜びである。

（友澤悠季）

Column *1*
学問のなりたちを問い直す
「自主講座公害原論」から，いまへ

友澤悠季

┃はじまり

　1970年10月12日の夕方6時，東京大学工学部82番教室に，300名ほどの学生や市民が集まっていた。壇上には，工学部都市工学科助手の宇井純がいた。宇井は，1959年ごろから，当時ほとんど知られていなかった熊本水俣病事件の真相をつかもうと単独で調査をはじめた人物である。「公害」が起きているといわれる場所に精力的に出かけ，調査を続けてきた宇井は，10年ほどの間に集めてきたデータと経験談をもとに「自主講座公害原論（以下，「講座」と略す）」を開講することになった[1]。

　「講座」開講が1970年となった背景には若干の事情がある。1970年夏，東京を中心とした都心部の住民が，自動車排気ガスによる大気汚染や，光化学スモッグによって健康被害を発症するという事件がいくつか起き

---

[1] 「自主講座公害原論」の様子がわかる記録のうち，2007年現在手に入りやすいものとしては『新装版・合本公害原論』（亜紀書房，2006）がある。筆者は，手元にあった下記のものを参照した。宇井純編『公害原論Ⅰ』（亜紀書房，1971），宇井純『キミよ歩いて考えろ―ぼくの学問ができるまで』（ポプラ社，1979（1997）），宇井純編『公害自主講座15年』（亜紀書房，1991），鬼頭秀一「解説：「環境正義」の時代における，日本の「公害問題」の再評価と『自主講座』」埼玉大学共生社会研究センター監修『〈宇井純収集公害問題資料1〉復刻『自主講座』第2回配本別冊解題』（すいれん舎，2006）。一部はすでに入手しづらくなっているが，図書館などで閲覧することができる。また，週刊講義録『公害原論』，月刊『自主講座』や，宇井氏の所蔵していた史資料等は，埼玉大学共生社会研究センター（http://www.kyousei.iron.saitama-u.ac.jp/）「宇井純公害問題資料コレクション」でも閲覧することができるので活用して頂きたい。

Column

た。これを機に，都市における報道においても相当に「公害」が騒がれるようになった（1960年代に既に，三重県四日市市や熊本県水俣市をはじめとして各所で異変が数多く報告されていたにも関わらず，である。これらは多分に，大都市・東京からは遠い，地方の事件として扱われていたと言ってよい。このこともまた，都心と地方の間に横たわる差別の諸相のひとつであろう）。あたかも1970年から「公害」が始まったかと錯覚しそうな喧騒の中で，宇井は，「せめてほんとうのところを，世のなかに知らせることは，最小限じぶんのやるべきことだ」[2]と考えた。10年間の蓄積をきちんと公開する使命を感じたというのである。

ではなぜ「自主」なのか。この発想のもととなったのは，前年のヨーロッパ留学である。宇井は，各国の学者を訪ね歩く中で，ポーランドのワルシャワ大学を訪れた。たびたびの占領と弾圧に何度も閉鎖され，何百もの教授と学生の死を経たワルシャワ大学は，教授を訪ねる学生のひそかな動きによって再建されつづけ，それゆえに，街なかの民家の形をとりながら点在していた。宇井は，命がけで学びを求めた学生と教員の歴史を目の当たりにし，それまで自分が身を置いていた日本の大学における学びの対極を知ったという[3]。

いっぽう都市工学科でも，1970年春の時点で，「公害」の正規講義を開設して宇井に代講させる案がもちあがっていたという。ところが条件として，価値判断の入らない公害の技術的な対策だけに限るように，との指示がつけられた。政治経済的側面からきちんと把握すれば「公害」には第三者などない，第三者（中立の立場）を名乗るものは必ず加害者の代弁をしている，と説いてきた宇井はこの条件に憤り，学科の要請を断った。大学の協力は一切なくても，自分の蓄積を存分に話し，学生に限らず誰でもが参加できる講座を開こう──宇井は，大学批判の企画をあた

2 　宇井純『キミよ歩いて考えろ─ぼくの学問ができるまで』（ポプラ社，1979 (1997)），197頁。
3 　同178-181頁。

● Column

ためていた工学部助手会の仲間とともに，教室が空き，会社帰りの人々にも立ち寄ってもらえる夜間に，「自主講座公害原論」を開いたのであった。

　宇井はワルシャワ大学での衝撃を「自主講座」という試みにこめた。「自主」，つまり正規の授業ではないから大学側とのつながりは場所だけである（これにすら大学は非協力的であったという）。宇井に給料は出ないし，聴講生に単位は出ない。さらに，講義の内容がつまらなかったり，理解できなかった時は聴講料を返すことにした。「この講座は，教師と学生の間に本質的な区別はない。修了による特権もない。あるものは，自由な相互批判と，学問の原型への模索のみである」[4]──聴講のよびかけはビラと口コミのみ，3人集まったら開講しよう，との覚悟とはうらはらに，しゃべり始めた宇井の目の前には300人近い聴衆が集まっていた。この瞬間をもって，それまで閉鎖的な雰囲気に満たされていた大学の中に，とつぜん，職場も思想も違う人々同士が「自由に相互批判を行ない，討論を行な」える空間が出現した。以後この試みは，さまざまな新しい企画を生み出しつつ，宇井が東大を去る1986年までの15年間，続けられた。

小さな疑問から多焦点的拡張へ

　「講座」のようすは第一回目からメディアにとりあげられ，同時代の人びとに多く知られるところとなった。そのうち東大の小さな動きが飛び火して，他大学の学生たちも，それぞれの「自主講座」を作り始めるという動きが出てきた。長く続いたものは多くはなかったが，宇井はそうした活動を評価してこう述べる。「経験から言えば，学内の教員や職員の協力がないと，自主講座というものはかなりの労力と，企画能力を必要とするので，長くつづけるのはむずかしいように思う。……おそらく

---

[4]　宇井純編『公害原論Ⅰ』（亜紀書房，1971）2頁，「開講のことば」より。

Column

　全国では数十の企画が試みられたであろう。その中には大阪市大のように，今日でもつづけられているものもある。たとえ長つづきしなかったとしても，それは参加した学生，特に計画した者にとっては，なにがしかの体験になったはずである」[5]。「講座」を一つの運動形態と考えてみれば，それは何より個人個人にとっての新しい体験の蓄積となる。持続力，有効性，効率などだけで評価すべきものでもない。

　いっぽう「講座」の内にも新たな自主ゼミがもたれた。多方向の動きを促進する役割をしたのは，初回講義の最後に聴衆の有志で作られた「実行委員会」であった。集まったメンバーの顔ぶれは老若男女バラエティに富んだふしぎな集団だったという。講義の運営を担うだけでなく，毎回の講義をテープに録音し，一週間単位で講義録『公害原論』を発行し続け，相当数が売れた。メンバー間の交流からは，個別の関心にもとづ

1986年2月，宇井純氏の最終講義に集まった人々のようす　　撮影：桑原史成氏

5　宇井純編『公害自主講座15年』（亜紀書房，1991），35-36頁。

いた自主グループが生まれ，機関誌兼情報誌としての月刊『自主講座』が作られるようになる。第二学期以降，壇上には宇井ではなく，各地から「公害」に直面している人々を講師として招いて現実の話を聞く企画がはじまり，第三学期中には，1972年のストックホルム会議に向けて作られた国の報告書の無内容を批判して，独自の英文報告書が編まれることにもなる。このようにして15年間の間，「講座」に集い拡張していったと思われる自主ゼミの数や種類の全体像は，人の入れ替わりが激しかったことなどから，実は未だに不明である。「講座」は，各人の疑問が持ち込まれ交錯しあう流動の場であり，把握不可能な場として変化しつづけていった。

各論から総論へ ── 学問のなりたちを問い直す

こうしたバラエティのある動きの中に共通して見えるのは，小さな行動が連動し，ひとつの学問をかたちづくっていく様子である。第一回目にもう一度目を移せば，宇井は「講座」の進め方についてこう述べている。

> ずい分いろいろ考えたのですが，東大の学生諸君には概して講義というものは総論から始まって各論へいった方がわかりがいいのです。ところがどうも世の中でぶつかることは，逆に個々の事実から共通な問題をひき出してくる方がわかりいい場合があるので，私はもし，東大の学生が過半数でなければ，私の流儀でいきたいと考えています。つまり各論が先にあって総論が後へくるというすすめ方で，いくつかの私が調べました公害のケースをお話ししまして，その共通の問題を最後に話すというふうにすすめたいと考えております[6]。

ここで例に挙げられているのは東大だが，他の大学でも同様の指摘は

6　宇井純編『公害原論Ⅰ』（亜紀書房，1971），11頁。

Column

あてはまるだろう。通常講義は「総論」から始まり「各論」へ降りていくスタイルが多い。ところが宇井はこれを退けて逆を選択する。

　私たちはこの宇井の言葉を，学問の成り立ちに関するシンプルな解説として受け止めるべきである。というのも，高校までの「勉強」では，教科書はいつのまにか一つずつ決まっており，教科書が指示する個別のトピックをこなしていく形で授業が進む。教科書のページ数が300ページ，と分かった時点で，私たちはともかく，覚えたり理解したりしなければならないものの総量と骨格を予め知ることができる。そして，首尾よく教科書のページをめくり終えたところで，何かしらの達成感を得ることもできよう。

　大学以降の「勉強」では，ページを数えて先に安心を得ることはできない。ある程度確立したとされる学問分野においても，実際に探求すべき知見の総量や骨格は，誰にも固定できない。むしろ，確立されたと考えられていたラインが揺らぎ，壊れながら無限に広がってしまうことを一つの進展と見ることもできる。この境界線を揺るがしているのが「研究」という行為である。

　ここでさらに，ある程度のライン，学問の大枠すら存在しなかったとしたらどうだろうか。宇井は，熊本水俣病事件を「勉強」しようとして教科書がないことを知り，自ら「研究」へのめりこんだのだったが，それはまさにゼロからの出発に等しかったであろう。苦しんでいる人びとがおり，実情の把握はされず，したがって誰も問題の仕組みを解明していない，そんな事態が起きていた。そこで宇井は個々の事実を集めるという「行動」を始めた。徹底的に見る・聞く・歩くことから資料を集め，また各方面の知り合いと議論しながら文章をまとめていったのである。「わからないとき，じぶんがかべにぶつかったときは，まずうごいてみる。ずいぶん変化のおおい道をたどってきたわたしがいえることはこの平凡な結論である」[7]。宇井は，個別事例についての知識を積み重ねること（＝各論）から，そこに見える共通の論理を練り上げていき（＝総論），公害と

はいったいなんであるのか，どう把握すればよいか，という素朴だが大きな問題を解き明かしていった。

「公害」をきっかけにして，無限大のページをもった現実という「教科書」に，答えが出るかもわからないままに分け入っていったのは宇井だけではない。「講座」に集った人びともまた，個別の問いを探求し，活動を広げていった。その学問は，現実社会から情報を集め，考察を加えていくことによって，そのなかに連関を見出すという順序で，今も続けられている。社会問題（人びとが苦しい事態におかれているということ）に向き合おうとして始められる学問は，こうした順序で辿られ深められてきたともいえよう。

予感を実感へ

1991年，「講座」の15年を振り返りながら，宇井はこう述べている。「結局，自主講座公害原論がめざし，歩んで来た方向は，その力量の限界はあったとしても，基本的にはまちがっていなかったというのが，現段階での結論である。日本の大学改革の歴史の中では，十五年の一つの試みに終ったかもしれないが，いつの日かこの流れは再生するであろう。地球環境の問題に直面するとき，その必要性は日本にとどまらない。欧米の都市のビルの谷間でも，アジアの緑陰でも，あちこちでこのような試みが生まれる予感がある」[8]。

1986年2月，最終講義に登壇した宇井純氏近影
撮影：桑原史成氏

7　宇井純『キミよ歩いて考えろ―ぼくの学問ができるまで』（ポプラ社，1979（1997）），226頁。
8　宇井純編『公害自主講座15年』（亜紀書房，1991），500-501頁。

Column

　この「予感」からさらに15年たった2006年11月11日，宇井は逝去した。多くのメディアが，「自主講座公害原論」で知られ，多くの公害反対運動に関わった人物としてその訃報を伝えた。宇井の遺した思想の裾野は広く，この小欄では到底扱いきれない。その業績が明らかになるには，まだしばらく時間がかかろう。「予感」を「実感」に変え，探求を続けていく力は，すでに，私たちの肩に，乗り移ってきている ── そのことだけが，確かなようである。

第2講

駒込　武
片田　晶
安岡健一

それぞれの夢の行方
〈私〉のなかの民族問題を考える

「どっちつかず」の現実の中から

　「〈私〉のなかの民族問題」という言葉から連想される内容は，どのようなものだろうか？　一般的なイメージは，〈私〉が在日朝鮮人やアイヌ民族など日本社会においてマイノリティとされる人びとの一人であって，マイノリティとして証言するということかもしれない。あるいは，〈私〉はマジョリティとしての日本人であるが，「日本人としての自覚」をめぐる状況や「（日本人の）民族的な伝統」を大切にすべきだという議論のなかに「民族問題」を見いだすという内容かもしれない。いずれにしても，民族をめぐる語りは，マイノリティの立場とマジョリティの立場の両極に分裂しがちである。マイノリティについて語るときにはマジョリティのイメージはしばしば単純化され，マジョリティについて語るときにはマイノリティの存在はしばしば忘却されてしまう。

　本稿において「〈私〉のなかの民族問題」という副題で示そうとしたのは，この両極に揺れがちな議論のあいだをつないでいこうとする試みである。

　「民族問題＝マイノリティの問題」とみなされがちな風潮のなかで，マジョリティにとっての「民族問題」とはどのようなものなのか。ぴんと来ない人も多いだろう。実際，大学での講義のなかで在日朝鮮人の民族教育について話をすると，「なぜそこまで『在日』ということにこだわるのだろうか？　ただ『個人』として生き，つきあえばよいのではないか？」という趣旨の感想

が必ずといってよいほど出てくる。これとは対照的に,「なぜ在日朝鮮人が『民族の誇り』について語るのはよくて,日本人が『民族の誇り』について語るのはいけないのですか?」という類の疑問が出されることもある。いずれも,もっともな感想であり,疑問である。こうした疑問に対して,講義の中では,マジョリティとして日本社会に暮らすことと,マイノリティとして暮らすことは同じではないとして,次のように説明している。

しばしば日本は「単一民族国家」だと言われるが,日本社会における外国人(外国人登録者)の数は200万人を越え,在日朝鮮人がその約4分の1を占める[1]。16歳以上の外国人は,在日朝鮮人を含めて,「外国人登録法」によって外国人登録証の常時携行義務を定められている。車を運転する者が免許証を持つ必要があるのとは異なり,「ちょっとコンビニへ買い物に行こう」という場合ですら携帯していなければ「過料」を徴収される。また,「代表なければ納税なし」という民主主義の原則に反して,納税しているにもかかわらず,一般に参政権を認められていない。公職への就職には制限が大きく,公立学校教員の場合,校務の運営に参加しない講師だけが認められている。こうした状況を脱しようと日本国籍を取得しようとすれば,「国籍法」で5年以上日本に住所を有するといった条件に加えて,「素行が善良である」(第五条第三項)というように,いくらでも拡大解釈の可能な条件が定められている。

講義の中では,こうした事実を挙げながら,マイノリティが「個人」として生きることを困難にしているのは,日本社会におけるあからさまに差別的な制度であると話す。さらに,日本社会によってネガティブな自己イメージを付与され続けている人びとが「民族の誇り」について語ることと,差別的

---

[1] この場合の「在日朝鮮人」とは,1991年の「入管特例法」により「特別永住者」(1945年9月2日以前から日本に在留する者およびその子孫として在留資格を認められた者)である,朝鮮籍,韓国籍の人びとを指す。なお,「朝鮮籍」とはしばしば「北朝鮮国籍」と誤解されるが,日本政府は正式には北朝鮮(朝鮮民主主義人民共和国)を国家としては認めていないので,「北朝鮮国籍」という概念は存在しない。「朝鮮籍」とは,戦前は日本の植民地支配の結果として「日本国民」とされながら,1952年に日本国籍の喪失を勧告された朝鮮半島出身者を指す言葉である。その後,さまざまな制約はありながらも,「朝鮮籍」を離脱して韓国籍,あるいは日本国籍を取得する人が次第に増加した。

な制度の存在すら知らないマジョリティが「民族の誇り」について語ることはやはり同じではない，と答える。さらに，「この日本社会において日本人が差別的な制度の存在に気づいていないこと，そのことはとりもなおさず，差別的な構造の中で保護されていることを示すのだ」と話す。

　こうした講義に対して，「そうなのか，知らなかった……」という感想を記す学生もいるが，「一面的で偏った見解だ」として反発する学生もいる。最も多い感想は，「そのように述べられても，自分にはあまりに抽象的でぴんと来ない」というものである。「あまりに抽象的」というのは，確かにそうかもしれない。もっと具体的に，自分の足下の井戸を掘り下げるようにして考えてみることが大切なのだろう。いま，〈私〉の目の前に存在する世界がなぜそのようなものとしてあるのか，〈私〉はその世界のなかでどのような位置を占めているのか。〈私〉という存在にこだわりながら，〈私〉にとっての歴史に向き合う必要がある。

　〈私〉という，それ自体としてかけがえのない存在は，それぞれ独自の来歴を持ち，独自のパースペクティブ（ものの見方）をもつ。ただし，それは，換言すれば，それぞれが独自の死角（意識の届かない部分）を持つということでもある。だから，単純にたくさんの〈私〉を足し合わせれば，そのまま世界となるわけではない。そのことは，〈私〉の立場からする思考法では届かない領域があることを示している。しかし，足下の井戸を掘り進めてみたら，思いがけず外部の広大な世界に通じる未知の横穴につながっているような経験もあるかもしれない。「わたしはわたし，あなたはあなた」というのが日常的な感覚だが，つきつめて考えてみれば，わたしが〈私〉として，たとえば「日本人」の「男性」，あるいは「在日」の「女性」として生まれたのは偶然であり，ひょっとしたら，あなたが〈私〉であったかもしれないし，わたしが〈あなた〉であったかもしれない[2]。そんな想像力をめぐらせながら，まずは自分

2　私の存在の「偶然性」という概念については，古川雄嗣「偶然性の問題と宗教的多元性──九鬼周造の思索から」（『宗教と倫理』第6号，2006年）に示唆を受けている。なお，古川によれば，〈私〉にまつわる諸々の属性が偶然であることは，それらがどうでもよいこと，こだわる必要のないことを意味するものではなく，むしろ〈私は私である〉という偶然を「運命」として引き受けることを要請するものである。

にとっての〈私〉にこだわってみたいと思う。

　以下に、「〈私〉のなかの民族問題」というテーマにかかわって掲載する3篇の文章は、言及の対象は、朝鮮学校であったり、満洲開拓民であったり、日本軍「慰安婦」であったりと多様であり、3人の執筆者の立ち位置ともいうべきものも同じではない。それぞれの執筆者は、第1講にみられるように緊密な討論をふまえて原稿を書いたわけではなく、それぞれがそれぞれに気にかかる問題を自由に執筆している。だが、共通していることもある。それは、歴史と向かい合う作業を通じて、〈私〉を問おうとしていることである。また、マイノリティの立場に同一化することはできないし、かといって、マジョリティとしての立場に開き直ることもできない、そのような揺れをはらんでいる点も共通している。いわば「どっちつかず」なのだ。「どっちつかず」は一般にはネガティブに考えられがちだが、白黒二元論的な世界観では理解すらおぼつかない問題群を前にしたときに、いやおうなく迫られる態度でもある。最終的にどのような方向で「どっちつかず」を乗りこえていくかは個々人の自由な決定に委ねられるべきだとしても、まずは白黒二元論では片づかない議論のためのアリーナを設けたい。

　以下に続く3篇の文章によって、民族をめぐる諸問題が、網羅的にフォローされているわけではない。むしろ注目してほしいのは、期せずして夢という言葉が共通に登場することである。夢という言葉の登場する文脈はさまざまではあるものの、夢の存在を介することによって、それぞれの人生が、それぞれにとってかけがえのないものであるという当たり前の事実——「人権」という言葉が意味するのも、つきつめればそのようなことなのではないか——に今さらのように気づかされる。と同時に、それぞれの夢の幅を限定したり、思わぬ方向に誘導したりする力の問題性もまた明確となるであろう。本稿では、「民族問題」を抽象的な理解で終わらせるのではなく、それぞれの夢の行方という個別具体的な文脈に即して考えるきっかけを提示したいと思う。

（駒込　武）

I　私に流れる歴史，「朝鮮学校」に流れる歴史　　　　片田　晶

1　門の向こうに，"アットホーム"な学校

　京都にある朝鮮第三初級学校を支援するための「フレンドシップコンサート」が2006年春に同志社大で行われた。私はその企画の一つ，学校紹介ビデオの制作に参加して，合わせるとけっこうな回数，朝鮮学校を訪ねた。私は去年，大学の講義「民族と教育」で朝鮮学校の歴史について知った。そして私生活で朝高（朝鮮高級学校）出身の友人ができ，朝鮮学校を以前よりも身近に感じはじめていた。けれども一方で，私がそういう場所にどう入っていけばいいのか，困る気もしていた。

　見学と撮影期間を通して，私はいろんなことにいちいち驚いた。それは自分が持っていた先入観に気がつかされる過程でもあった。驚いたことに，朝鮮学校は親しみやすい空間だった。見学者はみんな，朝鮮学校という空間では先生，子どもたち，親や関係者がふつうの学校よりずっと近い関係で接するのを感じると思う。全体が家族のような協力体制で教育の場をつくっているから，見る者には心和む風景に思える。

　しかし，「こんな学校，いいな」と思えたその第三初級学校の特徴は，同時に学校の窮状の反映でもあった。一学年一クラス，子どもが10人以下の学年さえあるほど現在の生徒数は少なく，地域から丁寧に児童を集め続けても，幼稚園も合わせて100人に満たない。そして，各種学校としてしか認可されておらず政府からの助成金もないに等しいので財政難が厳しい。校長先生までが雨漏りの対策やいろんな用事にジャージ姿で立ち回るし，自分の車で近くに住む児童も乗せてくるほどで，先生たちが子どものすぐ近くにいるのがわかる。だが，それは規模が小さくなり，教員が多くの仕事を兼任するようになった現状の裏返しでもある。保健室，理科室，体育館などの施設もない。図書室代わりに「オモニ」たちが家庭からかき集めたり公共の図書館から借りている本のスペースがある。経済面の負担もそうだが，こうした学校の窮

状は朝鮮学校に子どもを通わせることを幾重にも難しくしている。

　学校のなかでは，特に授業は基本的に朝鮮語を使う。走り回って遊んでいる子どもたちからはときどき日本語も聞こえる。学校の内では朝鮮語（「ウリマル」），外では日本語。とはいっても，先生たちの職員室での会話に日本語が織り交ぜてあることもあるし，子どもたちの学校外での会話にも朝鮮語も混ざる。子どもや先生にとって場面に合わせて日本語も朝鮮語もどちらともなくすっと口から出てくる感じがした。

　ビデオの終わりのシーンのために，撮影に協力してくれた子どもたちの夢を聞いていったことがある。画家，サッカー選手，学校の先生，歯医者，チョゴリのお店，「人の役立つことしてお金持ちになる」，「考え中」……。今の日本では，朝鮮学校の出身というだけで，就職活動で高いハードルを課されたり，最初に排除されたりすることがないだろうか。また，在日朝鮮人への国籍の差別もまだ続いているし，国籍条項の存在もある。そもそも，朝鮮学校で成長していく子どもたちの経験，自分の学校への思いを排除しない職場がこの社会にどれほどあるだろうか。「この職業には絶対なれないよ」という声がいつかこの学校の子どもたちにも届いてしまうのかな，などと考えながら，思い思いに語られる夢を聞いていた。

2　〈私〉という存在と朝鮮学校

　第三初級学校の10人に満たない先生たちの多くは本当に若い。給料が数ヵ月滞ることもある雇用環境で長く続けられる先生は少ないからという。よほどの覚悟と，家族の協力がないと朝鮮学校の先生はできない。私よりも年下の先生もいたくらいで，朝鮮学校の先生が一気に身近に思えて，先生方がどんな気持ちでこの学校の先生をしておられるのか気になった。当然，先生方それぞれの答えがあるが，その人にとっての「民族教育」の体験が大切だったから，迷いをもちつつもこの仕事に飛び込んだことは皆共通するようだ。学校の窮状に押し戻されながらも，できるかぎりの理想の教育を探り続ける毎日に思えた。親と先生は交流が深く，親も学校を支えるために様々に

尽力している。日本で「朝鮮人」として生きることの逆境に負けず，逆にそれを「バネにして羽ばたける」，そんな子どもが育つ学校を守りたい，というのが多くの親の共通の思いのようだ。そして，そこには「民族としての誇りと文化」が不可分のものなのだ。先生や親がこうした思いを語るのを聞くとき，朝鮮学校という場所の意味が「ああ，そうか」と，"わかってくる"ような思いがした。同時に，自分がそのときまで持っていた偏見――「個人崇拝」などと言われるような朝鮮学校の閉鎖的なイメージ――と，そして今後も持ち続けるかもしれない「違和感」――それは違和感というより，朝鮮学校と私との出会いのかたちだと今思うのだが――にも目を向けさせられた。

　私は父が日本人，母が在日朝鮮人なので「ダブル（ハーフ）」になる。また母自身が高校生のとき帰化しているので自分の在日朝鮮人のルーツから言っても日本国籍である。そんな自分は，いわゆる「民族教育」と矛盾する存在だと感じる。そうした遠慮やきまりの悪さから，撮影が終わるころまで自分が「半分」在日朝鮮人だと言えずじまいになった。普段から必ず最初に言うことでもないが，言い出すきっかけがつかめなかった。学校の人たちはいつも（私を含む）「日本人学生」たちをとても暖かく迎えてくれた。ただ，一方で私はだんだん，ちょっとした無理が自分の上に覆いかぶさっているように感じだした。民族学校の"正しい"在日と日本人が出会うはずの場所にいる自分がどう振る舞えば良いのか。そしてまた，取材の新聞記者に私の出自について話しても，記事では私は日本人学生になっていた。朝鮮学校を支援する「半分」の在日朝鮮人という存在を，記者もうまく位置づけることができなかったのだろう。冒頭に述べた学校紹介ビデオのエンドロールを決めるとき，私は自分の少しややこしい立場が表れるように，母の姓を並べて「片田・孫　晶」で載せることにした。私の立場は一般化できないかもしれないが，誰もがその人自身の立場から朝鮮学校に接し，考えることを呼びかけたいという思いがあったからだ。

　子どもの頃からときに耳にし，わからないなりに胸が痛んだり，誇らしく思ったりしてきた母の生いたちや人生の話，祖父母をはじめとする家族の話は，私が大学になって学んでみると，在日の歴史の一部分だった。ただ，私

にとって朝鮮学校の「民族」や「祖国」の語りがそれほどしっくりとなじまないのは、母のたくさんの話のなかにそれらはさほど登場しなかったせいだろう。私の母は、兄・姉たちが通っていた朝鮮学校が政府によって閉鎖されてしまったので、村の日本学校に入った。母の姉は、歳がずっと上なのに、日本学校に転入するとき一年生からやり直させられ、余計に差別の傷が深かったという。活発な子どもだった母も、先生にまでいろいろ暴言を言われた。進路を左右する権限をもつ先生が差別を悪いと思う感覚さえ持たなかった。私の母の家族のような多くの在日朝鮮人にとって、地域での差別的価値観が厳しく、また非常に貧しい家で子どもが苦労するような酷な現実が動かしがたいとき、"学校"という場所は子どもの人生にとって大きな可能性をもち、救いになることができるはずだ。しかし、母の通った日本学校はそんなものではなかった。当時は差別のない学校で過ごせることが本当に重要なことであり、同時に夢のように稀なことだったのだと思う。

　一方、私自身の場合を考えると、私の場合には世代も時代環境も違っていた。私の母と私はずいぶん異なる子どもだった。私は子どもらしく、自分自身の楽しみばかり考えて学校に通うことができ、厳しい差別に遭うこともなかった。私にとって在日朝鮮人が生きてきた歴史は自分の家族の歴史でもあり、私に大きな影響を与えている。ただ、自分の中に民族学校が抜けた"穴"を感じることはなかった。今回、私は朝鮮学校の日常を垣間見たに過ぎないが、たくさんの魅力を感じると同時に、決まりの悪さや、全面的にはうなずきにくい部分もやはり感じた（もちろん自分が通った日本の学校にも非常に問題を感じる）。そして、そのなかで自分自身の受け継ぐ歴史や考えに目を向けさせられることになった。また、学校を支えている先生たちの言葉や姿勢に考えさせられた。学校を訪ねるそれぞれの人が、そこに集うそれぞれの人々に出会うのであって、朝鮮学校とその外の者との出会いにはひとつひとつ異なるかたちがある。

Column 2
朝鮮学校の歴史を知っていますか？

駒込　武

　朝鮮学校は，今日，「各種学校」として法的に位置づけられている。「各種学校」には，塾や予備校，看護学校，服飾学院など多様な形態が存在するが，日本に居住する外国人のために普通教育を行う外国人学校もこの中に含まれる。外国人学校はさらに，インターナショナルスクールと，民族学校（朝鮮学校，韓国学園，中華学校など）に大別される。インターナショナルスクールは，一般的に，日本駐在員の家族など一時滞在者の子どもを中心として多様な国籍の生徒から構成されており，修業年限やカリキュラムは日本の教育制度に準拠していない。他方，民族学校は，在日朝鮮人や華僑など日本社会に定住する人びとが設立したものであり，ほぼ学校教育法に準拠した制度を形成している。ただし，カリキュラムには独自色が強く，朝鮮学校の場合，朝鮮語を教授用語としている。そこには，朝鮮人としての民族的なアイデンティティを否定されてきた歴史への思いが反映されている。

　戦前，日本は朝鮮半島を植民地として支配し，学校では日本語を「国語」として使用させた。朝鮮語を教える科目も設けたものの，日本語を教授用語とすることを原則とした。また，日本に定住する朝鮮人が増加するにつれて朝鮮語学習のための夜学校などが設けられたが，1930年代には弾圧されて閉鎖された。戦時中に小学校が「国民学校」と呼ばれたことにも象徴されるように，「（日本）国民」の養成こそが教育の目的であり，それ以外の教育は認めないという考えに基づく措置であった。

Column

　日本の敗戦を境として，在日朝鮮人による自主的な教育機関が各地で再建された。京都でも，1946年には京都七条朝聯学院（今日の京都朝鮮第一初級小学校の前身），1947年には京都朝鮮中学校開校（今日の京都国際学園の前身）が設立された。1948年1月，日本政府は，在日朝鮮人も日本国籍を保持する以上は義務教育を受けねばならないという理由で，朝鮮人学校を閉鎖する方針を明らかにした。同年4月には朝鮮人学校を守るための集会に参加していた少年が，警官隊によって射殺される事件が生じた。この事件を契機として，文部大臣と朝鮮人教育対策委員会のあいだで覚書が交わされ，選択教科や課外の時間において朝鮮語，朝鮮史などを教えることが正式に認められた（阪神教育事件）。

　しかし，この「覚書」はすぐに反故にされた。米ソの対立が深刻化する状況の中で，日本政府は反共主義的な傾向を強め，1949年10月，韓国（大韓民国）系の財団法人白頭学院の設置を認可する一方，北朝鮮（朝鮮民主主義人民共和国）系の学校に対して学校閉鎖命令を発し，警官隊を導入して多くの学校を閉鎖した（なお，「朝鮮人学校」という場合には韓国系の学校も含むが，「朝鮮学校」という場合には韓国系は含まないことが多い）。京都府の場合，12校の朝鮮学校に学ぶ児童・生徒1000名あまりが日本の学校への転学を余儀なくされた。しかし，無認可の自主学校や，公立学校の分校として存続した学校もあり，1950年代には北朝鮮政府から資金援助がなされたこともあって，各地で学校が新設・再建された。

　1951年にサンフランシスコ講和条約が発効すると，日本政府は，在日朝鮮人の日本国籍喪失を勧告し，「朝鮮籍」に編入した。国籍喪失により在日朝鮮人は義務教育の対象ではないとみなされるようになったが，朝鮮人独自の学校を認めないという方針には変わりなかった。ただし，各種学校の設置認可は地方自治体の権限だったので，1953年には京都府が京都朝鮮中級学校（今日の京都朝鮮中高級学校の前身）を各種学校として認可，これ以降，次第に他府県でも認可するようになった。

　日本国籍の喪失を勧告された在日朝鮮人は在留資格のないまま事実上

日本に滞在することとなったが、日韓基本条約が締結された1965年には「韓国籍」を取得した在日朝鮮人に「協定永住権」を認め、1982年には「朝鮮籍」の者にも「特例永住権」を認めることになった。こうした改革にともなって、朝鮮学校を実質的に「一条校」(学校教育法の第一条に定められた学校で、小学校、中学校、高等学校、大学、高等専門学校などを指す)に相当する学校とみなす動きも生じ始めた。たとえば、1991年には高野連(全国高等学校野球部連盟)が朝鮮学校を含む外国人学校の高校野球大会への参加を承認し、1994年にはJR各社が通学定期の割引率を改正し、「一条校」との格差を撤廃した。

朝鮮学校と「一条校」とのあいだの格差の中で特に重要な懸案事項となってきたのは、大学への進学資格である。私立大学の多くは、朝鮮学校出身者の受験を認めてきたが、国立大学は門戸を閉ざし、高校中退者と同様に大検(大学入学資格検定。2005年度からは高等学校卒業程度認定試験と改称)に合格しなければ受験を認めない方針を示してきた。2003年9月、「規制緩和」を求める財界の要求もあって、文部科学省は大学入学資格を弾力化する省令改正を行い、中華学校を含めてほとんどの外国人学校に大学入学資格を認めたが、朝鮮学校については各大学の個別審査に委ねることとした。

京都大学は、1998年に朝鮮大学校出身者に理学研究科修士課程への入学を認めたが、学部入試に関しては他の国立大学と同様だった。文部科学省の方針転換を受けてようやく京都大学でも個別審査を実施、2004年3月には京都朝鮮中高級学校の卒業生が、同校卒業の資格による受験生として初めて合格した。2006年度入試からは、過去に出願資格を認定した学校の名称をホームページに示し、これらの学校の出身者は手続きを簡略化することとした。このように門戸は徐々に開かれてきたが、2003年には法経本館の男子トイレ個室で「反日朝鮮学校　廃校！」という落書きが見いだされるなど、朝鮮学校出身者の受けいれには、いまだ多くの問題が残されている。

3　この社会に流れている歴史

　日本学校に通った私は，ごく普通の日本の学校でも植民地支配とその後の日本社会での在日朝鮮人の歴史について教え，学ぶ機会が提供されるべきだと思う。日本社会で生きていく在日にも，日本人にも，両者がどんな関係を生きてきたのか，その歴史について教えられる必要がある。同時に朝鮮学校が選択肢として保障されなくてはならないと思う。教育への権利は，公的に保障する性質のもので，教育の内容自体も，それを受ける人々のために社会の成員が共同で保障する。戦後ずっと経っても（外国籍の）在日の児童は公立小・中学校に通わせてもらうために，「退学させられても文句はありません」という誓約書を書いていたというが，私にとっては衝撃だった。実際，学校に入学させてもらえなかったり，追い出されたりしたたくさんの子どもはどうなったのか。さすがに今は先生たちの対応も違うはずだが，依然として在日の歴史——それは日本社会の歴史でもあるのだろうに——については多くの学校で一切触れることができない。ふつうの学校が在日の子たちの存在を認めることと，日本社会が朝鮮学校の歴史と存在を認めることは別々のことではない。

　朝鮮学校について，戦後の朝鮮学校に対する政府の弾圧の存在も，この社会では知らされてこなかった。戦後に各地で朝鮮人が自分たちの手づくりで開いた学校が，世界で"冷戦"構造が深まり，朝鮮半島が分断するなか，次々閉鎖させられ，大人も子どもも体を張って自分たちの学校を守ろうとしなければいけなかった。事故だったのか，警官隊によって射殺された一人の少年など，多くの人が傷つけられた歴史になった。その記憶は朝鮮学校に生きる人たちの側にとっては現在と重ね合わされる。当時，朝鮮民主主義人民共和国からの援助でその窮地から救われて，朝鮮学校はその「祖国」にますます強く影響されるようになった。今，その朝鮮学校の姿が，多くの人の目には，あまりにも簡単に偏見で歪められる。私もこうした歴史を知らず，実際の朝鮮学校にも行くことがなかったときは，そういう目を持っていたのだ。

　日本学校で別物扱いされるような経験はない私でさえ，「うらやましいな」

と思うような空間，小さい子どもが自分の出自に危機感を抱かず，安心していられる空間が朝鮮学校では守られている。それは現状では親や子の多くの代償やリスクとひきかえでしか得られないものだ。一方で，日本の普通の学校に行く在日の子はその空間のない教室で過ごす。どちらに行くかで，生活や進路が違ってくることもあるが，おおもとのところでは，生きていく日本社会の現実は同じだと思う。現代史が積み上げてきた蔑視やハンディが存在する社会では，生活にも意識にも影響を受け続けるけれども，そこで自分はどう生きていきたいだろうか。そして，日本人である人はこのことにどう関わっているのか。それは一人一人の体験が語ることだと思う。具体的な出会い —— 出会っていても出会いが隠されていることは多いが —— であれ，抽象的な次元であれ，人々の個々の結びつきが日本社会のこの側面を構成してきた。

　私が，少しだけ居心地の悪い思いもしながら，先生たちの奮闘する姿を垣間見て，お母さん方の話を聞いて，感じた印象を今振り返ると，やはり朝鮮学校の歴史は在日の歴史だということ。また自分のような存在と朝鮮学校の空間は今矛盾しつつもやはりどこかでつながっているということ。そして，朝鮮学校の歴史は日本社会の歴史でもあるということを感じた。あの門をくぐればそこでこの社会が切れているわけはない。子どもが日本で「自分に誇りをもって」生きていけるように，あの門は存在しているということ。朝鮮学校は常に日本社会の現実に直面して立ってきたこと。親や先生が言う，子どもが日本で生きていくためには「朝鮮学校しかない」という言葉には，そういう歴史が凝縮しているのだと思う。人はこの言葉をどう聞くだろうか。この言葉は在日の歴史を語る言葉であると同時に，日本社会の歴史を語っているのではないだろうか。

II 「夢」と現実とのはざまで ── 満州開拓農民の経験から考える　　　　　　　　　安岡健一

はじめに ── 夢と現実とのはざまで

　ここ数年，私の所属する大学のキャンパスでも，「キャリアアップ」や「自己実現」を銘打った，企業のチラシが掲示板に目立つようになった。どのような生き方をするにせよ，私たちはいつしか，どれほどささやかなものであれ，「夢」や「理想」を抱え込んで生きていることに気づく。「夢」や「理想」と現実の間には常に差がある。その差をみすえ，私たちは挫折をしたり，目標を修正したりしつつも，状況に駆り立てられ，また自らを駆り立ててゆく。近代という時代を生きる人々の姿は，時と場所を隔てても，どこか似ている。

1　20歳の出会い ──「奪われるもの」への共感

　20歳のころ，所属していたサークルを通じて，私は北海道を訪れ，アイヌ民族の活動家の方々のお話をうかがう機会を得ることができた。明治維新以降の日本近代化の歴史は植民地としての北海道の開発と不可分であり，またその過程は先住民族であるアイヌ民族の文化，土地，労働の収奪と不可分であったことを知った。そしてそれが私たちの生きる現在にまで貫徹していることも。1899年に制定された「北海道旧土人保護法」が廃止されたのは，1997年のことである。20世紀の終わりに至るまで，日本の行政はアイヌ民族を「旧土人」としてその文書に刻み続けたのである。「和人」と「アイヌ民族」，この「奪うもの」と「奪われるもの」の今なおうち続く差別の構造を告発する人びとの言葉の前で，私はいつしか言葉を失っていた。「歴史」に向き合うことは，私にとって，常に痛みを伴うものだった。明確な結果を出せない自らの社会的な力量の小ささを認めざるをえない状況の中で，「奪うもの」の末裔としての罪責感と「奪う側にいる私が，そもそもいったい何をいえる

というのか」という感覚が常に自らを苛んだ。

　奪う側に自分がいる，という確信は，逆に「奪われるもの」への心情的同一化を促進する触媒にもなった。同じ「和人」とみなせる人びとに対する私の言葉は攻撃的になった。攻撃の対象は状況により，「(在日朝鮮人との関係では) 日本人」であり「(沖縄の人びととの関係では) 大和人」であり，「(障害者との関係では) 健常者」であった。「奪われるもの」に同一化しながら人を攻撃することに，どこか空疎なものを感じていた。

　漠然とした違和感が，課題意識へと結晶化する過程でおきた，私にとって重要な出来事がある。私は，それまで「日本人として，○○さん (アイヌ民族の活動家) のお話にどう応えられるのか」というような話を一緒にしていた友人が，実は在日朝鮮人であったことを突然知らされた。多くの在日朝鮮人が通名で暮らし，アイデンティティの揺らぎのなかに生きている。そしてそのことは普段自分から名乗られることもあまりない。そうしたことを，一般論としてはわかっていたはずだった。植民地支配構造の解決という理想を求めていた自分自身が，今目の前にいる人間が在日朝鮮人である可能性について想像力をめぐらせることをできていなかった。「奪う側」にあるまいとする試みが，新たに奪うものを生みだしていた。理想を求める闘いが，常にその反対のものを自らの内側から生みだしてしまう歴史が，自分自身のものとなってしまっていた。

　私は，こうしたことを契機として，より深く，より緻密に「侵略した民族」の歴史へと内在する必要を感じた。被害者であり，同時に加害者でもある存在，そうした存在を生みだす構造を追究することが必要だと考えた。こうして私は一つの課題を得た。私は，そうした課題を研究として深める最初の対象として「満州開拓農民」を選んだ。これまでわずかながら続けてきた研究の中で考えたことを，以下に記したい。

2　満州での入植と敗戦

　1930年代前半，昭和恐慌に伴って深化した農村の窮乏への対策として，満

州農業移民政策が具体化され，1936年には政府による「百万戸移住計画」を受け本格的に実施されることとなった。そうして，多くの人間が住み慣れた土地を離れ大陸へと向かう「侵略の尖兵」となった。1937年から1945年8月までに，「開拓団」と「満蒙開拓青少年義勇軍」合計32万人が農業移民として満州へと移り住んだのである。彼・彼女らの多くはごく普通の農村出身者であった。そのまま農村にいても家を継げるわけでもない，あるいは自立した経営を営めるわけでもないとされた人びとであった。すでに農村の窮乏を解決するために，政府による多くの改良策が実施されていたが，日本農村の桎梏（しっこく）であった地主的土地所有そのものに手を付けない対症療法に過ぎなかった。

　帝国の「国策」は広大な農地と豊かな生活を約束し，多くの人びとは，そこでいつからか自身のものになった「理想」を実現することを夢見た。この苦境をなんとかしよう，すこしでもましな暮らしを，という人々の生きる力を社会機構は常に汲み取り，侵略という巨大な国策の動力源として備給することができる。彼等が入植した土地の大半は，すでにその地に生きる人びとが暮らし，生活をしていた土地を，没収同然の価格で買い上げ，配分された土地であった。侵略を自称する侵略戦争は存在しない。自分自身を明日へと駆り立てることが，自分の「夢」をかなえる（立身出世），「みんな」のためになる，「国益」にかなう，と尖兵たちの背中を押しながら侵略は遂行される。過酷な生活環境と侵略の矛盾が引き起こす抵抗は周囲の同じ開拓農民の命を奪っていた。その周囲で，土地を没収された地元の先住者たちは，塗炭の苦しみを舐めていた。しかし，開拓農民はそこに留まった。

　無数の「夢」を打ち砕き踏みにじりながら，臣民たちの「夢」を組織し指導した大日本帝国は，1945年敗北を迎えた。ポツダム宣言の受諾は彼等の「第二の故郷」をもはやいるべき場所ではないと，あらためて宣告した。

　ここに，「民族の大移動」とも称された引揚げが開始された。住民を保護する，といっていた軍隊が，ほとんど全ての住民より先に撤退したことは，その後の状況に決定的な影響を与えた。暴力と不安の中で多くの命が失われ，幼い子どものうちには現地の人に引き取られ，数十年の時を経て「中国残留

孤児」と呼ばれることとなる人びとも含まれていた。それは，帝国による侵略への参加という罪への罰として個人が一身に負うには，あまりにも苛烈な経験だっただろう。

3 戦後引揚げと再入植

　引揚げを通じて，戦後日本は，各地へと送り出した約660万人（軍人・民間人の合計）もの人々を，いちどに迎え入れることとなった。当時，空襲による既存の生活環境および産業の破壊は，多くの人びとを路上に投げ出しており，民主主義革命への想像力は人々を突き動かしていた。そうした状況において，当時の日本政府のとった対策の一つが，彼・彼女らを新たな開拓農民として，国内各地に送り込むことであった。これを戦後開拓政策という。1945年11月，国内155万町歩を5年間で開拓するという，およそ不可能な政策であった。こうして戦後開拓政策を満州開拓政策の「善後処理」のために活用しようとしたのが，戦前彼等を「尖兵」として送り出した省庁（旧拓務省，のち大東亜省）の担当官僚たちであった。官僚たちは新たに再編された農林省へと配転し，多くの満州開拓農民を，当時の技術力では農業を営むことの困難な場所へ，ほとんどなんの支援もせずに送り込んでいったのである。

　そのようにして戦後開拓政策は引揚げの本格化の過程で，かつての満州開拓農民をもう一度開拓農民として入植させる政策へと実質的に変容していった。この政策の結果，満州開拓農民の約四割と，あまり知られていないが，樺太開拓農民の約六割とが戦後開拓農民として入植をすることになる。

4 「戦後」を生きる

　研究の過程で，こうした戦後開拓者の一人に直接お話をうかがうことができた。彼女は「大陸の花嫁」としてふるさとを離れ満州へと赴き，そこで敗戦を迎え，引き揚げて来たのち，京都市内の山を切り開いてゆく戦後開拓者として戦後を生きてこられた方である。

1920年代初頭，日本海に面した，雪の多い貧しい半農半漁の村落でも，さらに貧しい家庭に生まれた彼女が，裕福な家庭の児童と対等になるためには，学校の中で優等生であるしかなかったという。学校に弁当を持ってこられない彼女は，昼休みには教室をでて，焼却炉の横で一心に教育勅語を暗唱した。貧しさゆえに蔑まされないための少女の選択は，時代の「正しさ」を身にまとうことであった。しかし，いくら勉強しても金銭的な事情，家庭の事情から進学してゆくことはできない。そのとき，彼女がそれでも他者と対等さを確保するために選んだのは女子青年団活動であり，その後「大陸の花嫁」として満州へとゆくことだった。それはすなわち国策を忠実に実行することであった。満州への移民は帝国の側にとっては最大限の労働力を動員することであり，彼女にとっては逆境を乗り越えるための「自己実現」の過程でもあったのだ。

　なぜ，再び戦後開拓者として生きようと思ったのですか？　という私の問いに対し，彼女は「もう一旗あげたろうと思って」と応えた。この答えには，満州開拓という侵略戦争へと動員されたという自覚が決定的に欠落している。だが，他方では，彼女の生きる力を発揮することが満州への侵略でなくても良かったということがあらわれているともいえる。そして，この点にこそ，彼女の生きる力と「夢」を動員した権力の狡知が端的にあらわれているといえるのではないだろうか。

　「侵略の尖兵」となった人びとの経験を，その後の日本社会に生きる私たちが受け止め，その被害者へと宛てられた語りとして歴史化することは，かつての戦争が終わり，60年が経った今も，未だにできていない。

　必要なことは，かわいそうだった，しかたがなかったとそっとしておくことでもなければ，問答無用の断罪を加えることでもないだろう。ましてや，自分達が「誇り」を持つためにそうした過去の経験を都合よくつなぎあわせて「物語」を構築しようなどというのは，どれだけ過去に生きた人々を称揚するように見えようとも，単なる冒瀆(ぼうとく)にすぎない。彼らの生を限定する構造と，その生を駆動した「夢」を明らかにすること。「夢」の断片は，60年の時の経過とともに多くが失われた。歴史に向き合うことは，そうしたことを地

道に明らかにしていくことから始まるだろうし，それはただ知ることだけにとどまることもできないに違いない。

　今日を生きる私たち一人一人は，自らの抱く「夢」と「明日」に向き合うことができているだろうか。「侵略の尖兵」たちの生は，もしかしたら，どこか私たちと似ていないか。何かの痛みを抱えているにもかかわらず，「夢」の前に立ち止まり，それを批判的に見ることを許さないような状況が今あるとすれば，それは一体なんなのだろうか。自分自身を簡単に肯定も否定もしない，その痛みを抱えつつ行動すること。そうした態度こそが，私たちが歴史から問われていることなのではないだろうか。

III 「忘却された連関」を見いだすために —— 日本軍「慰安婦」問題と私 —— 駒込　武

1　歴史の「被害者」にとっての「夢」

　1997年2月2日，ソウルの病院で一人の女性が亡くなった。名前は，姜徳景(カンドッキョン)。日本軍「慰安婦」問題について日本政府による公式の謝罪と賠償を求め続けた姜さんは，彼女のことをカメラに収め続けてきた日本人ジャーナリストに「私たちは死ぬまで，最後の一人まであなたたちと闘う。日本人と闘うつもりだ。このことを，全世界の人々に知ってもらいたいし，私たちは，そんな簡単には死なない。死にたくない」と言い残して亡くなった。

　「日本人」の一人として，こうした言葉にたじろぐ思いを感じざるをえない。それだけに，日本軍「慰安婦」問題は，韓国政府や中国政府が「反日宣伝」のために「外交カード」として利用しているに過ぎないといった説明を聞くと，不思議に安心したような気持ちにもなりがちである。日本軍「慰安婦」問題については，相対立する立場からさまざまな議論が提起されているために，つい「厄介」で「面倒」な問題として敬遠したり，無関心でいるのが一番楽というように思ったりしたくもなる。しかし，同時に，姜さんの登場するドキュメンタリー・フィルムや，彼女の描いた絵に接すると，そこには，

外交的な思惑には還元できない訴えが確かに存在しているとも感じる。そして，フィルムや絵画からほとばしり出てくる怒りや悲しみを受けとめなくてはならない，受けとめたい，という気持ちも生ずる。「日本人」としての責任を感じてという心の働きもないわけではないが，それ以前に，人間として他者の悲しみに触れた時に生じる自然な共感のようなものが自分をとらえているのだと感じる。そして，こうした訴えに無関心であることは，自分の意図にかかわらず，訴えの正当性を否定する人びとと共謀することになってしまうのではないか，という思いも生じる。

　振り子のように揺れる思いを抱えながら，まずは姜徳景さんの人生をたどってみることにしたい。なぜ，そのことが〈私〉の中の民族問題を考えることにつながるのかということは，行論の過程で明らかになるだろう。

　姜さんは，1929 年，日本植民地支配下の朝鮮半島に生まれた。1944 年，「女子勤労挺身隊」として不二越鋼材工業の経営する軍需工場に渡り，過酷な労働に耐えかねて工場から逃げ出したところを憲兵らしき人物につかまってレイプされ，その後，長野県松代と思われる土地の慰安所で働かされた[3]。当時，松代では「本土決戦」に備えて，皇居・大本営・その他重要な政府機関を移転するために巨大な地下壕の建設が極秘裏に進行中であった[4]。

　ドキュメンタリー・フィルム『ナヌムの家Ⅱ』（ビョン・ヨンジュ監督，1997 年）において，姜さん自身は，住み慣れた故郷を離れて渡日し，結果として「慰安婦」とさせられた経緯について次のように語っている[5]。

　　14 歳のときに担任の先生，日本の先生のせいで行ったのさ。うん。

3　姜徳景さんの経歴については，西野瑠美子・金富子責任編集『証言　未来への記憶　アジア「慰安婦」証言集Ⅰ』（明石書店，2006 年）などを参照。時に応じて証言の内容に揺れが見られることからその信憑性に疑問を呈する見解もあるが，むしろ筆者は，証言の揺れの中にこそ彼女が経験した苛酷な現実のリアリティーを感じ取ることができると思う。

4　松代大本営に関しては，「もうひとつの歴史館・松代」建設実行委員会ホームページ（http://www.matsushiro.org/）を参照。

5　『ナヌムの家Ⅱ　採録シナリオ付』（パンドラ，1998 年）20 頁。

あの時はとにかく命令を聞かなくちゃいけなかったから。
　そうして大阪から，どこを通ってか知らないけど富山に着いた。富山の工場で働き始めたんだけど，とにかくもう我慢できないと友達と2人で逃げることにしてね。初めて逃げたときは失敗したけど，その後，ある日の夜，また逃げたんだ。一度は失敗してるから，どこへ行こうかと迷っているとトラックが現れて，乗せられた。しばらく走って，友達はいつの間にかいなくなってるし。どれくらい行っただろう。うん，途中で降りて，あいつが，私を連行したあいつが。私は初潮もまだで何も知らなかった。なのに，その，小さな山で，小高い丘でその人にやられたんだよ。それから体が血だらけになったまま車に乗ってどこかへ連れられた。小さな慰安所に，そう，後で慰安所と知ったけど。そこで何ヶ月か過ごして，また移動したところが絵にも描いた，あの松代っていうところだったんだ。そこでは体も痛かったし，辛い……土曜や日曜になる……と軍人たちと……あの辛い生活を……，1年くらいだったかな？

　今日，教科書などから日本軍「慰安婦」に関する言及を削除すべきだと主張する人びとは，「強制連行」はなかった，賃金の支給も受けていた，したがって，一般の「商行為」と変わらない，と主張している[6]。「強制連行」の意味を首に縄を付けて誘拐するような事態に限定して考えれば，姜さんの場合は，かならずしも「強制連行」とはいえない。「担任の先生」の「命令」は大きな圧力となっただろうが，日本に行くのを拒絶するという選択肢も一応は存在したはずである。レイプされてから慰安所に連れられていく過程は「強制連行」に等しいものとも思えるが，責任者は判然としない。この点をとらえて，軍や官憲による「強制連行」ではなかったと述べることもできる。
　しかし，他方で，姜さんが，自ら「慰安婦」となることを志望して松代に行ったわけではないことも明らかである。「何も知らなかった」「後で慰安所

6　こうした見解については，秦郁彦『慰安婦と戦場の性』(新潮社，1996年) を参照。

と知った」という言葉は，見通しのきかない世界で，戦争という巨大な歯車に巻き込まれるようにして「慰安婦」にさせられたことを物語っている。姜さんは当時，未成年の少女だった。慰安所における生活がいかに苦痛に満ちたものだったか，その時のことを語ろうとすると「あの辛い生活を……」というように，言葉が途切れがちになることにも表れている。『戦争——心の傷の記憶』(NHK制作，1998年8月14日放映) というドキュメンタリーでは，戦後半世紀を経て松代を訪れた姜さんが，かつて慰安所にあった松の木を見て記憶が急によみがえり，その場でしゃがみこんで震える様子が写っている。それは，戦争中の経験が「心の傷」となっていることを示す。姜さんを慰安所に連れて行ったのが誰かは不明だが，彼女の意思に反した出来事だったのは明かである。しかも，松代における巨大な地下壕の建設が極秘の事業——米軍による空襲から天皇と政府機関を守るのが目的である以上，その場所は絶対に知られてはならなかった——として行われていた以上，松代であったという記憶がその通りだとすれば，軍人や警察官が関与していなかったとは考えにくい。この点をとらえて「強制連行」であったと評することも可能である。

「強制連行」だったのか否かということは，いうまでもなく「強制」の定義によって変わってくる。ここで考えてみたいことはむしろ，一方が「強制連行」はなかったと主張し，他方がこれに反論する議論の構図の中で，見えにくくなってしまっている問題である。

進学や就職，結婚，人それぞれに大切な人生の選択がある。そうした人生の選択において，純然たる「自発」的な選択がなしうるような状況は稀である。人は，それぞれに限定された選択肢の中で，なんらかの決断をする。あるいは，決断をせざるをえない。姜さんが日本に渡った要因について，先の証言では「あの時はとにかく命令を聞かなくちゃいけなかった」というように，強制を示唆する言葉がある。だが，NHK制作のドキュメンタリーでは，「日本に行けば女学校に通える」という先生の言葉が，決断の要因となったと語っている。この証言には「強制」という言葉ではつくせないもの，いわば彼女の「夢」が日本に行くという選択にかけられていたことを示している。

だとすれば，姜さんにとって「女学校に行く」のがどのようなことだったのか，考えてみる必要がある。

当時の朝鮮半島では，6年制の国民学校初等科を卒業した時点で進路が大きく枝分かれしており，ごく少数が中等学校（中学校，高等女学校，工業学校や商業学校などの実業学校）に進学し，多くは国民学校初等科卒業時点で働くか，あるいは国民学校高等科で2年間の補習的な教育を受ける仕組みとなっていた。この仕組み自体は当時の日本内地 ── 当時は朝鮮半島も帝国日本の一部とされたので，北海道・本州・四国・九州は帝国日本の中の「内地」，朝鮮半島は「外地」と呼ばれた ── と同じだが，内地では早くから義務教育制度を確立して男女ともに100％近い就学率を達成していたのに対して，朝鮮では総督府が義務教育を施行しなかったために就学率は低く，女子の場合，1942年の時点でも30％に達していなかった。学齢期の女子10名のうちの7名は，まったく学校に行く経験を持たなかったわけである。農村が慢性的な飢餓状態におかれる中で，不就学の女性の中には，女工として働くことで家計を支えようと都会に出る者も多かったが，女工になるにも初等科卒業程度の学歴が求められた。この要件を満たさない者は，飲食店勤務などの「雑業」，「女中」，そして「売春業」へと誘引された[7]。

こうした朝鮮人女性一般の状況に比すれば，国民学校高等科に進学できた姜徳景さんは相対的に「恵まれた」状況にあったとも言える。だが，国民学校における学習程度は高等女学校よりもレベルが低く，華やかな制服や，テニスなどのスポーツに彩られる女学校文化とも無縁であった。不就学の女性にとっては女学校は完全な別世界だっただろうが，国民学校高等科の学生だった姜さんが，女学生に羨望を感じたとしても不思議ではない。たとえ漠然としたイメージであろうとも，女学校の卒業証書を得れば，「女中」や「売春業」とは異なる，「開かれた未来」が待ち受けているとも考えられたことであろう。しかし，総督府が女学校の増設に消極的だったためにきわめて「狭き門」であった上に，女学校に進学するには高額の授業料を必要としていた。

7　金富子『植民地期朝鮮の教育とジェンダー』（世織書房，2005年）を参照。

「日本に行けば女学校に通える」という宣伝文句は，こうした条件の前で進学を断念せざるをえなかった少女たちにとって，魅力的なものと感じられたはずである。

姜さんと同様に「女子挺身隊」として不二越で働いた李鐘淑（イジョンスク）さんも，不二越の腕章をつけた人から，「女学校にも行ける，金も沢山貰える」「タイプライターやミシン，お花なんかも教えてくれる」と聞いたと語っている。しかし，実際には，昼夜二交代制で働かされた上に，寮と工場の往復生活だけで外出もほとんど認められず，賃金をもらおうとすれば「そんなことを聞いてどうする，それでどうするのか」と上司に追い返される状況であった。タイプライターやミシンはわずかに教えられたものの，女学校はもちろん存在しなかった[8]。

要するに，姜徳景さんや李鐘淑さんの「夢」は裏切られたことになる。ただし，そのことを指摘するだけでなく，歴史のなかの「被害者」も自らの「夢」や「欲望」を持ち，それにしたがって行動するという当たり前のことを確認しておくべきだろう。「美しい服が着たい」「お金がほしい」，そうした思いによって日本に渡ったとしても，何の不思議もないのである。私たち自身も，そのようにして日々の行動を選択しているのだから……。もちろん，死を前にした姜さんの言葉は，彼女の願いが「人間としての尊厳」の回復というような言葉でしか表現できないものに向けられていたことを示している。それにしても，もっぱら「被害者」として私たちの目の前に現れている人びとが，「被害者」である以前に，ひとりの人間であることへの想像力が必要なのだ。こうした思考の回路を経ることにより「被害」としか呼びようのない事実の重みも，はじめて切実に感じられるのだと思う。

---

8 「第一次不二越訴訟」における李鐘淑さんの「陳述書」1993年5月17日（不二越訴訟弁護団『不二越裁判記録Ⅱ』2001年，105頁。第二次不二越強制連行・強制労働訴訟を支える北陸連絡会ホームページ http://www.fitweb.or.jp/~sksr930/ijs.htm も参照）。

Column 3
日本軍「慰安婦」問題と日本社会の世論

駒込 武

　1991年に金学順(キムハクスン)さんが韓国で初めて元「慰安婦」として名乗りを上げて記者会見をして以来，日本軍「慰安婦」問題への対応は日本社会で論争を引き起こしてきた。論争の一方には，「慰安婦」制度は民族差別と性差別に基づく重大な人権侵害であると捉え，謝罪と個人補償の必要を説く議論があり，他方には，「強制連行の事実はなかった」「『慰安所』において女性たちは，高額の収入を得ていた」ことを強調し，謝罪も補償も不要とする見解がある。1990年代から今日にかけて，日本社会の世論はこの両極のあいだで大きく揺れてきた。

　1990年代前半には，旧日本軍による「慰安所」設置，「慰安婦」募集統制を示す資料が防衛庁防衛研究所図書館で発見されたこともあって，日本政府も独自に調査を進め，「河野官房長官談話」（1993年）において「お詫び」の意思を示した。ただし，個人を対象とした補償に関しては，サンフランシスコ講和条約（1951年），および関係諸国との二国間条約における国家間賠償で「解決済み」という立場から否定し，代替的な措置として1994年に「女性のためのアジア平和国民基金」を発足させた。「慰安婦」問題に関する道義的責任は認めたが，法的責任は認めず，補償は民間の「善意」に委ねたわけである。

　1990年代後半になると，国連の人権委員会などで日本政府の法的責任を問う動きが広がる一方，日本社会では「慰安婦」問題にかんする道義的責任も否定し，歴史教科書から関係する記述を削除すべきだという

Column

運動が展開された。すなわち，国連では 1996 年に人権委員会のクマラスワミ特別報告官が「慰安婦」問題に関する報告書を提出，国際法違反の法的責任を受け入れるよう日本政府に勧告した。1998 年にも差別防止・少数者保護小委員会のマクドガル特別報告官が元「慰安婦」への損害賠償，責任者処罰などを勧告した。他方，日本国内では，1997 年度用中学校歴史教科書では 7 社すべてが「慰安婦」に関して記述していたが，「新しい歴史教科書をつくる会」が結成されて文部大臣に「慰安婦」関係の記述の削除を申し入れたほか，自民党の国会議員も「日本の前途と歴史教育を考える若手議員の会」（発足当時の代表は中川昭一議員，事務局長は安倍晋三議員）を発足させて，「河野官房長官談話」の撤回を求めるとともに，「慰安婦」関係の記述の削除を求める活動を展開した。この時期，右翼団体の街宣車が教科書会社に押し寄せる事態も見られた。

2000 年代になると，こうした活動の「成果」が顕著に表れるようになった。2002 年度以降使用の中学校歴史教科書で「慰安婦」問題に言及しているのは 8 社中 3 社に減少し，2006 年度以降使用の歴史教科書では「慰安婦」という言葉がすべての教科書本文から消えた。他方で，「慰安婦」問題をめぐる国際的動向と連携しながら，日本政府の法的責任を追及する試みも展開された。2000 年 12 月には，「女性国際戦犯法廷」（主催者は女性国際戦犯法廷国際実行委員会）が東京で開催された。64 名の元「慰安婦」（出身地は韓国，北朝鮮，中国，台湾，フィリピン，インドネシア，東チモール，オランダ）を含めて，参加者はのべ約 5000 名に及び，世界の各国で大きく報道された。法廷の「判決」では，昭和天皇と 9 人の軍部・政府指導者を「人道に対する罪」で有罪と認定し，日本政府には個人補償をする責任があるという判断を示した。

2001 年 1 月，この法廷に取材した NHK のドキュメンタリー番組「ETV2001 シリーズ　戦争をどう裁くか」が NHK 教育テレビで放映された。法廷の日本側主催者であるバウネット・ジャパンは，この番組の内容が当初の制作意図と大きく異なっていることを理由として，NHK

● Column

などを被告として東京地裁に提訴した。

　2004年の東京地裁の判決はNHKへの請求を棄却，原告は控訴した。2005年1月，この番組の制作当時チーフ・プロデューサーだったNHK職員が，放送前日に中川昭一経済産業相（2001年当時），安倍晋三官房副長官（2001年当時）によって圧力をかけられたために，通常ではありえないような編集を行わざるをえなかったと証言した。これに対して，中川議員は放送前に面会したことを否定，安倍議員は面会の事実は認めたが，「圧力をかけた」という解釈は事実に反するという談話を発表した。2007年1月，東京高裁は，原告の訴えの一部を認め，NHKに200万円の損害賠償を命じた。この判決は，政治家による圧力と番組改編との直接的な因果関係は否定したが，放映前日に安倍議員が「従軍慰安婦問題について持論を展開」したことに対して，NHK幹部が過剰に政治家の意図を「忖度（そんたく）」して番組を手直しさせた結果，「自主性，独立性を内容とする編集権を自ら放棄した」という問題点を指摘した。NHKは即日上告の手続きをとり，2007年7月現在，最高裁で係争中である。

　このように，1990年代後半以降，「慰安婦」問題をめぐる日本社会の世論と，国際社会における世論のあいだの距離は拡大していった。この距離を埋めるためのひとつの試みが「女性国際戦犯法廷」であった。しかし，世界各国でこの民間法廷の試みが大きく報道される一方，日本ではほとんど報道されなかった。法廷の報道のあり方自体が，日本社会と国際社会の落差を示すものとなったのである。日本政府は，2002年に北朝鮮政府による日本人拉致の事実が発覚すると国連人権委員会に拉致被害者の所在の確認を求めるなどの申し立てを行ったが，従来，日本軍「慰安婦」問題にかんする同委員会の勧告を無視してきたこととの整合性が問われざるをえない状況となっている。

参考文献：メディアの危機を訴える市民ネットワーク編『番組はなぜ改ざんされたのか──「NHK・ETV事件」の深層』（一葉社，2006年）

2　「痛み」を語ること，それを受けとめること

　「女学校に通える」という言葉に憧れて日本に渡った朝鮮人の少女は，松代の慰安所で「性奴隷」とされた[9]。「奴隷」という言葉は大げさだと思うかもしれないが，そうではない。近代的な職業の観念からすれば，どのように苛酷な職業であっても，それが商売として行われている以上は，それをやめる自由を持っている。「買う自由」があれば「買わない自由」があり，「売る自由」があれば「売らない自由」もあるのが，近代的な職業のあり方なのだ。娼妓についても娼妓取締規則（1900年）で「（特定の客を）拒否する自由」「廃業の自由」が認められ，1933年には「外出の自由」も認められるようになった。実際には，借金との関係でこれらの「自由」——特に「廃業の自由」——は行使できないことが多かったが，それでも，「商行為」である以上，少なくとも形式的には自由を認めざるをえなかったのである。だが，日本軍の「慰安所」では，一般的に形式的にすらこうした自由は認められていなかった。外出が認められることがあったとしても，特別な許可を得た場合であった。将校の相手をすることを拒否した「慰安婦」が射殺されたという証言もある[10]。

　自らの「夢」とはまったく異なって，日本軍の「性奴隷」とされた姜徳景さんは，そこで何を考え，何を感じていたのだろうか。渡日の経緯については，記憶の揺れはあるにしても一定の説明がなされるのに対して，慰安所での生活については言葉が途切れがちである。松代で過去の記憶を突然思い起こした場面では，彼女は文字通り言葉を失っている。痛みに満ちた記憶の前で，言葉はあまりにも無力である。そもそも痛みとは，自分の外部に存在するものさしによって客観的に数値化して測定できるものではない。たとえそうした「測定」がなされるとしても，自分の実感とは隔たっていることが多

---

[9]　「女子挺身隊員」と「慰安婦」はしばしば混同されがちだが，これまで知られている限りでは，「女子挺身隊員」として渡日しながら「慰安婦」とされたのは姜徳景さんだけである。姜徳景さんの立場の独自性は，「慰安婦」とされた女性の中では相対的に「高学歴」であることにも表れている。

[10]　伊藤孝司『証言　従軍慰安婦　女子勤労挺身隊』風媒社，1992年。

い。なぜならば，痛みとは，本来，自分の内部における，インビジブル（不可視）な「痛みの感覚」として存在するものだからだ。この内部感覚は，言葉では正確に表現できない。たとえば頭痛についてでさえ，病院に行って「どんな風に痛むのですか？　ズキズキですか？　シクシクですか？」と問われて，何とももどかしい思いをした経験は誰にもあるはずだ。痛みを表現しようとするときほど，言葉が不完全であり，自分が孤独であることを感じることはない。

　だが，痛みの感覚は，時には言葉以外の表現手段を借りて，ビジブルな形で雄弁に表現されもする。

　『ナヌムの家』（ビョン・ヨンジュ監督，1995年）では，姜徳景さんが，韓国の「挺身隊問題対策協議会」の代表である尹貞玉（ユンジョンオク）さんに対して，宴席で酔ってからんでいる姿が描かれている。尹さんは「慰安婦」とされた女性を支援する活動をしてきた方だが，姜さんは，やつあたりのように「（慰安婦として）名乗りでなければよかった」と後悔の言葉を語り，「もう，グッバイよ」というやけっぱちの言葉を投げつける……。それを視る者は，彼女の中に激しい苛立ちや怒りが渦巻いていることを感じる。

　さらに彼女の描いた絵がある。たとえば，「奪われた純血」という絵では，樹木と一体化した日本の軍人が土中の頭蓋骨を養分として栄え，その傍らに裸体の女性が顔を手でふさぎながら横たわっている。不二越を脱走してレイプされた時の経験が反映されているのだろう，その絵は，あたかも暴力的に葬られた自らの「夢」への鎮魂歌のようである。「私たちの前に謝罪せよ」という絵（図1）では，チマ・チョゴリを着た若い女性がナイフのようなもので日の丸を突きさし，そこからしたたる血が日本人の軍人（昭和天皇？）とおぼしき人物の頭上にしたたっている。彼女の中の悲しみや怒りが，ひとつのファンタジーとして形象化されている。

　私たちは，これらの「言葉」── 言葉にならない言葉，絵画によって表現された言葉を含めて ── をどのように受けとればよいのだろうか。痛みや苦しみの経験の個別具体性を考えると，そもそも「受けとめる」ことが可能なのかという疑問も生じる。この問題に関して示唆的と思えるのは，フランスの

図1 「私たちの前に謝罪せよ」(姜徳景画,「ナヌムの家」提供)

歴史家アルレット・ファルジュ (Arlette Farge) の「苦しみについて」という文章である[11]。

> それらの言葉(苦しみを表す言葉――引用者注)は,独自性・個別性を帯びながら,かつ私たちの共有する状況の所産であり,語る存在である人間の共同体の中にあって事態の修復を必死に図ろうとするものなのだ。歴史家は,苦しみの言葉を明らかにし,取り出し,固有の歴史のうちに回復させ,その言葉の当事者でない人々に伝えなければならない。

---

11 アルレット・ファルジュ(芹生尚子訳)「苦しみについて」『思想』第890号,1998年8月。

けっしてわかりやすい文章ではないが，ここには大切なことが書かれているように思う。「痛い！」「苦しい！」という訴えの言葉は，まず断片的な形で届けられる。誰が，なぜ，どのように痛み，苦しんでいるのか，とりあえずは暗闇の中である。しかし，「痛い！」「苦しい！」という叫びは，痛みや苦しみの由来を明らかにすることで「事態の修復」を図ることを求める言葉でもある。だからこそ，その言葉を聴いた者は，痛みや苦しみの言葉に直面するとき，その由来を理解し，共有していくことが大切なのだ。なぜならば，痛みや苦しみを表す言葉は「独自性・個別性を帯びながら，かつ私たちの共有する状況の所産」だからだ。

3　「個の記憶」を縒り合わせること

　それでは，「私たちの共有する状況」とはどのようなものなのか？　ここでは，私自身の両親の足跡が，実は姜徳景さんの生涯と微妙に交錯していたという事実に即して，この問題を考えてみることとしたい。

　私の父は，姜さんと同じ 1929 年に長野県に生まれた。そして，姜さんが「女子挺身隊員」として富山の不二越鋼材工業にやってきたのと同じ 1944 年，父は，不二越鋼材工業の設立した工業学校に入学した。1944 年から 45 年にかけて，二人は，同じ敷地の中で，対照的な立場で暮らしていたことになる。1930 年生まれである私の母は，警察官である父親がしばしば転勤したために長野県内を転々としていたが，松代に居住していたこともある。その後，長野県南部の飯田に移り住み，女学校に通った。その頃，母とほとんど同じ年頃の姜さんは「慰安婦」をさせられていたことになる。

　『戦争――心の傷の記憶』というドキュメンタリー番組を見ているさなか，私は，この連関――当人にとっては意識されていない，いわば忘却された連関――に気づいて思わず絶句した。

　この番組を見る以前から姜徳景さんの名前は知っていたものの，中国や東南アジアの占領地の慰安所で働かされていたのだろうと勝手に思い込んでいた。不二越の工場で働いていたことも，松代と思われる土地で「慰安婦」と

させられていたことも，知らなかった。その瞬間まで，不二越と聞いて私が想起するのは，父の同窓会のイメージであった。私は，車椅子生活を送る父の付き添いとして，不二越工業学校の同窓会に行ったこともあった。また，松代といえば，母が懐かしさに胸躍らせてかつての自宅跡を探し歩くのに同行したことがあった。こうしたことを思い起こしながら，それまで心のどこかで「他人事」として「慰安婦問題」について論じてきたことに今さらながら気づかされた。

　このように記したからといって，私は，「加害者」として自分の両親を責めればよい，と考えているわけではない。むしろ「加害者」というような紋切り型の言い方ではつくせない問題があることを，自分の両親の足跡との交錯という事実によって思い知らされたのだ。私は大学生になったころから，父の「右翼的」思想に反発して口論することが多かったものの ── 父からすれば「左翼思想にかぶれた息子」であった ── ，その父の人生をまるごと否定することは，もちろんできない。そもそも自分自身が両親の築いたものを土台として生活している以上，たとえ否定したとしても，その否定は観念的なものとならざるをえないだろう。しかも，私の父は，石油危機（1973 年）のあおりで事業に失敗し，失意の中で無理を重ねたために，40 代半ばから下半身不随となっていた。当たり前のことだが，ひとことで「加害者」としてくくられがちな人びとの内部にも，さまざまな抑圧や上下関係があり，それぞれの夢があり，それぞれの失望がある。まずはそのことを確認しなければならない。その上で，〈私〉の中の民族問題を考えるために，姜さんの足跡と父の足跡との不思議な交錯の意味について，以下であらためて考えてみることにしたい。

　父は，長野市と松本市のあいだを貫流する犀川のほとりの寒村に貧しい農家の長男として生まれた。「百姓に学問は不要」という考えがいまだ根強かった時代のこと，中学校や実業学校への進学はあきらめざるをえない状況であった。それでも，リンゴ箱で机を作って，祖父が使い古した『中学講義録』（通信教育の教材）で勉強したという。そんな父に進学の機会を提供したのが，不二越だった。父は，古稀を控えて，不二越工業の同窓会のために「私の履

歴書」と題する文章を用意した。そこでは,「(国民学校)高等科時代」のこととして, 次のように記している。「時代は軍事一色であったが自分の知識欲も又旺盛で中学講義録では飽き足らず, 既に担任外の村本先生(国民学校初等科6年の時の担任の先生)から学校時代の教科書を借りて読んだりした, 此の先生が私の人生を開いてくれた大恩人である, 全て無料の富山市の不二越工業学校を探して貧農の親父に長男の進学を踏み切らせてくれた」。

　1939年創立の不二越工業学校は, 父の記す通り, 授業料や寄宿舎費はもとより, 食費や医療費も徴収しない学校だった。また, 卒業後は不二越に勤めるべしというような, いわゆるお礼奉公の義務も設けていなかった。不二越の創業者である井村荒喜は, 外国の技術の模倣ではない技術を発展させるためには優秀な学生を集める必要があると考えており, 完全な給費制をとったのだった[12]。この不二越工業学校の学生時代(1944年〜45年)のことについては, 父は「滑空部に入り, 腹ペコでも, 豆御飯で下痢しても休まずグライダーの練習に励んだ」と記している。戦争中ではあったが, それなりに学生生活を楽しんだようである。1945年になると富山は激しい空襲に遭うが, 敗戦後の9月に学校は再開された。「全市焼け野原で食料のルートも壊滅しているのに, 以前同様無料で戦後一年半勉強をさせて頂いた, 其の御恩に対しては未だ足を向けては寝れない気持である」と記している。その後, 父は, 工業学校卒の学歴を梃子として, 旧制長野工業専門学校(信州大学工学部の前身)を経て, 東大工学部を卒業した。大学を卒業後に結婚, 東大のほど近くに居を構える。そして後年, 息子(すなわち私)も, 父の願い通り, 東大を卒業した。

　国民学校高等科時代の姜さんと, 私の父は, 進学志望の「夢」をあきらめきれずにいた点では共通する。しかし, その後の軌跡はあまりにも対照的である。その分岐点となったのが不二越である。不二越は, 父にとっては「御恩」をいただいた「救いの神」であったが, 朝鮮半島から連れて来られた少女たちに対してはまったく異なる顔を見せていたのだった。

12　『不二越工業高校五十年史』(不二越工業高等学校, 1987年) 53頁。

図2(左)　不二越工業学校の校舎（1940年），図3(右)　不二越工業学校の卒業式（1942年）。いずれも不二越工業高等学校『半世紀の歩み』（1987年）より。

　不二越鋼材工業は1928年に創業した。当初は精密工具の生産を中心としていたが，1934年に海軍省の指定工場となり，1944年には軍の管理する軍需会社となり，事業内容も兵器の生産に傾斜した。「女子挺身隊」が来たのもこの年である。『不二越工業高校五十年史』では，「（昭和――引用者注）19年から20年にかけて，朝鮮半島からも女子挺身隊1,090人，男子報国隊540人が入社し，これら未熟練工でその労働力不足を埋める形となった」と記している[13]。「女学校に行ける」と約束しながら，その約束を実現しなかったことは，もちろん，記していない。また，募集にあたって従業員と同様に「優遇する」と契約したにもかかわらず，賃金を支給しなかったことにも言及していない。

　1992年，かつて「女子挺身隊」として不二越で働いた李鐘淑さんらが，未払いの賃金の支払いと謝罪を求めて不二越を提訴（第一次不二越訴訟），一審の富山地裁の判決（1996年），控訴審の名古屋高裁の判決（1998年）はいずれも賃金未払いの事実を認定したが，時効として請求権を退けた。この間，原告は不二越の本社前でハンストを決行，1997年には姜徳景さんの慰霊祭を行った。2001年には，最高裁が「解決金」の支払いによる和解を勧告，不二越がこれを受け入れることにより，実質的に原告が勝訴した。ただし，不二越は，戦争中の対応について「謝罪の必要はない」という見解を示した。ま

13　同上書，59頁。

た，李鐘淑さんと同様に不二越で働かされた人びとが新たに名乗り出た際には「すべて解決済み」として話し合いに応じなかった。このために，2003年には新たな原告団が組織され，現在でも，富山地裁で係争中である（第二次不二越訴訟）[14]。

一方には，まったく学費を払うことなく中等教育を受けることのできた私の父がおり，他方には，女学校に行かせてあげるという約束は反故にされたまま賃金も受けとることのできなかった朝鮮人の女性がいる……。そこには，差別としか表現のしようのない現実が存在する。しかも，日本人／朝鮮人という民族差別と，男性／女性という性差別が折り重なるように重層している。民族にしても，性にしても，生まれながらに備わっている違いに由来する属性であり，その人自身の性格やら心の持ちようにかかわりなく，決められていることである。それは，個人の意思や努力と無関係だという点では，たぶんに偶然の違いだともいえる。だが，社会は，この偶然の違いに過剰な意味づけを与え，それぞれの人生の足取りを大きく左右する要因とする。

姜さんと，私の父の人生の分岐点を構成したのは，不二越という企業であった。だが，ことは不二越という一企業の問題にとどまるものではないし，当時の不二越の経営者たちの差別的意識に還元できる問題でもない。むしろ日本社会に深くインプットされた価値観に由来するものと考えるべきだろう。この点にかかわって注目されるのは，2007年現在もなお，不二越のホームページに記されている，「NACHI」という商標についての次のような説明である[15]。

> 1929年（昭和4年），昭和天皇が国産奨励の産業視察のため関西に巡幸されたおり，大阪市庁で，優秀国産品として，不二越のハクソー（金切鋸刃）をご覧になりました。初代社長・井村荒喜は，この破格の栄誉にいたく感激し，そのときの陛下のお召艦である最新鋭の国

---

14 第二次不二越強制連行・強制労働訴訟を支える北陸連絡会ホームページ（http://www.fitweb.or.jp/~sksr930/）を参照。
15 株式会社不二越のホームページ（http://www.nachi-fujikoshi.co.jp/fuj/fuj_f.htm）。

産巡洋艦「那智」の艦形をバックにして，NACHIマークをつくり，商標としました。創業まもない地方の小企業の製品が天覧に供されたことは，すぐれた着想と研究開発の成果であります。

　不二越が戦時中の対応について元「女子挺身隊員」に謝罪しようとしないことと，今日でもなお昭和天皇による「天覧」の「栄誉」について語り続けていることは，無関係とは思えない。なぜなら，天皇制は，「日本人」の「男性」を中心とした価値観を正当化し，「聖化」するものだからだ。たとえば，松代の巨大な地下壕は，天皇の「御座所」を中心に構成されていた。壕の開鑿には朝鮮人の男性の労務者が動員され，日本人の軍人がそれを監督した。そして，朝鮮人の女性が「慰安婦」とさせられた。そこには，人のいのちの値段を勝手に値踏みするような，厳然たるヒエラルヒーが存在する。人それぞれの人生は，それぞれの人びとにとって文字通りかけがえがないという当たり前のはずの事実 ── 人権をめぐる議論の根幹に存在するはずの事実 ── は，ここでは建前としてすら省みられていない。
　不二越の対応は，こうした分厚い岩盤のような構造の露頭の一部とみなすべきだろう。そして，私の父も，そして，私自身も，好むと好まざるとにかかわらず，また意識するとしないにかかわらず，こうした差別的な構造の中にすっぽりと包み込まれている。天皇を頂点とする国家が不二越という企業を軍指定工場として保護し，不二越という企業が「有能な日本人の青年」に無償の中等教育という「恩恵」を施し，そうして獲得された高学歴の家族に守られて子どもも高学歴を取得していく……。もちろん，そこに個人の資質や努力という要素がないわけではないかもしれないが，資質や努力にはけっして還元できない力が働いていることも確かだ。
　他方，姜徳景さんの足跡は，国家や企業による保護を受けられず，家族からも疎外される，徹底した孤独において際だっている。たとえば，彼女が不二越の工場から脱走した際に警察に駆け込んだとして，どうなっただろうかと考えてみるべきである。安全な場所に保護されるのではなく，工場に追い返されたことだろう。企業からは，女学校への進学という夢を裏切られたま

ま，ほとんど「使い捨て」の「未熟練労働力」として扱われた。そして，戦後，意図しない妊娠をしたまま帰国した彼女は，韓国に暮らす家族からも「汚れたもの」として拒絶され，亡くなるまで，半世紀近い歳月を孤独の内に暮らすことになった。国家も，企業も，家族も，彼女にとっては疎遠なものであった。

　姜德景さんにとってこの世界がどのように見えていたのか……。それを心底から理解することは私にはできないだろう。人間としての共感という，素朴な感情移入だけでは決して越えられない溝がそこにはある。だが，姜さんにとっての「個の記憶」と，私に直接つながる人びとの「個の記憶」を縒り合わせ，両者のあいだのすれ違いがなぜ，また，どのように生じたのかを認識し理解することは，私にもできる。このようにして歴史に向き合うことは，苦痛に満ちた作業である。だが，誤解を恐れずにいえば，それは，ある種の「解放感」や「喜び」をも感じさせる。なぜならば，それは私が自分自身を知るプロセスでもあり，こうした作業を通じて，私は，自分の存在が孤立してあるのではなく，歴史の中にあることの手応えのようなものを実感できるからだ。

　ここに述べてきた私の例は特殊だろうか？　そうかもしれない。しかし，日本社会で暮らす人びとの「個の記憶」は，二世代もさかのぼれば，誰もがどこかで植民地支配や戦争の問題につきあたるはずでもある。在日朝鮮人の場合はもちろん，日本人の場合も，朝鮮人と向き合った――あるいはすれ違った――経験が浮かび上がってくるはずである。その経験の意味を考えてみることは，誰にとっても重要なことのはずだ。苦しみの言葉は「独自性・個別性を帯びながら，かつ私たちの共有する状況の所産」なのだから……。

　最後に，テッサ・モーリス＝スズキさんが「連累」（「事後的な共犯関係」を意味する法律用語）という言葉を用いて過去と現在とのかかわりについて述べた文章を，ひとつの問いかけとして引用することにしたい[16]。

　　「連累」とは以下のような状況を指す。
　　わたしは直接に土地を収奪しなかったかもしれないが，その盗ま

れた土地の上に住む。わたしは虐殺を実際に行わなかったかもしれないが，虐殺の記憶を抹殺するプロセスに関与する。わたしは「他者」を具体的に迫害しなかったかもしれないが，正当な対応がなされていない過去の迫害によって受益した社会に生きている。

　わたしたちが今，それを撤去する努力を怠れば，過去の侵略的暴力的行為によって生起した差別と排除（prejudices）は，現世代の心の中に生き続ける。現在生きているわたしたちは，過去の憎悪や暴力を作らなかったかもしれないが，過去の憎悪や暴力は，何らかの程度，わたしたちが生きているこの物質的世界と思想を作ったのであり，それがもたらしたものを「解体（unmake）」するためにわたしたちが積極的な一歩を踏み出さない限り，過去の憎悪や暴力はなおこの世界を作り続けていくだろう。

［附記］

　この文章を起草しているさなかの2007年2月17日，母の後を追うようにして，父が息を引き取った。父は，この文章を読んだら，どのように感じただろうか。やはり「左翼思想にかぶれた」息子は現実に疎く，あまりにも理想主義的だと憤り，ため息をついただろうか。それとも，そういう見方もできるかもしれない，と頷いてくれただろうか。今となっては，わからない。ただ，もしもこの文書にいくばくかの説得力があるとしたら，父が自分の前に「壁」として立ちはだかっていてくれたからなのだと今さらながらにして思う。感謝の思いを込めて，この小文を今は亡き父に捧げたい。

　　　　　　　　　　　　　　　　　　　　　　　　　（駒込　武）

16　テッサ・モーリス＝スズキ『批判的想像力のために——グローバル化時代の日本』（平凡社，2002年）56〜58頁。

第3講

伊藤公雄

ジェンダーから点検する社会
性差別と向き合う

はじめに ── なぜ男性のぼくが性差別について語るのか についてのちょっと長い話

　ジェンダー（社会的に構築された性別）問題に敏感な読者は，この講の担当者の名前を見て，「性差別やジェンダーの章を，なぜ男性が書くのか」と疑問に感じるかもしれない。ぼくもできれば，この講は，女性の担当者の方がよかったのではないかと思っている。差別問題については，実際に被害体験があるとないとで，かなり議論の仕方が変わると思うからだ。しかし，いろいろな理由から，結局，男性であるぼくが，この性差別の章を書くことになった。

　となると，「なぜ男性が性差別問題を」という問いに，まず答える必要があると思う。差別や人権の問題を語るときには，（本書のあちこちで登場する言葉だが）「当事者性」ということが，どうしても問われるからだ。「差別された経験のない者には，差別された体験のある人の気持ちが理解できない」という議論である。つまり，「（性差別された当事者でない）男性であるあなたが，どうして性差別にかかわったのか」という声にこたえる必要があるのだ。

　ぼくが，性差別問題に本格的にかかわるようになったのには，ある事情がある。20代のはじめの頃のことだ。その頃，ぼくは京都大学の文学部の学生だった。時代の流れもあって，新左翼の学生運動（例のヘルメットとゲバ棒に

象徴されるラディカルな運動だ)に深くかかわっていた。3回生になったとき，当時，全学学生自治会の新入生歓迎の催し物の責任者をすることになった。当時から，政治(狭い意味での「政治」というより，日常生活をも含む広い意味での，支配と抵抗，対立と妥協といったプロセス全体)と文化(これも，ものの見方，考え方，ものの言い方や身体の使い方を含む広義の「文化」も視野にいれたものだ)の関係をテーマにしようと思っていたこともあり(実は，これが今でもぼくの中心的研究テーマなのだ)，喜んで引き受けた。

　学内の多くのグループから企画をあつめ，企画会議が開かれた。そこで，企画のひとつとして「ロックストリップ」が提案された。ロックにあわせてストリップをするという企画だ。ちょうどそのころは，性差別だけでなく，部落差別，障がい者差別，外国人差別(民族差別)などさまざまな差別問題への取り組みが本格的に開始された時代だった(当時の新左翼運動の生み出した最大の貢献は，こうしたマイノリティー問題の発見だったという声さえあるくらいだ)。実際，ぼくも，さまざまな差別問題について，学習会や講演会に参加した経験もあったし，実際の差別糾弾の運動にもかかわっていたのである。だから，すぐに「それはまずい。性差別になる」と対応した。

　でも企画グループは，「女性だけが裸になるというから問題なのだ。これは男性も裸になる形でやるから性差別ではない。むしろ男女平等のストリップだ」と返答してきた(実は，この前年に京大の西部講堂で新左翼系のグループによる同様の催し物があり，そのときは，ロックにあわせた女性ダンサーのストリップだったが，問題にされなかった。つまり「前例」があったということもぼくの記憶にはあったのである)。いろいろ議論の末，ぼくは全催し物の総責任者としてGOのサインを出してしまったのである。

　あれやこれやでほとんど不眠不休で準備してきた一連の企画だったが，4月の末頃には，講演会などの催し物が少しずつ開始されていった。

　スムーズに開始された一連の企画を大きなショックが襲うことになったのは，ぼくが主に企画の担当をしてきた内田裕也さんをメインにすえたロックフェスティバルの当日のことだった。西部講堂で前座のグループの演奏が開始されたころ，実行委員会のメンバーから「女性グループがロックストリッ

プ問題で抗議に来ている」という連絡が入った。呼ばれた先の自治会室に入ると顔見知りの女性活動家たちとともに，見知らぬ男性が二人いた。(二人は，出自にまつわる被差別体験があるということだった)。部屋に入るなり，この男性たちに殴られた。「差別者だ」というわけだ。直接の企画担当者はぼくではないということ，女性だけではなく男性も裸になると聞いていることなどについて説明した。しかし，実際の企画担当者が不在だったというだけでなく，「全体の責任者はおまえだろう」と指摘され，男性も裸になるという理由も「そもそもストリップという言葉が女性にとっては屈辱的な言葉なのだ」ということで，さらに殴られた（当時の学生運動においては，残念ながらこうした身体的暴力は公然と承認されていたといっていいだろう)。

　最初にしたことは，そのとき行われていたロックコンサートの中止だった。「企画の一部が差別事件を起こしたのだから，まず全企画をストップしろ」というのが，糾弾する側の主張だったのである。そこでぼくは，西部講堂に出かけ，ちょうど演奏中だった内田さんを呼び出して，事情を説明した。内田さんは，話を聞いた後，また舞台に出て演奏を続け，やるだけやったら無言で帰ってしまった。ただし，他のアーチストたちは説得を聞いてくれて，その後は，コンサートがそのまま差別問題の討論の場になった（というか，そういう形にすべきだとぼくは判断した)。今でも不思議だったのは，およそ300人くらいいた参加者のほとんどが残って議論に参加してくれたことだ。ぼくは，(それまで性差別についての学習の「蓄積」があったことも手伝って）性差別の問題性，また，今回の企画に女性にとって差別的なストリップという名前の入った企画があったこと，そのため今回の企画は，ぼくたちの自己批判が終了するまで中止せざるをえないことなどを説明した。その後，参加者とのやりとりがあり，1時間ほどで討論会は終了した。

　厳しかったのは，その後の糾弾会だった。「現状確認」から始まって，「総括」の会までほぼ1週間の間に，数回，糾弾会が開かれた。ぼくは，この間，自己批判の作業のために，性差別関連の本や論文を手当たり次第に読んだ（たぶんぼくのこれまでの人生のなかでも，もっとも「必死」になって本を読んだ時間だったろうと思う)。

ほぼ1週間で，自己批判書を書き，立て看板とビラにして公表した。その後の最後の糾弾会で，ぼくの自己批判書が糾弾会参加者によって確認され，ぼくに対する差別糾弾は終了したのだった。
　糾弾会の終わった後で，ぼくは，こう言った。「これでぼくの自己批判は認められたわけですが，ぼくの糾弾のプロセスのなかで，糾弾する側の男性たちに，差別的な問題発言がありました。ここで自己批判してください」（実際，ぼくは殴られる過程で，彼らから，何度か差別的としか思えない言葉で糾弾されたのだった）と。
　すぐに，当の男性から「ちょっとこっちへこい」と陰の方に連れて行かれて「俺はそんなことは言っていない」とさらに殴られた。でもぼくは，最後まで「あなたはそうした発言をしました。きちんと自己批判してください」と言い続けた。結局，数発殴られた後，「もういい」ということで，中途半端な形で解放された。
　後になって聞いた噂によれば，最初に声をあげた女性たちが所属していたグループのリーダーも，ぼくらの事件の直前に，自分たちのグループが起こした性差別事件に関連して，ぼくを糾弾したのと同じ二人の男性によって身体的な暴力を受け，意識不明の状態で病院に担ぎ込まれたという（その後，このグループは，三里塚＝成田空港反対と差別糾弾に応える運動を軸に，活動を展開し，いまでもいくつかの市区議員をもつ形で活動している）。また，ぼくを糾弾した男性が所属していたグループ（彼らも糾弾会には参加していた）の中には，このぼくらの事件が起こる直前に「本物の」ストリップを見に行ったメンバーがいたという話も聞いた（実は，この二つのグループは，ともに全学学生自治会の内部では非主流派的な位置にあり，差別糾弾は，ぼくが属していた主流派批判という意味ももっていたようだ）。さらに，これも後で聞いた話だが，ぼくを殴った男性の一人は，一緒に暮らしていた女性に対してひどい暴力行為をふるって後で問題になったらしい。
　こうしたエピソードについて語るのは，自己弁護のためではもちろんない。差別の問題は，たとえ自分たちが被差別の経験をもっていようと（もちろん，そのことがその人の生き方に大きな影響を与えることは事実だが），また，口で「差

別をなくすべきだ」と語っていようと，ほとんどの人がそこから完全に「解放」されるなどということはない，ということがいいたいのだ。このことが，ぼくの経験した「糾弾」のなかから経験したひとつの大きな教訓だった（実際，障がい者差別としか思えない対応をしたある著名な「フェミニスト」の例や，性差別的発言を平然としてみせる「人権活動家」のケースなども，耳にしたことがある）。

そしてもうひとつ。「糾弾」の作法というものも，この経験からぼくはいくつかの教訓を得たと思っている。

この文章を読んだ人のなかには，ぼくが経験したような暴力的「糾弾」は，問題だと感じた人が多いだろうと思う。ぼくもそう思う。とくに，批判された側がそれなりに誠実に対応しようとしているのに，何もいわずに暴力が行使されるようなことは，どう考えてもおかしいと思う。

しかし，ここには，その時代の避けられない事情があったということもぼくにはよくわかる。というのも，見えなかった差別問題を可視化するときには，どこかで「やり過ぎ」がつきまとうということはよくあるからだ。本書の前平さんの稿（第5講）でふれられているように，「無関心の共謀」とでもいえる事態が，差別問題ではしばしば存在している。つまり，差別問題では，差別された側の「声」が，なかなか届かないことが多いのだ（もっとも，ぼくたちの場合は，もう少し早い段階で，批判の声があれば，素直に企画の変更をしただろうとは思うが）。だから，差別されたり抑圧されたりしている側が，最初に「声」をあげるときには，かなり「無理」をしなければならない。その「無理」は，ときに理不尽とも思える激しい現れ方を要求する。

付け加えれば，この「無理」は，ときに通常とは別の権力構造（奇妙なことだが，差別された側の「力」が，差別に加担した側よりも一時的に圧倒的に強化されるように見えることがあるのだ）さえ生み出してしまうことがある。それまでの「弱者」（差別された側）が，ある種の「強者」に変貌してしまうかのような現象が生じるのだ。

この力関係の「転換」は，糾弾された側を，ときに過剰に「卑屈」な状況へと陥れるかもしれない。表面的な自己批判や，「へつらい」によって，嵐の

通り過ぎるのを待つような態度を生み出しやすいのだ（ぼくの場合も，「安全」のための「へつらい」につながる気持ちが生じたことは事実だ）。

　この構図は，「差別問題は怖い」という形で，逆に差別問題を表面的なごまかしの手法で「解決」しようという動きにつながることがある（もちろん，差別された側の人々の状況を改善するための特別な措置はつねに必要不可欠なことだ）。この表面的なごまかしは，ねじれた「優遇措置」（必要な特別措置を超えた「おもねり」）と結びつき，ときに行政機関などでの「腐敗」の構図を作り出してしまった。

　差別される側がある種の「特権」をもつかのような誤った見方を作りだすこの構図は，現在，差別をめぐる奇妙な混乱の原因にもなっている。つまり（差別をめぐる関係性のなかで「優位」に立っているかに見える）「弱者」への批判や攻撃は，むしろ（「強い」者への）「抵抗」であり，正当なものであるという「幻想」さえ生み出してしまうことがあるからだ（付け加えれば，こうした形で攻撃をする側もまた，社会的な疎外感や抑圧をかかえていることもしばしばみられるところだ）。その結果，「弱者」という「特権者」批判や「強者」への抵抗の名の下に，差別的行為がまるで「正当」なものであるかのような意味さえ与えられてしまうことになる。現在の「差別される側」への悪質な攻撃（フェミニズムたたき，反中国意識や反在日攻撃から差別落書きまで）の背景には，まさに，この差別／被差別の構図の奇妙な「逆転」図式があると思う。

　差別問題には，現在，このように，しばしば複雑な関係性のポリティクスが介在するようになっている。だからこそ，差別をめぐる問題において何よりも重要なのは，相互の「開かれた」コミュニケーションをいかに確保するかということなのだと思う。差別された側が差別する側を批判するのは当然だ。しかし，その批判が，相手を全面的に萎縮させてしまったり，逆に，いなおらせてしまうような構図は不毛だ。問題は，差別された側の怒りや痛みを相手に理解させつつ，差別する側のもっている差別意識の構図やそれを支えている知識や想像力の貧困を掘り起こしながら，相手に「変化」をうながす方法をどう生み出すかということだ（もちろん，この作業がとてつもなく困難をともなうことはよくわかる）。そのとき，差別を批判し糾弾する側もまた，

自分たちが，どこかで相手へのひどい人格攻撃を含む人権侵害をかかえこんでしまっている（かもしれない）という，冷静な自己省察も必要になるだろう。

そんな構図が少し見えるようになったのも，30年以上も前の体験が，ぼくにもたらしてくれたことなのだろうとも思う。

いずれにしても，こうした体験を通じて，ぼくは，性差別問題に，男性としてかかわるようになった。「性差別問題で自己批判したのなら，当然，積極的にかかわるべきだ」ということで，大学内外での性差別問題などにも，さまざまな形で参加するようになったのである。といっても，性差別問題は，しばしば「女性問題」であり，男であるぼくは，「当事者」では必ずしもない。いわば，「当事者」を外から支援する側でしかないのだ。

すでに述べたように，差別問題は，基本的には「当事者性」が出発点になる。それなら，この問題を，男という自分の「当事者性」から解剖したらどうなるか。これがぼくの性差別問題への新たなかかわりの出発点だった。差別問題から自由な人はいない。その意味で，被差別の側だけでなく，実は差別する（といわれる）側もまた「当事者」なのだ。

というわけで，ぼくは，この性差別問題を，男性という「当事者」側から解剖することを考えるようになった。これが，ちょっと長くなったが，ぼくが男性学・男性性研究という立場に立って，性差別やジェンダーの問題を考えるようになった経過である。

それでは，性差別問題についての「本論」に入ろう。

I ジェンダー平等の国際的潮流と日本社会

　振り返ってみれば,性差別をはじめとする人権問題が国際的に本格的な広がりをみせ始めたのは,ちょうど1970年前後のことだった(それは,まさにぼくの「糾弾」事件があった時期にぴったりと重なっている)。その直前,1960年代には,アメリカ合衆国で,公民権運動＝人種差別撤廃運動(その当時は,色が黒いというだけでアフリカ系のアメリカ人には,ひどい差別が横行していた)や,ウーマンリブと呼ばれた女性解放運動が大きく広がった。差別されていた側が,必死の思いで「声」をあげるように(あげられるように)なったのである。あらゆる差別と偏見からの「解放」の動きが,たぶん,人類史上はじめて展開されるようになったのだ。中でも,性差別問題は,世界の人口の半分以上が関係している(人数の面でみても)世界最大の差別問題だという認識が国際的にも共有されるようになった。

　こうした女性たちの差別撤廃の声を受けて,国際社会もやっと本格的に性差別撤廃の動きを開始した。1975年の国際女性(婦人)年は,その大きな契機になった。その後,1979年には「女性差別撤廃条約」が国連で採択され,数度の世界女性会議が開かれた(20世紀後半,国連を中心にして大きな広がりを見せたのは,環境と人権の課題であり,人権のなかでも女性問題への取り組みは急激に展開した。そのことは,20世紀後半の国連の動きにおいて,環境と女性についての世界会議がもっとも頻繁に開催されてきたことからもわかるだろう)。

　1990年代にはいると,この動きはさらに加速し,女性に対する暴力の撤廃の動きや,ジェンダー平等の政策が次ぎ次ぎと打ち出されてきた。国連の人間開発の分野でも,女性の社会参画の度合いを示すGEM(ジェンダー・エンパワーメント指数)が毎年発表されるなど,この問題への取り組みが,その国・社会の成熟度,民主主義度を示す重要な指標として認識されるようになった。

　ところが,こうした国連を中心にした女性差別撤廃の動きに,どうも日本社会は,完全に出遅れてしまったようだ。

　性差別問題を語ると「日本は伝統的に男尊女卑だから」というような声が,

よく出てくる。皮肉をいえば，これはひどい「自虐的」な見方だと思う。というのも，日本社会は歴史的には，欧米社会と比べてみると，女性の社会参画や，女性に対する教育の広がりという点で，ひけをとらないどころか，むしろ，許容度が高い社会だったと思われるからだ。というよりも，1960年代までの国際社会は，欧米であろうとアジア社会であろうと，ほとんどの国が男尊女卑の構図のなかにあったといった方がいいだろう（たとえば，オランダでは，1950年代後半まで「結婚した女性は勤労者になってはならない」と法律で規制していたし，スイスのいくつかの州では，1990年代まで女性に参政権がなかったところがあった）。「人間の平等」をうたう限り，性差別は問題だ，という声が本格的に広がったのは，繰り返すが，1960年代のことだったのだ。

なぜ，日本社会が，1970年代以後の女性差別撤廃の動きにきちんと対応しなかったのかは，それ自体，研究対象として興味深いところがある（この問題には後でもちょっとふれる）。しかし，いずれにしても，現在，日本社会は，この性差別という面で，「極端に問題の残っている国」として国際的に認識されているのは，どうも間違いのないところだ。

実際，ちょっと見回してみても，国際社会の「常識」が，いまだ日本では「非常識」であるかのように考えられているところさえある。次節から，こうした日本の性差別問題の現状について，いくつか指摘してみたいと思う。

II 法律のなかに残る性差別

日本の性差別問題を考えるとき，法律においてもさまざまな性差別的要素が残っていることを知っているだろうか。

たとえば戸籍法である。子どもが生まれたら出生届けを役所に出す。そこには「続柄」という欄がある。「長男」とか「長女」とか書き込む欄だ。でも，法的に結婚していないときは，出生届を出す親は「長男」とか「長女」とか書けないのだ。どう書くかというと「男」か「女」という性別だけだ。なぜだろう。それは，この一番最初とか，次とかいう順番が，父親の立場から考

えられているからだ。

　民法にも国際社会から何度も改正を勧告されている条項がある。代表的なものは，先ほどの法的に結婚しないで生まれた子ども（婚外子）への相続上の差別だ。子どもには何も責任がないはずなのに，現在の民法では，法的な結婚のもとで生まれた「嫡出子」の半分しか相続できないのだ。

　また，これはよく知られていることだが，結婚年齢の男女差もある。男性は18歳，女性は16歳というやつだ（成人までは親の許可が必要だが）。子どものとき，この話を聞いて，「（女性優遇の）男差別じゃないか」と考えたことがある。でも，実はここにも女性差別が背景にある。つまり「一家の長たる男はある程度年齢がないといけないが，女性は家のことをするだけだから低年齢でもいい」とでもいうような決めつけがあるのだ。

　男性にはないのに女性にだけは再婚禁止期間が設定されているのも問題だ。つまり，離婚した後，女性は6カ月間の再婚禁止の期間があるのだ。なぜか。ここにも，子どもの「所有者」は男親という発想がある。離婚前に別れた妻のおなかに赤ちゃんがいた場合，その「父親」を確定させるのが主な目的なのだ。

　すでに述べたようにこれらの条項は，国連の規約人権委員会から繰り返し改正の勧告をうけてきた。日本政府も，こうした国際的な批判を前に，1996年の法制審議会で改正（婚外子差別の廃止，男女とも18歳以上という婚姻年齢，再婚禁止期間の短縮）が決定された。

　ところが，10年以上もたつのにこの改正はまだ国会で成立していないのだ。というのも，この改正にあわせて「選択的夫婦別氏」の条項を新たに付け加える方向が提案されたからだ。この夫婦別氏制度は，「選択的」とついているように，「別氏にしたい人はできますよ」と，これまでの夫婦同氏以外の選択肢を増やそうというもので，「皆別氏」にすべきだというようなものではない（付け加えると，日本社会は伝統的に夫婦は別氏である。源頼朝の妻の名が北条政子だったことをおもいだしてほしい。付け加えるなら，明治になってすべての国民が姓をもつようになったときも多くの夫婦は別氏を選択していた。夫婦同氏の制度は，欧米の習慣をまねて，明治中期の民法の制定時に原則として「夫の姓に統一」

になった以後のことで、まだ100年くらいの歴史しかない「伝統」にすぎないのだが)。今では、国際社会でこの選択的夫婦別氏は常識だ。

ところが、保守的な政治家の人たちがこの夫婦別氏に強く反発した。「夫婦が別氏になると家族の秩序が崩壊する」というのがその主張だ(日本の保守的な勢力にとっての「理想」はどうも戦前の家制度(家父長制)に基づいた家族秩序にあるようだ)。こうした保守派の声によって、この性差別的な民法は、いまだに改正されないままなのである。

III 労働における性差別

労働におけるジェンダーの不均衡も現代日本社会の特徴だ。特に男女間の賃金格差の大きさ(パート労働者も含めた全労働者でみると女性は男性の半分以下、正規労働者でみても女性は男性の65%くらいしかない。国際的には、女性が男性の8割から9割くらいのところまで来ているから、この差は大きい)や、管理的な立場についている女性の割合の低さ(全体で約1割という数字だが、ここには自営業等も含まれている。民間企業でみると、その割合は3〜5%くらいでしかない。これも欧米社会では、今や3割から4割があたりまえになりつつある)は、国際的に見ても驚くべき数字を示している。

日本の女性の社会参加・労働参加の低さを示すグラフに、女性の労働力率がよくあげられる。学校を卒業後、女性の8割近くが一旦は就職するが、その後、20代後半から30代にかけて職を離れ(結婚や出産・育児のため)、その後、子育てが終わった30代後半くらいで再就職(といっても多くはパート労働しかないのだが)という、全体でみるとM字を描く形になっている(いわゆるM字曲線である)。他の経済の発達した国々も、かつては、日本と同様のカーブを描いていたが、最近は、ほとんど谷のない形になっている。

こういう話になると、「専業主婦も立派な労働をしている」という声がよく出てくる(ぼくも専業主婦の人たちがしている労働は、お金稼ぐ労働よりも、人間社会の存続にとってより不可欠で重要な労働だと思う。問題は、この不可欠で重要

な労働をなぜ女性だけがしているのかということだ。重要だからこそ，できれば男女双方がともに関与すべきものではないだろうか）。もちろん，専業主婦というのもひとつの人生の選択肢だ。むしろ男性の専業主夫という選択だっていいと思う。問題は，家庭にいる女性の多くが，実は「できれば働きたい」と思っているということだ。この「家庭にいるができれば働きたい」という女性たちと現在働いている女性をあわせた潜在的労働力率をみると，日本も，北欧なみに女性が働く社会になる。考えなければならないのは，「働きたいけれど働くことができない」女性（働き盛りの世代で260万人以上といわれる）がこんなにたくさん存在しているということだ。明らかに，ここには女性の社会参加・労働参加に対する「壁」が存在しているのだ。

とはいっても，実は，日本社会はもともと女性がよく働く社会だったという数字もある。現在，一人あたりGDPが1万ドル以上ある豊かな国が世界に24カ国ある。日本ももちろんそこに含まれている。この24カ国の女性の労働力率を見ると，1970年の日本のそれはフィンランドについで第2位，当時3位のスウェーデンのちょっと上に位置していたのだ。それが，2000年になると20位くらいまで後退する。なぜこうなるのか。もちろん日本社会もこの30年で女性の社会参加は拡大してきた（一方で，農業や自営業の女性が減少したのも事実だ）。でも，他の国々は，この30年で日本をはるかに上回るきわめて急激な女性の社会参加拡大を達成してきたのだ。

でも，それなら1970年代から1980年代にかけての日本の経済成長は，（他の国のような）女性の社会参加なしにどうやって達成されたのか。理由は，簡単だろうと思う。男性の長時間労働が女性の社会参加の「穴」を埋めたのだ。実際，1970年代以後，長時間労働をする男性の数が急上昇していく（他方で，「男は外で女は家庭を守る」という構図は，それまで以上に徹底されていく）。

考えてみれば，1970年代以後の男性たちは，家庭を顧みる余裕なしに徹底して仕事人間化していった（確かに，経済効率という点でこれは，プラスに作用したのだろう。実際，ジャパン・アズ・ナンバーワンといわれるようになったのはこの時期のことだ）。でも，この仕組みはいろいろなひずみを日本社会にもたらしたと思う。ひとつは，女性の社会参加の抑制につながったということだ

(「誰かに家を守ってもらわないと安心できない」というわけだ)。これが,「働きたいけど働けない」大量の女性を生み出したのである。そればかりではない。男性から家庭や地域生活をすっかり奪ってしまったこの「男性は長時間労働・女性は家庭(時間があれば労働条件の悪いパート労働)」という構図は,家庭や地域における人間関係や社会関係をズタズタにしてしまったのだ。だって,そもそも男性たちは家庭や地域にいないのだから,夫婦関係もまた父親と子どもの関係も,さらには近隣との人間関係も作れるはずがない。「女性が社会参加すると家族の絆が破壊される」という保守派の人がいるが,家族の絆を破壊してきたのは,女性の社会進出ではない(少なくともこの30年ほどの日本は,世界でもまれなほどに女性の社会参加を妨害してきたのだから)。むしろ,男性たちから家庭生活や地域生活を奪ってきた,男性の長時間労働にこそ,その原因があるのではなだろうか。

　それなら,今後の女性の社会参加で家庭や地域の人間関係は維持できるのか,という質問が出てくるかもしれない。女性の社会参加の拡大のためにも今問われているのは,もちろん男女両性が男性並の長時間労働にさらされるという選択ではない。むしろ,男女両性の対等な労働条件の確立と,男女両性のワーク・ライフ・バランス(仕事と家庭生活・地域生活や趣味などの自由時間のバランス)の確保なのだ。男女両性の労働条件が平等になれば,「稼ぎのいい(また将来管理職になって給与があがる可能性のある)男性が働き,一般的に賃金の低い女性が家庭を守る」型の仕組みを選ぶ必要はなくなる。また,ワーク・ライフ・バランスの制度化で,労働時間を規制することで,男女ともに働き,男女ともに子育てをし,また介護に参加し,さらに自由時間をつかって地域社会への貢献やボランティア活動にも参加できるようにすれば,社会全体の成熟した関係を築くことが可能になるだろう。

IV 性差別社会と男性

　こう考えると,労働における男女両性の平等と参加の拡大は,男性にとっても意味のある課題であることが見えてくるだろう。

戦後，特に高度成長後の日本の男性たちは，「会社人間」「仕事人間」として「人間らしい」とはとてもいえないような厳しい生活を強いられてきた。仕事一筋で，家族生活もまた自分の趣味ももてないままに，必死で働き続けてきたのだ。しかし，この生活は男性たちに，また女性や子どもたちに，様々なマイナスをもたらしたのではなかったか。労働における性差別を克服するという課題は，実は，男性の働き方や生活スタイルに深くかかわる課題なのだ。
　しかしなかなか男性たちの意識が変わらない。男性の意識が変わりにくいことの背景に，現代の日本社会が男性を基準に構成されているという問題もある。
　女性たちは，この男性主導社会のなかで，女であることでいろいろな「壁」とぶつかる。たとえば，今では少なくなったが，小学校の名簿で男性が前，女性が後ろという男女別の仕組みだ。男性たちは「そんなのどうでもいいじゃないか」と思うかもしれない。でも，女性のなかには，「気分が悪かった」と感じたという人もけっこういるのだ。いつも「前」にいる人にはどうこともないかもしれないが，いつも「後」ということでいやな気分になる人がいるということにも配慮すべきだろう。
　さらに，その後も，女性たちは，そのライフコースのなかで，進学やら就職やらの機会を通じて，さまざまな差別や排除の仕組みとぶつかるのだ。「女だからあまり偏差値の高い大学に行くと結婚相手がいなくなる」などと言われた経験をもつ女性もいることだろう。また，就職するときも，「結婚したら職業を継続するか」といった問題が，女性の場合，頭の片隅をよぎることになる。さらに，子どもができたらどうするか。女性たちは，どこかでこうした判断を迫られるのだ。
　ところが，男性たちはどうだろう。「偏差値の高い大学」（成績がよければ，当然，高い偏差値の大学をめざすだろう）やら「就職」やら「結婚」は，男性にとっては，悩む問題ではない。多くの場合，コースは，もうすでに決まっているのだ。なぜなら，この社会が，基本的に男性基準でできあがっているからだ。

だから，ライフコースのさまざまな場面で，このジェンダー問題と直面しやすい女性たちと比べて，男性たちは，ジェンダー問題について鈍感になりがちだ。というのも，多くの男性のライフコースにおいて（少なくとも今のところは），ジェンダーの壁は，それほど意識することなく生きていけるからだ。
　もっといえば，こうした男性のジェンダー問題への鈍感さが，性差別を生み出すひとつの原因にもなっているのだ。
　働く女性たちの集まりで講演などした後で，よく聞く話がある（あちこちで聞いた話なのでよくあることなのだろう）。電話のエピソードだ。職場にかかってきた電話に対応すると，相手の男性から「何だ女か，人はいないのか」と言われるというのだ。もちろん，男性の側も，彼女たちが「人間」であることは理解しているはずだ。しかし，「人を出せ」というのだ。簡単にいえば，この男性にとって女性は「人」ではないのだ。つまり，何か責任をもって自分と仕事のことについて話すことのできる「一人前」の「人」ではないということなのだ。
　女性が実は，そのセクションの責任者であっても，男性の多くは「人を出せ」と言うらしい。以前，国家公務員の女性管理職の人にこのエピソードを話したら，こんな体験を語ってくれた。「かかってきた電話の相手の男性が『男を出せ』と言うので，『部下でもいいですか』と言ったらびっくりしていました」と。つまり，電話をかけてきた男性は，女性が管理職である可能性がそもそも頭になかったのだ。
　こうした女性を「一人前の存在」「責任ある労働者」として見ない男性たちは，明らかに固定的なジェンダー意識に縛られた性差別の論理に縛られているのだ。この無自覚な性差別意識の克服は，今後の日本社会にとっても重要な課題にならざるをえない。

V 「男らしさ」の呪縛

　女性をめぐる固定的なジェンダー意識ばかりでなく，男性を縛っている「男らしさ」の鎧とでもいえるような問題にも注目する必要がある。男性の多く

は，無自覚なままに「自分は男である」という呪縛に縛られているからだ。

この呪縛は，セクシュアル・ハラスメントなどの性暴力につながることもある。男性たちは，しばしば女性に対して，「男は女にあらゆる面で優越していなければならない」（優越志向），「男は女を自分の所有物のようにコントロールできなければならない」（所有志向），「男は女に自分の意志をおしつけられるくらいでないと一人前とはいえない」（権力志向）とでもいえる心理的な傾向を抱いているからだ。こうした「男」幻想は，性暴力や差別の根源に控えているように思われる。

実際，セクシュアル・ハラスメントやドメスティック・バイオレンスをはじめとする性暴力の背後には，しばしばこうした無自覚な「男らしさ」へのこだわりがあるといわれる。つまり，女性をハラスメントや暴力の対象とすることで，ここで述べた３つの志向性を満たすことにより，（しばしば社会的に傷つけられた）「男らしさ」を確認するかのようなメカニズムが存在していると考えられるからだ。

性差別や性暴力の問題を解決するためにも，男性たちを縛っているこうした「男らしさ」の呪縛について，男性たち自身にそれを気づかせ，そこから解放していくような働きかけが必要になるだろう。

そればかりではない。もうひとつの男性問題をめぐる視点がある。現状の男性主導社会が男性に強いる「男らしさ」の束縛が，男性自身を苦しめているという観点からの問題提起である。「支配する者もまた自由ではありえない」のだ。

近代産業社会以後，明らかに「支配する側であるべきだ」と思い込まされてきた男性たちもまた，「男とはこうあるべきだ」というジェンダーの縛りによって抑圧されてきたともいえるからだ。

男性たちは，「男というものは弱みを見せてはならない」「男は感情を表に出してはならない」「男は自分の問題は自分一人で解決できなければならない」という男性像を心の中に抱いている。もちろん，こうした〈男らしさ〉が，社会での活動にプラスに作用している側面もあるだろう。しかし，それが行き過ぎると，この縛りは男性自身に重く跳ね返ってくる。たとえば男性

に多くみられるといわれる過労死だ。身体の調子が悪くても（「自分は男だから」と）弱音がはけない。無理に無理を重ねて，結局，身体をこわし，ときには死に至る。ここ数年社会問題化している中高年男性の自殺の急増の背景にも，こうした「弱音が吐けない」「（家族にさえ）相談することができない」男性たちの身構えた生き方が反映しているのではないか。

性差別からの解放という課題は，男性自身に，自らが気がついていないこうした呪縛をときほぐす道でもあるはずだ。これまでの自分たちの生き方を見つめ直し，女性たちとの本音の議論のなかで，男性自身が（女性とともに）より生きやすい社会を形成していく，ということだ。

VI セクシュアル・マイノリティーの人権という課題

セクシュアル・マイノリティーの人権という課題も新たなテーマとして浮上している。

日本でベストセラーになった『もし世界が100人の村だったら』（池田香代子再話，C・ダグラス・ラミス訳，マガジンハウス，2001年）には，こう書かれている。

「90人が異性愛者です／10人が同性愛者です」。

この数字は，おそらくアメリカ心理学会のデータによるものだと思う。ここでいう異性愛（ヘテロセクシュアル）者とは，性的な関心が異性に向かう人であり，同性愛（ホモセクシュアル）者はそれが同性に向かう人を意味する。両性に向かう両性愛（バイセクシュアル）者も存在している（先にあげた同性愛者には，たぶん両性愛者が含まれているのだろうと思う）。こうした性的指向性（セクシュアル・オリエンテーション）において社会の多数派をしめる異性愛者が，同性愛者や両性愛者に対して，さまざまな偏見を抱き，差別やからかいが行われることがしばしばある。これも重大な人権侵害であり，性差別だ。

「異性愛があたりまえ」であるかのような思いこみは，ときとして重大な結果を生み出す。子どもの人権について詳しい森田ゆりは，『子どもと暴力』

（岩波書店，1999年）で，こう述べている。

　　アメリカ連邦政府の報告によれば，ホモセクシュアルの10代の自殺は，ヘテロセクシュアルの同年代の2～3倍になる。自殺したティーンエイジャーの3人に1人はホモセクシュアルだという。さらに最近の研究論文や学会で引用されている調査結果では，ゲイ，レズビアン，バイセクシュアルが自殺を試みる率は30％を越えると報告されている。

　こうしたことが起こる背景には，異性愛以外の存在に対する無視や無関心，さらには露骨な差別や排除という問題が控えているのだろう。
　たとえば，以下のような質問に対して，「それが正しいか誤っているかについて回答しなさい」と言われたら，読者はどう答えるだろう。

　　ほとんどの同性愛者は自分で選んで同性愛者になった（正／誤）
　　同性愛者は外見や服装，態度や職業などですぐに見分けがつく（正／誤）
　　レズビアンとは男になりたい女のことである（正／誤）
　　同性の人と性的な関係をもった人はすべて同性愛者である（正／誤）
　　異性の服装を好む人はたいてい同性愛者である（正／誤）

　さて，読者の回答はどうだっただろう。実は，これはすべて「誤」った認識なのである（森田ゆり，前掲書より）。にもかかわらず，こうした認識は，「正」しいものとして，社会に共有されてしまっているようにも思う。
　誤解や偏見は，ときに，いわゆるヘイト・クライム（差別や偏見を基礎にした憎悪による犯罪）につながることさえある。人種や宗教などを口実にした他者への憎悪とともに，性的指向性を理由にしたヘイト・クライムもまた，多くの国で問題になっている。日本社会でも，男性同性愛者が同性愛者だというだけの理由で殺されたという事件があったのを記憶している人もいるだろう。

こうしたセクシュアル・オリエンテーションによるものだけでなく，インターセックス（生物学的に単純なオス・メスの二分類があてはまらない）の人や，トランスジェンダー（ジェンダーを越境する）の人たちへの無理解などが，差別や偏見の原因となることもある。今，こうしたセクシュアル・マイノリティーの人たちの人権が国際的にも重要な課題として認識されるようになっているのだ。

VII　動き始めた日本のジェンダー政策とバックラッシュ（逆流）

　すでに述べたように，1970年代に本格的に開始された国際的なジェンダー平等に向かっての動きに，日本社会は，大きく出遅れてきた。その結果は，さまざまなデータによっても明らかだ。たとえば，国連が毎年発表している女性の社会参画度を示すGEM（ジェンダー・エンパワーメント指数）での日本の2006年のランキングの位置は，80カ国中42位でしかない。また同年発表された世界経済フォーラムのグローバル・ジェンダーギャップのランキングでは，115カ国中80位である。国際的には，女性の社会参加による社会の活性化がみられるのに，「日本社会は女性のもっている能力を十分に発揮していない」と指摘され始めているのだ。

　アジア地域だけとっても，この遅れは顕著だ。2005年に発表されたアジア13カ国地域（台湾や香港などの地域を含む）での女性の社会進出度のランキングは11位。女性の社会参画度がその社会の成熟度を示す時代のなかで，こうした数字は問題だ。

　こうした国際的状況の中で，日本政府も，20世紀末から，性差別やジェンダー問題への取り組みを開始した。1999年には，男女共同参画社会基本法を制定し，男女共同参画（gender equality＝ジェンダー平等）社会に向かっての法的な基盤を作り始めた。

　しかし，やっと日本でも本格的にジェンダー平等への動きが開始されたと思ったこの時期，今度は，性差別問題への取り組みやジェンダー平等へ向かっ

ての社会の変革に反対する動きがみられるようになった。いわゆるジェンダー・バッシング（バックラッシュ）の動きである。

　バッシング派の主張にはいろいろあるが，そこには三つぐらいのポイントがあるように思う。一つは，ジェンダー平等の動きは，男女を均質化するのではないかということであり，次に，ジェンダー平等の主張は，専業主婦を否定するのではないかということ，さらに，第三に，男女共同参画は，家族の絆を破壊するのではないかという指摘である。

　最初の指摘は，ジェンダー平等や男女共同参画は，機械的に男女を扱うことだという誤解から生じていると思う。だから，バッシング派の人たちは，ジェンダー平等（ジェンダー・フリーという言葉で，バッシング派は呼ぶことがあるが）の名の下に「学校で男女同室着替えがおこなわれている」とか「修学旅行で男女同室の宿泊がされている」などという声を広げたのである。もちろん，こんなことはジェンダー平等（ジェンダー・フリー）教育ではない。むしろジェンダーに敏感な視点からみれば，ジェンダー平等やジェンダー・フリーに真っ向から反する「セクシュアル・ハラスメント」だろう。

　差別をめぐる議論のなかで，機械的に「同じ」に扱えば「平等」になるという発想がよくみられる。しかし，平等の問題とか，人権の問題というのはそんなに簡単なものではない。解決のためには，かなり複雑なきめの細かい配慮が必要な課題なのだ。

　性差別問題においても，こうしたきめの細かい視点が重要になる。ジェンダーフリー教育を進める人の中にも，一部は勘違いして，「同じ」に扱えば平等だというふうに考える方がいるのも事実だ。しかし，男性と女性の間には生物学的な差異がある。多くの女性には妊娠出産の機能があるが，男性にはない。この性差を無視して「同じ」に扱ったらどうなるか。近代社会以後の産業社会においては，妊娠出産の機能をもつ女性は，労働力としてはハンディキャップを背負う場合がある。妊娠出産の期間中は労働力として計算しにくいからだ。実は，このことが近代以後の工業社会が女性を排除してきた背景にある（実際，原始社会では女性の労働なしには生産活動は支えられなかったはずだし，その後の農業社会においても女性は基幹労働力であり続けてきた）。

だからこそ，ジェンダー平等を進めるためには，女性の生理的な機能に対する十分な配慮がまず必要なのだ。同時に女性がそうした生理的な機能を持つことを理由に差別や排除をしないということもおさえておかなければならない。男女の生理的・生物学的な機能についての十分な配慮と，それを口実にした差別撤廃の両方が必要なのだ（これは国連の女性差別撤廃条約などを読めばはっきり書かれていることだ）。ところが，現代の日本の社会は，それにきちんと対応しきれていない。一方で，女性の生理的な機能についての配慮は不十分なままだし，他方で，女性は生理的機能が男性と違うという理由で，排除したり，差別したりするという仕組みが未だに続いているのだ。

　生物学的性差とジェンダー平等について，ひとつ例をあげてみよう。性差医療の例である。いわゆる女性専用外来という形で，女性の病気に専門的な知識をもったお医者さん（患者である女性と同じような体験をもっている女性のお医者さんの方が安心できるということで，女性のお医者さんが多い）が対応する仕組みだ。頭でっかちの男女平等論の人たち，つまり機械的に男女を「同じ」にすることが平等だと思っている人にとっては，これはもしかしたら「差別」に見えるかもしれない。「なぜ女性だけを特別扱いするのか」ということだ。しかし，女性たちにとって，たとえ女性の病気の専門家だといっても，女性差別の意識を持った，女性の気持ちの分からない男のお医者さんに診てもらうのと，女性の視点を共有している女性のお医者さんにみてもらうのとどっちがいいだろうか。女性としての体験に理解のあるお医者さんの方が，女性に対して尊厳を持ったかたちで扱ってくれる可能性が高いわけだから，はるかにその方がいいと思う。また，こうすることで，何か不利益が生じることもない。これは，だから，逆差別でもなんでもない。性別にかかわらず，快適に自分の能力が活かせるような仕組みを作っていくためには，むしろ，この性差医療はプラスになる。

　「女性専用車両」などもよく問題になる。これも，なんでも「同じ」が「平等」と考えると，「なぜ女性だけ専用の車両なんだ」となりがちだ。しかし，痴漢が存在する限りは女性専用車両はあってもいいと思う。もちろん将来的には，痴漢がなくなって男女が一緒の車両に乗れればいいのだが，残念なが

第3講　ジェンダーから点検する社会　117

ら現状では，それそれが必要なのだ。

　差別を是正するための一次的な特別措置というのは逆差別ではないというのが今の国際的ルールだ。だから，女性専用車両もそういう観点からみれば，逆差別でもなんでもない。ただし，将来的には痴漢行為がないような社会を作っていくというのが必要だ。そうなれば女性専用車両は必要なくなるわけだ。

　繰り返すが，性差別やジェンダーの問題はきめ細かい配慮が必要だ。単純に画一的に男と女を同じに扱えば平等になるというような論理では進まないのだ。

　二番目の専業主婦の話を考えてみよう。職業選択の自由は憲法で保障されている権利だ。だから，ジェンダー平等の動きが，専業主婦を否定したりしたら問題だと思う。というよりも，ジェンダー平等の動きは，性別によってコースが決められていたこれまでの状況を変革し，性別にかかわらず多様な選択肢が選べる社会にしようというものだ。だから，ぼくなどは，むしろ男性の専業主夫があってもいいのではないか考えている（ただし，男女にかかわらず，家だけの生活はさまざまなストレスが貯まりやすい。だから，男女とも社会生活と家庭生活が両立できるような仕組みの方が，多くの人々にとっては気持ちがいいだろうとは思う）。

　この問題は，もうひとつの課題，つまり家事や育児や介護をどう考えるかという問題ともかかわる。以前，男女共同参画のシンポジウムの場で，会場からの声を聞いたら，参加していた男性の方からこんな質問をされたことがある。

　「講師の方たちは専業主婦を否定しているのではないか。私は，専業主婦の人たちのやっている家事や育児や介護は尊い労働だと思っている。こうした尊い労働をしている人たちを否定することは許せない」と。

　すでに述べたように，ぼくは専業主婦という選択を否定するつもりはない。専業主夫がいてもいいと思っているくらいだ，ということを述べた上で，こう言わせてもらった。

　「おっしゃる通り，家事や育児や介護が尊い労働だというのにはぼくも大

賛成です。ところで、あなたはこの尊い労働をきちんとやっておられますか」。

　家事や育児や介護は、人間が生きるために必要不可欠の重要な労働だ。問題なのは、この重要で尊い労働を、なぜ女性だけが担っているのか、ということだ。この質問をした男性も、「尊い」と本気で思っているなら、当然、この労働に参加しているはずだ。でも、この男性は、口では「尊い」といっていながら、まったく何もしない人だったのは、口ぶりから明らかだった。

　「尊い」といわれる労働を女性だけが担当しているという矛盾になぜ気がつかないのか。家事や育児や介護は、人間社会が存続するための基本的な労働だからこそ、女性だけの仕事ではなくて、男女で共同してやっていくべきことだろう。もちろん機械的に半分半分というのではなくて、それぞれのおかれた事情はあるだろうと思う。男性の方が負担の多い場合も、女性に負担がかかるケースもあるだろう。しかし、男女のどちらかだけが一方的にすべき労働ではないはずだ。

　最後の（女性の社会参加が拡大することによる）「家族の絆の破壊」論も、すでに何度かふれた。繰り返しになるが、家族の絆を破壊してきたのは、女性の社会参加の拡大ではない（なぜなら、この30年、日本社会は、女性の社会参加をむしろ抑制してきたのだから）。むしろ、1970年代以後急速に拡大した長時間労働男性の増加にこそ、その原因があるのではないだろうか。

　かつて、農業従事者や自営業者の多い時代（つまり男女とも働いていた時代）には、父親たちも家族と一緒に過ごす時間があった（実は、サラリーマン家庭でも1970年より以前には一家団欒の時間は今よりもはるかに保証されていた）。男性たちは、家族と過ごす時間が確保できただけではなく、地域にも自分たちの持ち場があった。ところが、1970年代以後の経済中心の社会の深まりは、男性たちから家庭や地域という生活の場を奪ってしまった。これが、家族や地域の絆を弱くさせたひとつの重要な原因だと思う。だからこそ、もう一度、家族や地域の人と人の関係を再生させるために、ジェンダー平等の家庭・地域参画の仕組みが必要なのだ。もちろん、この「絆」は昔のような男性だけがリーダーシップを握り、女性は補助者という形になるなら問題だ。男女の対等なコミュニケーションの中で、家族や地域の再生がはかられるべきなの

は言うまでもないことだ。

　これまでの社会は,「男はこっち,女はこっち」と社会を二色刷り社会にしてきた。ジェンダー平等＝男女共同参画の社会は,それを変えようという動きだ。

　ジェンダーフリー・バッシングの人は勘違いして,「ジェンダー平等＝男女共同参画は,男も女も機械的に同じにする社会だ」と考えているようだ。だから,たとえば,ランドセル問題で,「男は黒で女は赤。これみんな男女とも黒にするのか,あるいは赤にするのか」といった論理が出てくる。これはまったくの間違いだ。「みんな黒か赤にしよう」という「単色」化ではないのだ。むしろ黄色や緑や茶色や青やいろんな色があって,それを選べるようにしましょうというのが,ジェンダー平等＝男女共同参画の発想だ。もちろんランドセルではなくて,バッグで学校へ行ってもいいではないかとさえ思う。つまり,「一つ」に押しつけるのではなく,いろんな多様性を許容し合いましょうというのが,ジェンダー平等＝男女共同参画の趣旨なのだ。

　繰り返すが,ジェンダー平等＝男女共同参画とは,二色刷社会を単色にしようというものではない。これまでの二色刷りの社会を多色刷りの社会にしていこうという動きなのだ。もちろん社会的に不利な条件におかれた人に対するサポートを十分に進めながら,性別にかかわりなく一人ひとりが自分の能力が活かせるような社会にしていきましょうというのが現在進められつつあるジェンダー平等＝男女共同参画の観点なのだ。

おわりに ── 学校・大学における性差別とジェンダー研究の可能性

　これまでジェンダーの視点とからめつつ性差別の問題について考えてきた。とはいっても,若い読者の多くがこれまで過ごしてきた学校生活のなかでは,この性差別の問題はまだ見えにくいのではないかと思う。というのも,戦後の日本の学校では「男女平等」は基本的な原理として強調されてきたからだ。

しかし，細かく見ていくと，けっこう性にかかわる差別の問題が存在していることも理解してもらえると思う。たとえば「見えないカリキュラム」といわれる問題だ。

この言葉，もともとはイギリスにおける労働者階級出身者と中産階級出身者の間の意識や文化のズレについての認識が出発点になった議論だ（学校の授業は気がつかないうちに中産階級の人たちの視点で組み立てられており，労働者階級出身の子どもにとっては不利が生じるという指摘だ。階級間の文化の差が大きい社会ではこうした事態が生じやすい）。

この問題をジェンダーという観点で見ると，ちょっと似た状況が見えてくる。つまり，先生たちの間にジェンダーについての固定的な思いこみがあると，それに気がつかないままに，ついつい児童・生徒に，この固定的なジェンダー観を提供してしまうのではないか，という観点だ。ちょっと元気すぎる男の子には，「まあ，男の子だから」と大目に見るが，同じことを女の子がすると「（「女の子なんだから」と口に出さなくても態度などで）それはやめなさい」というメッセージが出される，などというのはその一例だ。

こうした自覚されない固定的なジェンダーの押しつけは，結果的に，現状の「男の子だからこうすべき」とか「女の子だから，すべきではない」といった意識の刷り込みを生じてしまうのではないか。

学校現場でのセクシュアル・ハラスメントなども重大な性差別問題だ。京都大学では，1990年代中期に日本で初めてといっていいキャンパス・セクシュアル・ハラスメントによる裁判事件をかかえたことがある。教授が研究者志望の女性をレイプし，その後も，性的蹂躙を続けるというきわめてゆゆしい事件が発覚したのだ。その後も，セクシュアル・ハラスメント事件は，何度も発生している。ハラスメントを対象にしたガイドライン作成や相談体制の充実，また，研修会開催などにより，少しずつ対策が整備されつつあるが，今後，さらなる整備が問われるところだろう。

それだけではない。日本では，大学の構造そのものにおいても，よく見るとさまざまな性別による固定的な枠組みがたくさんある。たとえば，2003年のOECD（経済協力開発機構）の教育に関するデータによれば，加盟国（世界

でも経済の発達している 30 カ国) における大学型高等教育への男女別進学率は, 平均すると女性 51%, 男性 41%と, 10%も女性優位の状況になっているという。ここには, この 30 年ほどの各国の女性たちのエンパワーメント (特に,「女性である」という縛りからの解放) の動きが見出せる。ところが日本は, 女性 33%, 男性 48%と, まだまだ男性優位なのだ。

また, 同じ報告書によれば, 大学の教員の女性割合も日本はダントツに低い (OECD 平均は 36%に対して, 日本は 14%でしかない。ちなみに日本の次に低い韓国は 25%以上ある)。実は京都大学では, 日本の平均のさらに半分の 7%程度でしかない。

こうした状況を変えるために日本政府も動き出しつつある。女性研究者増加のためのさまざまなプログラムが生み出されつつあるのだ。数値目標もはっきり打ち出されている。男女共同参画基本計画 (第 2 次) では, 2020 年までに理系の女性研究者の割合を 25%まで上昇させるという目標値がはっきり明示されているのだ。学術振興会の調整費による女性研究者支援モデル事業に応募し採択されたことを契機に, 京都大学でも, 女性研究者支援センターが 2006 年 9 月に設置された。女性研究者が研究と家庭生活を両立できるように, 育児や介護期間の補助要員を確保する体制や子どもが病気のときにも安心して研究が続けられる病児保育の仕組みなどが整いつつあるのだ。

大学という場を見ても, さまざまな性別による差別やジェンダーによって固定化された仕組みは, まだまだ存在している。だからこそ, 教育研究の場である大学における性差別との取組みは, 急務であるといえるだろう。

と同時に, 大学という研究の場から, 性差別の構造を分析し, それを乗り越えるための理念的かつ具体的な提言も準備されるべきことだろう。何よりも, 教育研究の場に, ジェンダーに敏感な視点を持ち込むことは, 自分たちを取り巻くジェンダー構造を克服するチャンスになるからだ。

それだけではない。ジェンダーという視点は, これまで「あたりまえ」のこととして形成されてきた男性主導のものの見方や考え方を点検するきっかけにもなる。そして, こうした「自明」とされてきたジェンダー・バイアスが生み出してきた構図の再検討は, 実は, (人文社会系, 自然科学系を問わず)

学問の新たな発展にとっても，大きなきっかけを作り出す可能性をもっているのだ。

実際，文学や歴史さらには芸術などの解釈をジェンダー視点で再検討する作業や，社会そのものはもちろん，それを分析してきた社会科学理論に内在しているジェンダー・バイアスの研究，さらには自然科学的なものの見方に潜むジェンダー・ギャップ研究など，この30年ほどのジェンダー研究が作り出しつつある新しい視座は，学問研究の発展にとっても重要な貢献を生み出してきたのだ。

このように，ジェンダーという視点からの身のまわりの社会や生活の点検は，これまで気づかれることのなかった思わぬ発見や，新たな視点の創造にもつながっているのである。

以上，ジェンダーと性差別という問題について，個人的な体験も含めて述べてきた。ここで述べてきたのは，性差別についての，ぼくという個人による，ある観点に立った主張であることは言うまでもない。だから，読者には，ぼくのこの文章を，そのまま鵜呑みにしてほしくない。むしろ，この文章を触媒にして（ぼくの視点に賛成するにしても，反発を抱くにしても），身のまわりのジェンダーや性差別問題について，自分なりに考えていただく機会をつくっていただければ幸いである。

Column *4*
なぜ彼女は野宿を続けるのか

丸山里美

　現在，日本には約3万人の野宿生活者がいる。その数は不況が深刻化した1990年代になって増えはじめた。平均年齢は50代で，高齢になり失職して野宿をするようになった人が多い。中には女性の野宿者もいるが，その割合はわずか3％で，圧倒的に男性が多い社会の中で生きているため，危険を避けようと身を隠していることも少なくなく，人目につきにくい存在になっている。

　私が野宿者と関わるようになったのは，大学3回生のとき，釜ヶ崎と呼ばれる大阪市西成区のあいりん地区を訪れたことがきっかけである。そこは日雇労働者たちが暮らす，ほとんど単身男性からなる街である。労働者たちは毎朝その日の仕事を探して働き，夜には簡易宿泊所に泊まる。しかし今では建設業を中心とする釜ヶ崎の求人は激減しており，仕事につけず宿代を払えない労働者たちの中には野宿生活をする人も少なくない。はじめて訪れたときからその街のどこか雑然とした雰囲気に魅かれていた私は，しばらくしてそこで行われていた炊き出しに通うようになった。多くの人と出会ったそこでの経験は貴重なもので，私はそれを卒業論文にまとめたが，一人の労働者から受けたセクシュアル・ハラスメントをきっかけに，3年後には釜ヶ崎通いを断念せざるをえなくなってしまった。それからは女性野宿者の存在が気にかかり，私と同様の困難を抱えているのではないかと，彼女たちを探して歩くようになった。

Column

　そうして出会ったのが，もっとも長いつきあいになる女性野宿者の花田さん（仮名）である。花田さんは60代で，公園のテントに一人で暮らしており，10年間野宿生活を続けていた。花田さんの両親は彼女が幼いころに離婚し，漁師だった父親に育てられた。きょうだいが9人いて貧しく，病弱だったこともあり，学校にはあまり行けなかったという。そのため花田さんはほとんど字が読めない。小学校を卒業するとすぐ働きはじめ，20代で大工だった男性と結婚。40代で夫と死別してからは，飲食店や清掃のパートなどをしながら生計をたててきた。その後，再就職先の面接に行く途中で道に迷い，荷物をすべて盗まれて，野宿生活をはじめることになったのだという。

　花田さんにはほとんど収入がなく，支援団体の炊き出しや差し入れに頼って生活していたため，食料や日用品を手に入れるのにも苦労することが多かった。また若者が野宿者を襲う事件が頻繁に起こる中，単身で暮らす彼女は常に暴力の危険に怯えてもいた。女性は野宿者仲間からの攻撃の対象にもなりやすく，殴られたり性暴力に遭いかけたこともあるという。そうした花田さんにとっては，見知らぬ男性の足音が近づいてくるだけで怖く，野宿者たちの安全を気遣う支援団体のパトロール活動でさえ脅威になりうるというのだった。

　花田さんと知り合う中で私を悩ませたのは，こうしたさまざまな困難があるにもかかわらず，彼女が野宿生活をやめようとしないことだった。現在のところ野宿者たちは，ある程度高齢になれば，生活保護を受給して野宿生活を脱却することができる。制度の理念からすれば，生活に困窮している人は年齢に関係なく保護を受けられなければならないが，実際には65歳以下は難しいという誤った運用が行われているのが現状である。2002年に「ホームレスの自立の支援等に関する特別措置法」が制定されてからは，65歳以下の人でも施設に入って就労支援を受けられるようになってきたが，期限内に仕事を見つけられないまま路上生活に戻っている人も依然として少なくない。しかし花田さんは既に65歳を

Column

越えていたため，本人が望めば生活保護は容易に受給することができた。

　決して楽ではない野宿生活を，なぜ花田さんはやめようとしないのか。それを考える手がかりは，おそらく彼女の生活史にある。花田さんは，字が読めないということに大きなコンプレックスを抱いていた。そしてそのために受けたさまざまな不利益について何度も私に語った。履歴書が書けず就職に苦労したこと，ようやく働きはじめた職場でも計算ができずにばかにされたこと，キャッシュディスペンサーが使えないこと。野宿をはじめるようになったときのことも，字が読めないから道に迷ってしまったのだと説明した。同様の話を花田さんは多くのボランティアや新聞記者などにもしており，その中には私が聞いたこととは矛盾する部分もあったが，野宿をはじめた理由の説明に限っては，字が読めないということと合わせて，録音されたかのようにいつも繰り返されていた。つじつまの合わないところもあった彼女の話の中で，なぜこのことだけはいつも同じように語られなければならなかったのか。そう考えたとき，私は花田さんのことが少し理解できたような気がした。

　花田さんはばかにされるのが怖くて，字が読めないということをずっと隠して生きてきたのだという。しかし野宿生活をはじめるようになって，自分の窮状を理解してもらうために，読み書きができないことを積極的に打ち明けるようになる。そして次第に強くなっていったというのだった。「私内気だったの。あんまりしゃべんなかったの。落ち込んじゃう方だからね。考え込んじゃう。こういうとこでさ，男の人の中にいるでしょ。いるようになってから強くなった。強くなんなきゃね，こんなんしてたらだめだなあと思って。ばかにされるなあと思うでしょ。ばかにされて，あれだからね，強く生きなきゃなんないなあって。」そうして花田さんは自分のコンプレックスを語れば語るほど，自分に対する共感が得られることに気づく。そして差し入れをしてくれたり彼女を気遣ってくれる人も増えていったのだった。

　「私は生活保護は受けない。アパートで一人とかで暮らしてたら寂し

いでしょ。ぼけちゃう。ここだとみんなが来てくれるからね。野宿する前の生活より，今の方がまだいいよね。ここ来てさ，よかったもん。いろんな人がね，差し入れしてくれてさ，花田さんって言ってくれるし。今の方がよっぽどいいよ。こないだもね，持ってきてくれるしさ，みんな持ってきてくれるからね，ありがたいよね。うれしいよね。」たとえ生活に不自由しても，一人孤独にアパートで暮らすより，彼女を訪ねたり気遣って差し入れしてくれる人がいる公園での生活に，花田さんは喜びを見出していた。そこでは字が読めないという彼女のコンプレックスを隠さずに語れ，それでも他者に必要とされたり承認されたりするという充足感を味わうことができるのだった。

　しかし今後どのような生活をしたいのかを，花田さんのようにはっきりと語れる人ばかりではない。特にこれまで会った女性野宿者たちは，夫の決定に従っているだけだったり，聞くたびに矛盾することを答えたり，施設に入ってはまた戻ってくるということを繰り返しており，その人自身の意志はなかなか見えてこないことが多かった。それは野宿をせざるをえないような貧困や暴力の中で，彼女たちが自分の人生を自分で決める機会をあまり持てなかったことにもよるのだろう。こうした経験を積み重ねてこられなければ，人は自分のことを決定できるだけの自信を持つことが難しい。そしておそらく，それはジェンダーにも関係している。つまり女性に社会的に求められてきた，自分のことより他人に配慮するというジェンダー役割を身につけているために，彼女たちは主体的に生きていく力を奪われてきたのではないかとも思う。

　けれども花田さんは体力の続く限り野宿生活を続けていきたいといつも言っており，他の女性野宿者たちと比べて，そこには彼女自身の声を聞いているという確かな手ごたえが感じられた。花田さんがこだわったテントで暮らす生き方は，公園という公共の土地でなされるために，それをこころよく思わない地域住民との軋轢といった問題が存在することは間違いない。それでも，野宿をはじめた当初は下ばかり向いていたと

Column

　いう花田さんが，字が読めないままでも彼女を受けいれてくれる人々との関係を支えに，今までの中で今の生活が一番いいと言えるようになるまでの長い苦難の年月を考えると，私は花田さんが望み通りそのままの野宿生活を続けられることを願うようになった。

　2004年になって，花田さんの暮らす公園で低額で野宿者にアパートを貸し出す事業がはじまると，彼女の親しかった野宿者たちは急速に公園からいなくなっていった。それでも公園に残ると言っていた花田さんは，公園からテントがほとんどなくなったとき，ついに生活保護を受給する決心をしてアパートに入った。その後も彼女は毎日のように公園に出かけては，炊き出しの手伝いをしたり知人に会ったりして，ほとんどの時間を野宿をしていたころと同じように過ごしていた。その花田さんが，つい一ヶ月前に亡くなったという。アパートの隣人が様子がおかしいと部屋を訪ねたところ，死後既に何日か経っている花田さんを見つけたのだった。花田さんがもっとも避けたかっただろう，孤独死だった。

　私たちは，たとえ生活に困窮していても，人に囲まれ人の承認を受けながら自分の力で生活していくことを願った花田さんの生き方から，人が尊厳を持って生きるということの意味を，もう一度考え直していくことはできないだろうか。

Column *5*
性的少数者の多元的な「可視化」

戸梶民夫

　1990年代以降，日本の性的少数者をめぐる状況は変化してきている。その最も大きな変化は，ゲイ，レズビアン，トランスジェンダーといった性的少数者の存在がメディアを通じて「可視化」されてきた，ということだ。性的少数者は，女性や黒人と異なって生まれたときから被差別者カテゴリーに所属しているわけではない。成長しながら自らの性自認や性的指向がマジョリティと異なっていることを自覚するのであり，その特徴が外部から見えないことが多い。それを逆に言えば，そうした自認や指向を公にすることで差別される危険があるため，多くの性的少数者はカミングアウトせずに日常を過ごしている。つまり性的少数者は社会では不可視化されてきた被差別者なのである。しかし1990年代前半のゲイブームや2000年代前半の性同一性障害者への注目など，近年のマスメディアにおいて性的少数者の情報が急速に増殖してきている。そして現在では，カミングアウトしている芸能人達がオネエ言葉を話しているのを見ることは珍しくないし，新宿二丁目がゲイタウンであることはもう多くの人の知るところとなっている。つまりそうした可視化の上昇とあわせて，こういう人たちが社会の中に一定数存在する，という認知が広がってきているのである。

　しかし，このメディアを通した「可視化」と異なり，通常カミングアウトしていない多くの性的少数者を直接に「視る」，実際に会う経験をする人は，まだそれほど多くはないのではないだろうか。つまり性的少数

Column

者が可視化してきたといっても，その「可視化」には様々なレベルがあり，マスメディアを通じた「可視化」はその一部でしかない（それは「規制された可視化 regulated visibility」「分離された可視化 segregated visibility」と呼ばれたりする）。そしてそうした「可視化」の多様なレベルが同時に交錯するときに，人は今まで見なかった性的少数者の存在に驚いたり戸惑ったりしてしまう。

　現在，多数の性的少数者を目の前で「視る」ことが出来る機会のひとつとして，パレードがある。日本では，1994年に東京で第1回のレズビアン・ゲイパレードが始まり，中断期間を置きながらも，現在札幌・東京・大阪といった大都市で1000〜4000人規模のパレードが開かれている。それはいわゆるデモ活動とは雰囲気を異にしていて，ドラッグ・クイーンが登場したり伴走車から流れるハウス・ミュージックに合わせて踊りながら行進するなど，一種のカーニヴァルのように楽しく派手に構成されることが多い。筆者は，2005年8月に3500人が集まった日本最大の「東京レズビアン＆ゲイパレード」（2007年より「東京プライドパレード」に名称変更）に参加し，性的少数者の行進を沿道で見ている10人の異性愛者にパレードへの印象を聞いてみた。そこには，メディアを通した「可視化」と直接見ることの「可視化」の交錯が現れているのでいくつか紹介してみたい。

①58歳女性：娘さんが沿道でお店を開いていて，その娘さんに誘われた。「（行進を見て）なんでもない普通のひとがいる。こんなに（同性愛者の）人数はいないんじゃない？　さくら？（笑）／ほんとは同性愛者と違うのに，ただこういうパレードに参加するためにきているようにおもう／同性愛で人を好きになるのは自由じゃない？　悪い感じとか全然持ってない。でも全員が同性愛者というのは違うような気がするけど」

②43歳男性：夫人と思われる女性と一緒に沿道で見ていた。「プラカードを見て（どういう集団か）わかりました／すごいけど，よくわからな

い（笑）／イベント的におもしろいなと思う／（自分の性的少数者に対する見方が変わるか？）変わらない。抵抗感はない／本人たちがいいとおもってるから，それでいい」

①の女性は，女装者（トランスヴェスタイト）の人たちを見て「こういう人たちならわかるんだけどね」とも言っていた。彼女自身は「人を好きになるのは自由だ」と述べるように，そういう人たちがいるという認知は持っている。だが，彼女が持っていた同性愛者像と，目の前の若者の楽しげな集団のイメージが合致せずに目の前の同性愛者達を「視る」のを拒んでいるのだ。また②の男性も「本人たちがいいと思ってるから」というように，性的少数者の存在を認知している。しかし，「よくわからない（笑）」というコメントで現れているように，目の前の行進する人々を言葉によって深く考えることを拒否していることが分かる。こうした人たちは，性的少数者を病気（つまり，「治療すべき異性愛者」）として捉えておらずその存在を認知しているけれど，そうした認知と目の前で可視化された性的少数者像との食い違いに戸惑っているのである。次に，パレードに対して積極的な態度をとっているコメントを紹介したい。

③30歳男性：彼女らしき女性といっしょに見物。「前もレズビアン＆ゲイパレードを見たことがあった／表現の自由とか認められてきてるんだな，とおもう／（参加してみたいか？）参加したい，クラブとかでかい音とか好きなんで，そういうのがいい／（同性愛者の）友達はいる／人間の中に男と女っているから，女っぽいとか男っぽいとか，それがどれだけ，自分の中でシェアを占めているか，ということじゃないかな」

④26歳女性：車椅子の方も含めた3人の友達で，出発前の整列を見物していた。「（パレードの）ホームページを見て来ました／自分はヘテロセクシャルだけど，どんな人がいるか興味があった。いろいろな人がいて，見てみたかった／お祭りとして楽しそう／自分と違うような人たちが集まっている。人間として興味があった」

③④は望んでパレードの見物に来た人たちだが，単に「そういう人た

Column

ちがいる」という認知だけではなくて，その性的少数者の直接の「可視化」を積極的に受け入れる態度を持っている。③の男性は「（パレードに）参加したい」と答えた後，すぐに「音が好きなので」と付け加えて，イベントとしてのノリに重点を置いていることを強調していたが，セクシュアリティの多様性について自分から話してくれるなど，①②よりも開放的な態度が窺えた。③の男女のようにイベントとして楽しみに来たカップルは合計3組いたが，その内の2組は同性愛者の友人がいると答えていたのも印象的だった。つまりすでに性的少数者のより日常的なレベルでの「可視化」を経験していることが，このパレードのようなイベントをどう見るか，またセクシャリティをどう考えるかにも積極的な影響を与えているようである。また④の女性は，障害者の方と共に見物されていたようで，他のマイノリティとの交流もこうした性的少数者の直接の「可視化」の経験に影響を与えているのではないかと思われる。

　話を聞いた10人の異性愛者全員が，性的少数者は病気ではないという認知を持っていた。それはおそらくマスメディアを通じた性的少数者の「可視化」の影響が大きいように思われる。しかし，そうしたメディアの「可視化」とパレードのような直接的な「可視化」のレベルは違うこと，一方の「可視化」のレベルを受け入れたとしても，他方の「可視化」のレベルを受け入れるとは限らないことはここで示されているのではないだろうか。またそうしたパレード的な「可視化」は，同性愛者の友人がいるといったより日常的な「可視化」から影響を受けうるし，また逆にそうした日常的な「可視化」の経験にも影響を与えるのではないかと思われる。

　性的少数者の運動が現れ始めた当初は，どういう経路であれ性的少数者の存在が「可視化」されること自体が，社会的なインパクトを持っていた。しかし，今ではこうした多元的な可視化のレベルがあることを踏まえて，どのレベルの可視化を求めていくのか，それを考える時期に来ているのかもしれない。

第4講

脇中 洋

自らを受けとめるとは
「障害」をめぐって

はじめに ── 自分の足元にかかわる問題として

　世の中には，生まれながらに「障害」を持つ人，人生の半ばで「障害」を持つことになった人，「障害」を持つ人と生活をともにする人，生活をともにすることになった人がいる。その一方で，たまに「障害」を持つ人を見かける程度で，「障害」の問題とはほとんど無縁で過ごしてきた人もいる。
　少し考えてみればわかることだが，「障害」の問題はいつでも自分や身近な人が深くかかわるかもしれない問題である。また，ある人がある「障害」と深くかかわっているからといって，異なる「障害」についてまでわかるわけではない。さらに同じ「障害」を持っていても，年齢，性別，育った環境や価値観など置かれた状況はさまざまで，それらを越えた「障害」に関する一般的な捉え方を提示することなどできない。
　そこで本稿で何ができるかを考えた時に，ごく限られた体験ではあるが，自分の立場から見えてきたこと，感じたことを率直に書こうと思う。もちろんここで「障害」のある当事者の声を代弁しようというつもりはない。なので，将来読者が「障害」をもつ誰かと深くかかわるとしても，「こうすれば差別になる。だからこのように振舞うことは回避しましょう」というマニュアルを記すのでなく，この問題を考えていくにあたっていろいろな契機を提供できればと思っている。

実際に読者が「障害」の問題を,「自分とは関わりのない対岸の出来事」としてとらえている限り,自分にも連なるこの問題は一向に見えてこないだろう。したがって「障害」にまつわる問題を自分の足元に関わる問題(self-involved problem)として切実に感じていただける箇所が本稿のどこかにあれば幸いである[1]。

I 「障害」をどう受けとめるか

1 「障害」へのとまどい

(1) 「障害」という概念の多様性と変容

　WHO(世界保健機関)は1980年に国際障害分類として,機能や形態の障害(impairment)が必ずしも能力障害(disability)や社会的不利(handicap)に直結するものではないことを示している。たとえば下肢の欠損や麻痺による運動機能障害があったとしても,歩行による移動が問題となる状況でなければ(たとえばカヤックによる移動)能力障害は問題とされない。またエレベーターが設置されて車椅子のまま自力で移動できる環境整備がなされていれば,社会的不利は低減されるというわけである。
　たとえば日本で私たちが交わす挨拶はお辞儀が一般的だが,欧米では握手が一般的である。これは文化によって社会的規範が多様である身近な例であ

---

[1] 本稿での〈障害〉表記について編集会議でいくつかの意見が出たものの,つき詰めた検討をしたわけではない。たしかに〈障害〉という表記には,文字に明らかな通り否定的な意味が張り付いており,障害について考える本稿ではカギ括弧でくくって「障害」という表記を用いて概念の相対化を図りたい。なお,第3講(伊藤論文)では〈障がい〉を用いており,自治体でもこれを使用しているところがある。これ以外に〈障碍〉を用いることもある。あるいは〈ショウガイ〉という用語自体を避けて,外来語由来の〈特別なニードのある〉〈挑戦的な〉という表現も考えうる。だが必ずしも一般的ではない表記を多用することは,本稿において読みやすさを妨げることにもなる。こうした便宜を考えて,以下本稿では状況に応じて未だ最も一般的なカギ括弧のない〈障害〉を用いることとした。

り，これ以外の挨拶の方法があっても何ら不思議はない。たとえば挨拶する際に「耳をパタパタする」習慣を持っている地域があったとする。そこであなたが暮らしていて，耳をパタパタと動かすことができないのならば，あなたは運動機能障害を持つことになる。そして挨拶ができないという能力障害を有しており，その結果，社会的不利をも抱えることになるだろう。

　こうした観点は，障害が個人の持つ能力と社会で求められる能力の拮抗的関係によって成立していることをある程度明らかにしたが，障害の問題をあくまで個人の機能障害を出発点として単線的，非可逆的に捉えている。そこで2001年には個人因子と環境因子を含めた各要素間の相互作用をモデル化した国際生活分類（ICF）へと改変されている。

　一口に障害と言っても，その概念は一義的，絶対的なものではなく，ある時代や社会で障害とされるものでも，別の時代や社会では障害でなくなる場合さえある。実際に19世紀北大西洋の沖合いに浮かぶある島で報告された事例は興味深い（ノーラ・E・グロース 1991）。この島では家族性のろう者が多く，また漁業で生計を立てていることもあって，海上でのやり取りには皆が手話を覚えて交信していたという。そこに，ある文化人類学者が調査に入って「耳が聞こえないのは誰か」を尋ねたところ，島民はすぐには答えられなかったという。

　つまりこの島では耳の聞こえない人との間でのコミュニケーションに取り立てて不自由を感じるということはなく，結果的に「聴覚障害者」という概念が半ば消失していたことになる。

　このように「障害は障害者に必ずしも帰属しない」あるいは「障害のもつ意味は対人関係の中で変容する」ことからも，障害概念とは文化的相対性を有するだけでなく，身近な対人関係の中でも局面においては容易に変容するものなのである。

　ところで国別の身体障害者人口比（図1参照）を見ると，欧米各国に比べて日本の障害者の割合は低く，およそ20人に1人の割合である。それに対してアメリカでは6人に1人の割合に達している。これはなぜだろうか。

　このことをかつて学生に尋ねたとき，「日本人が優秀であるから」という回

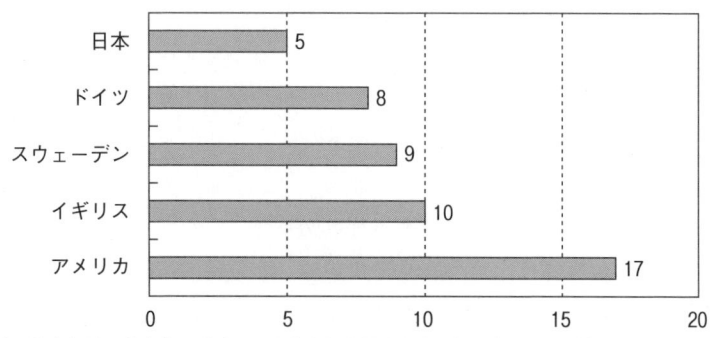

図1　日本と欧米各国の障害者・総人口比（％）

国	％
日本	5
ドイツ	8
スウェーデン	9
イギリス	10
アメリカ	17

＊社会福祉医療事業団「欧米の障害者福祉制度調査」(1995)　を元に筆者がグラフ化したもの

答を聞かされて愕然とした経験がある。本当の理由は，「障害者」の定義の違いにある。かつてスウェーデンでは，障害を負っている人向けのサービスを受けた延べ人数で障害者数を表わしたために，なんと3人に1人の割合になったことがあった。この場合，スキーで骨折して一時的に松葉杖を借りた人や妊婦も身体障害者としてカウントされていることになる。障害というのは社会的状況ごとに規定されるものなのだから，「障害者」ではなく「障害のある状態」に対して必要なサービスを提供するという発想は，考えてみればもっともなことである。

それに対して日本の障害者数は，障害者手帳ないし療育手帳を交付された人の数である。したがって身体障害者数も少なくカウントされる。こうした身体障害者数の表し方に象徴されるように，日本で「障害者」というと，その人の存在を全人的，固定的に規定する傾向が強いと言えるかもしれない。その一方でWHOでは2001年にこれまでの「障害者」(disabled person)というその人の人格に貼りついたかのような表現ではなく「障害を持つ人」(person with a disability)という表現方法を提案している[2]。

2　こうした提案によって，和訳された「障害を持つ人」という表現がしばしば見られるようになった。しかし「持つ」という言い方には意志が含まれるので，障害当事者からは，「好きで障害を持っているのではない」という反発の声も聞かれる。

(2) 学力による入試選抜は，なぜ差別とされないのか

　大学の人権科目において次のような課題を出したことがある。運動機能障害に対する車椅子やスロープの設置などの社会的支援策と同様に，知的障害に対して彼ら自身の理解を手助けする方策があって然るべきであると考えると，大学で高度な知識を学ぶ権利とそれに対する支援策もありうるのではないか。また高い学力を持つことによって大学進学や就職で社会的に有利な立場に立ちやすいのならば，知的障害者の受け入れを拒むがごとき学力による入試が差別であるという考え方も成立しうる。しかるに学力試験によって入学許可者を選別する方式が，差別とされずに広く社会に受け入れられているのはなぜだろうか。その前提となる「(知的) 能力は測定可能か」という問題もある。

　果たして学力による入試選抜という条件をくぐり抜けて来た学生が，どの程度自らの立場を相対化しているのかに関心が持たれるところであるが，この問いは「差別とされないのか」であって，回答者自身が差別と思うかどうかを尋ねているわけではない。しかし回答した約60人のうち「これは差別ではない。なぜならば……」という形式で持論を展開する者が40人におよんでいた。

　また差別ではない根拠として最も多かったのが，自分の体験を引き合いに出しながら「学力とは努力次第で伸びるものだから」「学力とは努力の関数であり，その点で公正な選抜方法だから」というものであった。つまり低学力者は努力不足で怠け者とみなしてもよいということだろうか。それに加えて，高校野球やW杯サッカー日本代表選手の例を挙げて，純粋な競争に対しては差別とは言わない，学力に乏しい者は他の選択肢で競争すればよいという意見も散見された。

　この結果には，筆者自身が少なからずショックを受けた。設問が「障害児問題」に関する講義の中で出題されているということが，完全に忘れられているのではないかと思われた。世の中には努力しても勉強できない人がいるという認識が欠如している。あるいは，学力や抽象的思考能力が，進学や就職ひいては経済的安定の要因になりがちな社会であることに対する洞察に欠

けていると言わざるを得ないだろう。
　一部には，たまたま生まれ落ちた家庭の経済的条件や家庭環境の安定度などの環境要因を挙げて，それは当人の責任に帰すべきものではないので理不尽であるかもしれない旨を述べる者もあった。だが生得的な要因として，知的障害の問題に思い至る者があまりに少ない。
　したがって，学力による入試選抜が最良の手段とまでは言えないが，比較的ましな方法，あるいは必要悪と思われるとして，その理由を列挙した答案は，問題点を相対的に検討しているという点で比較的評価に値すると思われた。だが，このような答案は3分の1に過ぎなかった。ただし，「差別であり改善を要する」という意見や，「大学が手間を省くため差別を黙認している」といった意見を述べた者も数人いた。
　どうやら学生にとって，軽々と自分が乗り越えられた経験は，他の人にも当然可能と思われるらしい。あるいは苦労して乗り越えた人だと，それが多少身につまされる経験だったとしても，努力の範疇でなんとかなったという経験である。「人間頑張れば何とかなる」という経験を経ると勤勉さをはぐくむかもしれないが，「努力してもどうにもならない」人に対する特別な措置さえ，不公平に見えるようである。

(3)　学生にとって自分の問題として感じやすい事柄
　講義の中で一部の学生の足元を多少なりとも脅かしたように思われたのは，私が広汎性発達障害（Pervasive Development Disorder：PDD）について，「ごく大雑把な言い方をすれば他者の意図を読むことが難しい。いわば空気が読めない障害と言ってもよいかもしれない」という発言だった。これに対して複数の男子学生から「自分は広汎性発達障害ではないかと思った」という感想があった。人との微妙な感情のやりとりや社会性に自分の弱点を感じる人が反応したのであろう。こうした反応は，「自分も障害者の側に立つかもしれない」と障害を足元に関わる問題として捉えたという点では有効であったと言えるが，自ら弱点をきちんと認識できた彼らが，広汎性発達障害と診断される可能性はむしろ低いと思う。

20年ほど前までは，自閉症（Autism）やアスペルガー障害（Asperger's Disorder）といった広汎性発達障害が問題にされることは，今ほど多くなかったと思う。そのころ私は保健所の1歳半検診の場で発達テストを行っていた。多くの1歳児は養育者の膝の上に座って，初めての場所，初めて対面するテスターに緊張した様子を見せる。だが時折机を乗り越えてでも対面するテスター近くにある検査道具に好奇心を見せてやってくる「やんちゃな」乳児がいた。このような時，行動観察の上で大人からの指示がほとんど入らなければ，難聴や音声言語認知の弱さを疑うとともに，自閉症や注意欠陥多動障害（Attention Deficit/Hyperactivity Disorder：AD/HD）の可能性を疑う。
　しかし見ようによっては，このような子どもは自発性が高いとも言える。こうした子どもが成長しても知的能力に著しい問題がなければ，かつてならば対人関係が少し偏っていて社会性に欠けるとは思われても周囲の者がカバーして，対人関係には関わらない特定の能力を発揮する職業人（たとえば職人や研究者）として適応していたのではないだろうか。相手の意向をくみ取って対応できるかどうかという社会性の問題が問われるようになったということは，現代社会がそれだけ人を傷つけまいとし，対人適応能力を問うようになったことの反映のような気もする。
　これに対して女子学生が敏感に反応したのは，出生前診断と優生思想に関する話題だった。将来自分自身が子どもを産む可能性を持つのだから当然かもしれない。
　以前は高齢出産や第1子で障害児を出産したケースなどに限られていた羊水検査などの出生前の胎児に対する検査が，昨今は妊婦の血清を調べるというごく簡便な検査（トリプルマーカー・スクリーニングテスト）によって，胎児の染色体異常など先天性疾患の確率を算定できるようになってきている。すでに一般化した超音波画像診断（CTスキャン）においても胎児の発育状態や性別などがわかる。
　これらの検査は，胎児や妊婦の健康状態の把握や分娩における対応，出生後の治療に役立てることを目的としているが，同時に妊娠22週に満たない中絶可能な期間に，妊娠を継続するかどうかを判断するためにも用いられる。

ということは，将来子どもを産む可能性がある学生にとって，「もしも胎児が障害を伴って生まれてくる可能性が高いと診断されたら，どのように対応するだろうか」という風に，障害の問題を自分にかかわる問題として考えざるを得ない。ここには中絶の権利というジェンダーの問題と，障害者に対する差別的抹消の問題が深刻な形でぶつかり合う。

　かつては断種法など国家によるあからさまな優生思想があった。現在の早期診断，出生前診断では，妊婦一人ひとりに「あなたはそれでも産みますか」という問題が突きつけられることになる。つまり内なる優生思想と向き合わなくてはならないことになる。

(4)　障害児の能力を伸ばすか，地域でともに生きるか

　私が大学生だったのは，1979年に養護学校が義務化されて間もないころだった。それまでは重い障害のある子どもは就学猶予あるいは就学免除となって，学校に通わないことも少なくなかったという。だからどんなに重い障害があってもすべての子どもが学校に通うことができるというのは，よいことだと思われるかもしれない。

　しかし障害のある子どもの多くは，障害児向けの特殊教育を受けるために地域の友だちと別れて，遠方の養護学校や盲・聾学校に通うことになる。このためそれまで地元の小中学校に一般の児童・生徒と混ざって通うことができた障害児も，寄宿舎に入ったり通園バスで遠距離通学したりすることになった。このことをもって障害児を地域やほかの子どもたちから隔離するものだとして，障害児を持つ家族や障害者自身から場所によっては根強い反対があった。ここでこの主張をする人たちを「地域派」としよう。

　その一方で，養護学校で障害のある子どもに合った専門教育を受けさせて，その子の持つ能力を少しでも伸ばすべきだという意見もあり，それは主に行政や教員を中心とするいわゆる専門家の意見だった。こうした主張に与する人たちを，ここで「能力派」としよう。就学時に地域の学校を希望する保護者に対して教育委員会が養護学校への措置が適当であると「適正就学」を指導するケースでは，就学指導する専門家への根強い不信や対立があった。

当時学部1回生だった私は，あるボランティアサークルの学園祭の調査で，障害児が地域の小中学校で学ぶ「統合教育」の様子を見学したり，時には泊りがけでお母さんから話を聞いたりしていた。能力の伸長を重視する「能力派」から見ると，地域でともに生きることの意義を強調する立場とは，子どもの能力伸長の可能性を否定しているように見えたのかもしれない。実際に地元の小中学校に通う障害児の様子を見ても，少なからぬケースで授業には付いていけずに「お客さん」となっているという批判があった。地域に障害のある子どもを「統合」しても，その内実は普通児の中での特別扱いに過ぎなかったということはあっただろう。現実に地域共同体が崩壊し，めいめいが自助努力で能力を活用しながら生きている現状にあって「ともに生きる」という主張は非現実的であり，障害児教育を受けさせないのは親の見栄ではないかと思われたのかもしれない。

　他方の「地域派」の考え方の基盤には能力主義への批判がある。障害児を隔離して発達を促そうとする「能力派」というのは，地域でともに暮らすことの意義のわからない専門家集団に見えたのだと思う。果たして，障害のある子どもの能力を伸ばすべく特殊教育を受けるのがよいのか，それとも友だちとの関わりを大事にして地域で暮らすことがよいのか。

　だが，「能力か地域か」という二者択一の選択肢しか用意できていなかったことが最大の問題だったのだと思う。地域で身近な人たちと交流を重ねながら暮らすことの意義は，障害者にとって時に切実である。障害のない子どもたちにとっても，身近に交流する機会があったほうがいい。それと同時に障害を抱えながら持っている能力を活用して生きていくことも大切だ。障害児教育は養護学校に集めなくてはできないというものでもないだろう。さらに就学先の選択は，本人や養育者など身近な人が判断した方がいい。状況に応じて学校を変わるという選択肢ももっとあっていい。

　今では就学に当たっておおむね保護者の判断が優先されるようになった。だが地域の学校に通う障害児への対応策として加配教員を付けるなどの措置はまだ十分とは言えない。それでも文部科学省はこれまでの「特殊教育」という名称を「特別支援教育」と変更し，各地の養護学校も特別支援学校と名

称を変え始めている。そして，一般の学校にも在籍している軽度発達障害児に対して個別指導計画を立てるべく対応し始めており，状況は徐々に変わってきている。

しかし，根本的な発想のところでどれだけ変化しているのかという疑問もぬぐえない。日本の学校教育はもともと比較的大きな集団に対する一斉授業を想定していて，集団生活に対応できる大部分の健常児を対象に行なわれてきた。こうした「普通」教育を行なう一方で，そこになじめない障害児に対して別枠で「特殊」教育を行なうという基本的な発想は，今なお残されているのではないだろうか。

(5) 逃げずに根づくこと

さて筆者は学園祭の調査で障害児の通う地域の小学校に足しげく通ったり，障害を伴う子どもを育てているお母さんの話を時には泊り込んで聞いたりして障害の問題を考えているうちに，思いがけずさまざまな問題を考えることにつながって行った。たとえば発達とはどのような現象なのか，能力や普通とは何か，そこで生きる人や家族は何を望んでいるのか。そして自分に欠けているものは「地域や人とのつながりの中で課題を抱えてそこにしっかりと根を下ろしていないことだ」と思うようになった。学園祭が終わってから自分が住んでいる地域でできることを考え始めていたところ，脳性マヒのある人が入浴の介助を求めていたり，地域のアパートでボランティアによる24時間介助ローテーションを組みながら自立生活をしたりしていることを知った。そこで早速入浴介助や介助ローテーションに加わり，友人に新たに介助に加わるよう求めるようになった。

学部生だった当時私はどこかで「自分でなければいけない」と求められる場所を作りたかったのだろう。「ここで身を挺してやるしかない必然性を持つ人」や「何か意味のあることに熱中できている人」を見るととても羨ましかった。そうか，地域であれ家庭であれ「ここでやるしかない」という状況に根を下ろす必要があるのか。今から考えると恐ろしく単純で危険な考え方だと思うが，自分を何か逃れようがないところまで持っていけば，そこで根

づくことができると考えてしまった。

　そのころ脳性マヒの当事者たちが劇団を作って，学内で上演する事になった。介助を通じて見覚えのある姿形がレオタード姿をさらけ出しながらスポットライトを浴びて一人ずつ登場してくる。印象的だったのは，フィナーレの場面では全員が舞台に集まり，「私たちと，もっと関わってくれよ」と舞台から客席に向かって一斉に這い出してきた場面。観客はその挑発に凍りつく。一人の観客が耐えかねたように席を立って後方に逃げ出した。そこに天井に張ってあった網が頭上から落ちてきたのを覚えている。演劇としての評価は私にはできないが，健常者の心根を揺さぶるという点ではこの上ない演出だったと思う。

　その時の自分は立ちすくんだままだったが，自分の置かれている状況と重ねていた。「障害のある人との関わりから逃げたい気持ちはあるのか」「逃げないで，ある地点に根を下ろして問題と関わらないと，自分で自分を認められなくなるのではないか」。そんな気持ちだったように思う。そして逃げ出した観客に対して「自分は逃げなかった」という優越感すら感じていた。

　しかし無理をして逃げないことに一体どんな意味があったのだろうか。最近遅ればせながらそう思っている。正直に言うと，「いい人になりたい」という欲もかなり強かったのだろう。

　さて，「自分でなければいけない」と求められる場所に根づいて何かを得たいと思っていた自分にとって，介助ローテーションにほんの少し関わるくらいでは，物足りなかった。何しろローテーションなのだから，その気になれば代わりの人を探してくればいい存在である。それに大学の中にも障害のある人がいると聞いて，耳の聞こえない女子学生と講義保障を通じて出会い，やがて生活をともにするようになった。

　障害のある人を理解しようとしたら，その人が実際どのような暮らしをしているのかをある程度知らなければ難しい。一足飛びに生活レベルの関わりをもつことはできないし，「いろいろ不自由があって大変でしょうね」と感じ，出会ったその場で「お気の毒に」「かわいそうに」と思ってそこで終わってしまうことも多いだろう。だが当の障害を抱えている人は，障害のない人から

一方的に同情を受けることにしばしば反発する。

　大学の授業でこのように述べたところ，「かわいそうと思っちゃいけないのでしょうか」という質問を受けた。もちろん障害者に対して「かわいそう」「気の毒」と感じることは自由である。しかし相手がどのような支援を必要としているのかを考えて直接関与している場合にはまず起こりえない感情であろう。障害者に対して何も関与しないままに距離を置いて見ているからこそ，「かわいそう」と感じるのではないかと思う。

　たしかに障害のある人と生活レベルで継続的に関わらなければ，その実態はわからないままのことが多いだろうし，まして障害の持つ意味の変容は起こりにくい。かといって，「かわいそうにと思って終わっては障害を理解できない」と述べると，「障害者と関わることはそれだけ大変な覚悟がいる」というメッセージだけを与えてしまうかもしれない。

　私が耳の聞こえない女性と暮らし始めて間もない冬のある晩のこと。赤ん坊を入浴させ終わって，思わず「おーい」と呼びかけてしまったという失敗経験がある。この時こう感じた。今不自由しているのは間違いなく自分である。障害者というのは不自由な思いをしている人のはずである。そうであるのならば，自分は障害者だったのだろうか。

　この経験に基づく感覚は，「障害というのは常に障害者が負うものではない」「障害は必ずしも障害者に帰属しているわけではない」ということを示唆している。

　家族など身内の人間が障害を負っている場合，あるいは知り合った障害者と親しくなっていくと，障害者としての部分が不可視になっていくという事実はしばしば耳にする。だが障害の部分が障害者自身ではないところに帰属することに出会った鮮烈な経験だった。

　その後生活の中に障害を抱えることにより，障害ゆえのさまざまな問題に気づかされることになった。一つひとつは些細なことかもしれない。しかし生活をともにするということは，介助ローテーションに入ることと違って関わりが持続し，自分が問われ続けることになる。それに当たり前のことだが，毎日障害のことだけを考えていればよいのではない。誰が稼ぐか，誰が家事

を担うかをめぐっては，ジェンダーの問題も複合的に問われる。

　私は耳が聞こえて障害を持たない男性である。仕事に就こうと思ったら，困難はあっても比較的やり直しが利くだろう。それに日常の子どもとのやりとりに不自由はない。家事や育児をできるだけ担うようにしたが，それまで家事や育児をろくに経験していなかったので，不完全なことしかできなかったことは認めざるを得ない。同年代の友人は大学を巣立ち，社会人として活躍を始めているのに対して，社会の居場所を失い，家庭で不完全なことしかできていない，いくらやったとしても家事や育児や通訳といういわゆるシャドウワークばかりという状況はかなりこたえた。

　それでも専業主婦と言われる人たちは当たり前のように家事育児をやりこなしているではないか。さらに重度障害のある家族を抱えて介護までこなしている人もいると考えると，不完全なことしかできていない自分が情けなかった。そのころの自分は「障害のある女性を働かせて自分は不十分な働きしかしていない」という思いがあったが，「いや，障害のある女性の社会的活躍をバックアップしているのだ」と無理にでも思うことにしていた。

　生まれてきた3人の子どもは耳が聞こえたので，家族どうしのコミュニケーションも大きな問題になった。みんなが手話で話せば解決するだろうか。乳児の片言には応じずに手話を強いるのがよいのか。家族の共通語を定めても，誰かに負担がかかる。

　テレビ放送を点ければ，のんびりテレビを見たくても，すべての音声を通訳しなくてはならないのかが問われる。その後字幕付き番組が増えたが，子どもは画像やテロップが見えにくくなって「字幕は邪魔だ」と言い始めた。そこに電話がかかってくる。受話器の向こうと傍らで同時に喋られると，お手上げだ。訪問者が複数来て通訳をしていると，自分も発言したいのに，と思う。

　それぞれの欲望が交錯し，いつでも誰かにはしわ寄せが行ってしまう。極端に言えば自分が障害者差別と無縁で過ごした日などなかったのではないだろうか。そんな日々は楽しくもあったが，どこに行っても安らぎの場はないという感覚も強かった。私は自分で自分に，「家庭こそがさまざまな戦いの

場であり，社会は裏なのだ」と言い聞かせていた。

2 コミュニケーションにおける2つの視点

(1) 初期コミュニケーションの発達から

　以前私は，保育士たちがとらえた年齢別の子ども像を質問紙で調査したことがある。その結果，ある活動に熱中したり，ふざけたりする子どもの姿を，独自性や個性の表れとして「ノリがいい」「面白い」と積極的に評価したのは2,3歳児までを担当するクラスに限られた。4,5歳になると集団に協調的でない子どもに対して「こだわりがある」「切り替えが悪い」などと否定的な評価を下す傾向が見られたのである。

　保育士に限らず家庭においても，4歳くらいになると同じ年齢の他児と比較する傾向が強い。集団保育や就学の機会を前にすると，それまでの子どもの独自性を支えようとする姿勢から，「何歳になればこれくらいのことはできて当然」と自立や競争に駆り立てる姿勢へと大人のほうが変わって行くようである。このため，互いに歩み寄る姿勢が基盤となって成立していたコミュニケーション，家庭内だけで通じるようなことば，赤ちゃんことばは次第に許容されなくなる。何をしても目を細めて受け入れていた大人も，どうやらこの時期あたりから「正常からはずれないように」「平均についていくように」といった外側の尺度を持ち出すようになるらしい。学校に通うようになると，親の視点はさらにわが子が勉学に乗り遅れないようにと願うのだろう。

　そもそもヒトは，生まれて以降どのようにしてコミュニケーションを始めるのか。そこに私たち大人が忘れてしまった対等なコミュニケーションについて考える契機はないだろうか。

　一般にコミュニケーションが成立する事態とは「個体間に共有される規範コードがあって，そこを記号が行き交っている」というイメージで語られることが多い。しかし言語に代表される規範コードが未だ修得されていない乳幼児でも，コミュニケーションは成立している。私たち大人も何かを訴えかか

ける赤ちゃんに対して,「まだことばがないから,何を言っているか,わからない」と拒むことはしない。したがって外在的な規範とは別のところにコミュニケーションが成立していると考えざるを得ない。

　授乳にせよ,抱っこにせよ,直接身体に触れ合うコミュニケーションは,養育者による一方的な行為ではない。おっぱいをあげる—もらう,抱く—抱かれるといった相互的なもの。こうした物を介在させない身体的コミュニケーションにおける相手の意図の読み取りは,おおむね生後半年くらいで了解できるようになっていく。くすぐって笑い始めるのもこの頃である。

　そして生後9ヶ月ころになると,相手と対象を共有できるようになってくる。つまり相手が物をどのように扱おうとしているのかを意識し始め,対象物と相手との関係を統合して認識できるようになるという変化が生じる。ということは,ある物の扱いについて人から学んだり教わったりすることも,この時点から始まることになる。

　こうして相手と目の前の対象を共有し,それを相手との関係において,何か別のもので表現するようになる。たとえば走り回る毛むくじゃらで四つ足の動物を指差ししたり,「ワンワン」と名づけたりする。これが言語に代表される記号の始まりである。

　これらのプロセスで重要なのは,身体レベルでの相手との関係が基盤となっていて,そこに共有する対象を相手との関係においてどう表すかという契機で記号が生み出されている点である。したがって先験的に意味するものと意味されるものの関係としての記号が用意されているわけではない。初期の対人コミュニケーションの生成過程から示唆されるのは,記号といえども相手に合わせながらその都度形成されるものという点である。

　このように初期コミュニケーションは双方が歩み寄って共有し合う中で成立する。それならば,たとえば相手と話が通じないときに,「相手の発音が悪いから」とか「相手の聴き取りや理解能力が悪いから」といった一方だけの責任に帰すものではないことになる。赤ちゃんに対しては誰もそのようなことは言わないが,果たして高齢者や言語障害のある人を前にして,私たちはコミュニケーションの不全事態に十分歩み寄っているだろうか。

(2) 「外側のものさし」と「内側のものさし」

　初期コミュニケーションの成立過程を敷衍すると，相手と共有できるものを相互に探っていくところにその本質があることがわかる。ところがこうした発達的観点とは逆に，ある個人に対して診断や査定を行なう場合は，あたかも外在的な規範があるかのように想定して，あるべき正常なコミュニケーションを念頭に置き，そこからのずれを異常として捉えようとする。

　この外在する規範（正常性）を前提に異常を見出そうとする立場と，目の前の相手と共有できるものをその都度探ろうとする立場を，異質な他者とコミュニケーションを図ろうとする立場の違いとして提示すると，前者は「外側のものさし」，後者は「内側のものさし」と言ってよいかもしれない。

　「外側のものさし」によって相手と関わろうとする態度は，「相手はわかっているのか」と相手のおかしさを問題にし続ける立場である。それに対して「内側のものさし」によって相手と関わろうとする態度を持つことは，「相手をわかっているのか」と自らを問い直すことになる。その結果，「外側のものさし」を持つことは硬直した自我に，「内側のものさし」を持つことは柔軟な自我につながるであろう。

　「内側のものさし」をもって柔軟に対応していけば，障害者に出会った当初に違和感を覚えることがたとえあったとしても，共有できる領域が拡がっていくだろうし，こうした態度が障害者という他者との関係においても原則になるのではないだろうか。

3　障害受容と専門家の役割

(1) 養育者に対する障害の告知をめぐって

　障害にまつわるいくつかの問題をこれまで挙げた中に垣間見えるのは，医療や心理学，障害児教育などの「専門家」の役割である。障害の有無や特性を診断するために検査を行なう医師や心理士はどのような役割を果たすべきだろうか。現在標準化された心理検査に則って，あるいは経験に基づく観察から障害があることを知ったとしたら，当事者や養育者に告知をするのが当

然とされている。

　しかし保健所の発達検診の場などで障害や異常を知らされた本人や養育者は，しばしばかなりのショックを受ける。母親の顔色がみるみる変わっていくこともある。もちろん検査結果を隠さずに告知する必要はあるだろうが，単に結果を伝えるだけでその後の見通しを伝えなければ，「障害児である」というレッテルを貼って養育者を不安に陥れ，それまで曲がりなりにも楽しむことができていた育児への意欲や自信を失わせて，結果的に子どもの成長を損なうことにもなりかねない。発達状況の告知は，検査結果よりもその子どもの特性や問題となる可能性のある点を挙げ，障害を抱えて当事者や養育者が生きていくための支援と一体でなければならないだろう。

　実を言うと，私は20代で発達相談という仕事に関わり始めて間もなく，障害の可能性を養育者に伝えることが苦痛でならなかった。わが子に障害があると言われて喜ぶ親はまずいない。短時間の検査や観察では断定できないので3ヵ月ほど経過を見るようにし，発達の遅れがあるとしても，具体的にどのような行動がそうなのか，成長している側面はどこなのかも併せて伝えるようにし，養育者自身が問題を感じてアドバイスを求めてくるように期待することもしばしばだった。

　多くの親は具体的に障害があるとはどういうことか掴みかねたまま，「本当に障害があるのか」「検査時点でたまたま体調が悪かったのではないか」，あるいは行動面で遅れが見られても「まだことばが出ていないだけだ」とか，「やがて追いつくのではないか」などと，障害を否定してもらうことを望んだり，否認したがったりする傾向が強かった。中には他の診断機関を回るいわゆるドクターショッピングをしたり，障害を前提に話すことに強く反発したり，怒りの感情を向けてくるケースもあった。もちろん発達テストも一つの観点に過ぎないし，数ヵ月後にどうなるか本当は誰にも予想しきれない。このため障害があると伝える勇気がなかなか持てず，自信のない消極的な対応に終始してしまった。

　そこでその後発達検診の場を離れて，発達障害のある子どもに持続して関わる療育の場に移ることにした。子どもの発達の遅れや障害を指摘された養

育者を一定期間継続して見ていると，当初否定する気持ちが強くても，他の子どもが日々成長していく様子を目の当たりにすると，やがてわが子の障害を受け入れざるを得なくなってくる。目の前の子どもの変化を見るようになると，相対的にわずかな進歩にも喜びを感じるようになり，障害のある子どもとの暮らしに勇気を持って取り組むように変容していく養育者を何人も見た。このような養育者の力強い変化を見ると，自分も励まされる思いがした。

その一方で子どもに障害のあることがわかっても家族，とりわけパートナーが養育に協力的でなく，孤立した養育者が「好き好んで障害児を産んだつもりはない」「どうして私がこんな苦労を背負い込まなくてはいけないのか」「障害児の親だからと言って，なぜ何もかも犠牲にしなくてはいけないのか」「子どもがかわいくない」と訴えてくる姿には，必ずしも共感を持って受け止められず，時には「なんて無責任なのだ」と怒りの感情さえ湧き起こることがあった。

当時の私は「なぜ目の前の子どもを受け入れないのか」「子どもに何の咎もないのに」と障害のある子どもに対して一方的な感情移入をして，わが子の障害を受け止めきれずに苦悩する養育者に対して苛立ちを感じることがあった。これは障害のある人との暮らしを自ら選択し，「責任を全うしなくてはいけない」「自分はこの生活から下りることができない」と思い込んで，一定の我慢をしていたがゆえに生じた不寛容さだったのだと思う。

(2) 当事者にとっての障害受容

障害受容ということばは，一般に「障害をありのままに受け入れること」という意味で用いられる。それまで障害の問題を特に考えることがなかった養育者は，生まれてきた子どもに障害があると知って混乱し，揺れ動く。「障害をありのままに受け入れる」と言われても，わが子の障害をどのように受け止めたらよいのか。この問題は，たしかに障害受容の問題である。親は子どもの障害を「わがこと」のように感じるからこそ煩悶するのだろう。だが養育者にとっての子どもの障害は，自分にかかわりの深い身近な問題ではあるものの，自分自身の障害ではない。障害受容の問題を考える際には，まず

「誰が」「誰の」「どんな障害を」，「どのようなものとして受け止めたい」にも関わらず，「どのように捉えられてしまい」，その結果葛藤するのか，その揺らぎ方について整理する必要があるだろう。

障害受容が本人に突然突きつけられるのは，事故や疾病により被った中途障害の場合である。人生の半ばで障害を負った当事者の多くは，それまで自分と無縁でおそらく否定的に捉えていた障害の問題を，よもや自分が逃れようなく抱えることになるとは想像もしていなかっただろう。頭では「ありのままに受け止める」方がよいと思っていても，「なぜ自分がこんな目に遭うのか」「元の身体に戻りたい」と感じ，障害をありのままに受容することは容易ではない。

「なぜ自分が背負わなくてはいけないのか」という思いの中には，これまで可能だった能力を受障によって失うという直接の不利益から来る苦痛がある。したがって中途障害者の障害受容過程は，障害の種別や軽重によって当然異なる。それと同時に，本人がそれまで（深くは考えていなかったとはいえ）障害をどのようなものとして捉えていたのかという障害観によっても，葛藤の様相は異なってくるだろう。

もしも社会一般が障害に対して「ああはなりたくない存在」とみなしていて，その価値観を本人も漠然と取り入れ内在化していたとしよう。すると，こうした否定的価値を自ら負わざるをえなくなったときに，苦痛が生じるのは当然である。自分が生きていくに値するだけの肯定的存在として捉えられなければ，苦悩せざるを得ない。その人が受障するまでに抱いていた障害観は，「自分の能力に関する自尊感情」とともに，「他人から手助けを得ることに抵抗感が強いか」など，それまで他者とどのような関係を結んで生きてきたかという問題とも連動している。当事者の障害受容過程においては，こうした自尊感情や他者との関係が問われ，多大な影響を与えるだろう。

こうして自尊心やアイデンティティといった存在に関わる価値観が揺さぶられた結果，障害に対する新たな価値を見出し，新たなアイデンティティの構築が促されることも考えられる。このように考えると，障害受容とは「本人が自己のありようをどのように受け入れるのか」という自己受容の一種と

言うことが，一応はできる。そうすると，「誰にでも外見や内面に嫌なところの一つや二つはある。そういう自分を誰もが受け入れざるを得ないのだから，前向きに自分を受け止めましょう」という発言が聞こえてきそうである。

　しかし障害受容の問題を自己受容と等価の問題として把握し，医療現場の専門家が障害受容を口にすることに対して，当の障害を負った人たちからの評判はすこぶる悪い。たしかに当事者がなかなか現実を受け止められない様子を傍から見ていると，障害のある身を背負って生きていかざるを得ないのであるから，「前向きに受け止めるしかないのに」と感じるかもしれない。しかしそれは本人にとっても十分頭ではわかっていることであって，それにもかかわらず現実を受け止められないからこそ苦しんでいるのである。そこに当事者ではない人から「現実を前向きに受け止めましょう」と言われて嬉しいはずはない。「あなたにとって他人事だから，そんな簡単に受容を口にできるのでしょう」「障害を負っていないお前から，それを言われたくない」という反発や怒りを感じるようである。

　さらに当事者がようやく変貌した自分の姿を受け入れ始めても，周囲の否定的な視線やことばによって容易に傷つき，揺れ動く。このような時に当事者は，「今の自分の状態をありのままに受け止めていないのは，自分自身ではなくむしろ社会なのではないか」という思いを抱くのではないだろうか。その意味で障害受容とは，「自己受容の一種である」として個人の中に封じ込める問題ではなく，社会の受容とも密接に連動しているものである。

(3)　軽度障害の難しさ

　「障害があるにもかかわらず，それを乗り越えた」という美談を理想的なモデルとして障害の克服を強く促すことは，自己肯定感を損ない，ありのままに障害を受容することからかけ離れてしまうことがある。これは障害の克服が想定できるほど比較的軽い障害の場合に陥りやすい問題である。他人に援助を求めざるを得ない重度の障害であれば，人は努力を強いたりはしないし，当事者も人に頼むしかない。

　学生時代に難聴学生の講義保障活動に関与した経験や，その後自ら講義を

行なってきた体験から言うと，概して京都大学の学生は一人で頑張ろうとする傾向が強いと感じる。障害学生支援室が全国の大学の中でも早い時期に設置され，支援の対象となる学生がいることがわかっていても，自ら名乗り出て支援に頼ろうとしない。これまで授業を理解することに相当の努力を重ね，そうした努力が報われて大学進学を果たした学生にとって，支援の手を差し伸べられても，「自分で何とかできます」と支援に頼ろうとしなかった。

　障害があって過重な負担を強いられてでも他人に伍していくように求められ，その期待に曲がりなりにも応えることができてしまう人にとって，周囲に援助を依頼することなど自尊心が許さなかったのかもしれない。支援体制は本人にとって必要な支援とは感じられず，むしろありがた迷惑で，余計なお世話のように感じられたのだろう。

　この点で，周囲の対応を求めずに人知れず自分の努力でカバーするという選択肢に現実味があると，かえって障害をありのままに受け止めることが困難になるらしく，軽度障害の障害受容は概して難しい。一人で障害の負担を抱えている人に対して，求められてもいないのに支援を押し付けるわけにもいかないが，同じ障害のある仲間を通じてさまざまな生き方を知る機会が得られるようにするなど，当事者の孤立を防ぎ，現在と違う生き方もあるという情報提供ができればと思う。

II　いくつかの思い込み

1　障害特性の理解に向けて

(1)　「障害者になってよかった」

　一般に障害を負うことや障害者と認定されることは可能ならば回避したいものだろう。実際に診断場面では衝撃を受けて否認や抵抗する人も多い。たしかに障害を負うことを好む人はいないだろう。だが障害者とされることになるとどうだろうか。

これまで筆者は素朴にも，「障害と健常」「異常と正常」を分け隔てるような境界線をなくしてしまうことが差別の解消につながるのではないかと思い込んでいた。そこで発達検診の仕事を極力避け，障害のある人と接するときにも違和感を覚える部分を見ずに，ごく普通に接点を持てる部分で交流を図ってきた。いわば異常とされる部分に意識を向けまいとする態度である。そして（障害の有無にかかわらず）人と接するときには自分の弱みも見せるようにし，あなただけが特別なのではない，自分もおかしなところは相当あると示すことによって，相手との境界ができるだけ見えなくなるようにふるまってきた。

　このことによって相手との緊張は緩和され，当事者がリラックスして振舞うことができるという面はたしかにあっただろう。だがこれはかなり欺瞞的な態度だったと思う。「私はみんなと違う問題がある」と感じている人に対して「みんな一緒じゃないか」という感覚を押し付けていたのではないか。深刻な障害のある人と私の中にあるおかしな部分とは，不自由の度合いに関して比較にならない溝があるのは事実なのだから。

　では比較的軽度の障害のある人の場合はどうか。障害と非障害の間が連続的である限り，境界をあいまいにしていくことに意味がないわけではないだろう。障害者の範疇に入れられそうになる人の中には，必死にそこから逃れようとする人がいる。それならば健常者の範疇に入っている者は，障害のカテゴリーに歩み寄って境界線をかき消してしまったらいいのではないか。そのように思い込んでいた。

　しかし，中には障害者として自己を位置づけられることによって救われた人もいる。ある時，成人になってから発達障害であるという診断を受けて，それを肯定的に受け止めている女性がいた。今まで周囲の人ができて自分にはできないことがあるのを何かおかしいと思ってきたが，それは自分が怠けていて努力が足りなかったせいではなく，れっきとした障害の一つだったのだと知って安心するとともに腑に落ちたということであった。

　考えてみればそれまで数限りない失敗を経験して人知れず苦労を重ね，成人に達してもなお不全感にさいなまされてきたのであろう。それが障害のた

めだったと知ることは，自己の特性を知り，どう対処すれば良いかを知ることにつながる。それとともに，「自分の（努力不足の）せいではない」と，ようやく原因がわかり，「症状として名前が付いた」という安堵もあるのだろう。そうであるならば，もっと早い時期に診断を受けて自らの特性を知り，必要のない苦労を重ねることなく的確な対応策を教えてくれたらよかったのにという思いも抱くのだろう。

　こうしたケースは，形態や機能上明らかな障害や明らかな中途障害ではなく，広汎性発達障害や注意欠陥障害，学習障害（Learning Disability）や人格障害（Personality Disorder）など幼い時期からあったはずの比較的軽度だがそれだけに明らかになりにくい障害当事者の中途診断において，昨今しばしば聞かれる。これらの障害は知的障害や精神疾患ではない器質的障害とされるため，多くの場合診断を受けても障害者手帳の交付や年金受給につながるわけではない。それにもかかわらず障害の診断を受けて戸惑いながらも安堵したということは，障害者というラベルを貼られることを拒もうとする人を見てきた私にとって，当初理解しがたいことだった。やがて，自分が障害を持つと知ることによって自己認識を深め，これまでの問題が何かを知り，具体的な対処方法と具体的支援が何か明らかになることは，本人の生きやすさにつながると了解できた。それでもなお，なぜ専門家の診断，お墨付きを求めるのだろうかという疑問は払拭できなかったのである。

　この疑問をその女性に直接メールで投げかけてみた。なぜ障害者とされて喜ぶ人がいるのか，健常者と一線を画した世界に入り込むことは，本来連続的で共通の基盤を持つ障害者と健常者を分断することに加担してしまうのではないか。

　このように問いかけると彼女は，「たしかに少しおかしな健常者を見捨てたかもしれない」と言いつつ，これまで自分の不適応が本人の努力不足とされてきたのに対して，障害が原因であるという専門家の診断を得て，当初戸惑ったものの，やがて問題点が明確になってどんなに楽になったのかを語った。障害のある人の生きにくさは健常である人間の生きにくさとは圧倒的に異なるにもかかわらず，健常な人間と同様の努力および同化を強いられ

てきたということなのだろう。

(2) 「みんな一緒」から「みんなそれぞれ違う」へ

　もちろん障害と言われて反発や抵抗を覚える人や,「こんな軽い障害で,障害であることを名乗るのは申し訳ない」と感じる人もいるらしい。また障害であることを名乗った途端に,周囲の者は「努力しない言い訳をしている」「都合がよすぎる」「自分は努力しているのにずるい」と感じることもしばしばあるようである。

　ずるいという思いはどこから来るのか。障害者と非障害者は社会的に異なるカテゴリーである。障害者ならば器質的な弱さがあるとされて支援の対象になるのに対して,障害がなければ自助努力を強いられるとともに,達成できないと非難を受ける。後者のカテゴリーで苦労を重ねる人は,日々苦労しているがゆえに不公平感を募らせ,不寛容になることもわからなくはない。

　それならば障害と非障害の境界の策定は不公平のないように専門的診断に基づいて厳格に適用すべきという議論になるのだろうか。だが実際には障害と非障害の境界は連続的なもの。同一個人によっても支援を必要とする時期とそうでない時期もありうるだろう。もしかしたら,置かれた環境に適応するのが困難なために支援を求める人がいる一方で,それ以上の適応困難がありながら支援を求めることなど思いもよらず,忍耐を強いられ努力を重ねている人もいるのかもしれない。

　たとえば教室で先生の話をじっと聞きながら,与えられた課題を考えることに集中するのが困難な子どもがいたとする。この子どもは一つの課題に注意を集中して取り組むことが不得手なのかもしれないし,音声言語を理解する作業が他の子に比べてかなり困難なのかもしれない。あるいは,大半の子どもにとっては気にならなくても,教室の外から聞こえてくる騒音が苦痛で耐えがたいのかもしれない。

　多くの子どもが課題に適応している中で,落ち着きのない子,課題に集中できない子どもを見ると,これまで教師は「他のみんなはできているのだから,君は我慢が足りない」と感じて,子どもへの支援よりも努力を強いがち

であった。すると，その子どもの持つ器質的な特性や知覚的な特性を理解しようとする契機を失ってしまう。そればかりか常に叱られ，他児に比べて劣っていることを突きつけられた子どもは自信を失い，場合によっては周囲に対する孤立感と敵愾心を育てて，二次的に反社会性の強いパーソナリティを派生させることにもなりかねない。

　最近になって文科省は小中学校教育現場における注意欠陥/多動症候群や学習障害，高機能自閉症（High Functional Autism）といった軽度発達障害のある児童生徒に対する個別の配慮と支援を求めるようになってきた。したがってこれら軽度障害に伴う聴覚過敏や固執性への支援も考慮されるようになってきている。だがこれは未だに「特別な」ニードのある人に対してだけ個別に用意する「特別な」支援として捉えられている。一人ひとりの子どもの知覚・認知的特性への配慮と支援となると，未だそこまで想定されることはない。

　つまり基本的な発想は，努力して適応しているのはみんな一緒なのだから，よほどの事情（障害）がない限り，普通のやり方に合わせていきましょう，というダブルスタンダードなのだろう。そうすると環境への適応に有利な人と不利な人の格差はそのまま残される。その結果社会適応のために過重な努力を強いられている人は，すでに支援を受けている障害児（者）に不寛容になってもおかしくないだろう。

　そもそも学校教育は，40〜50分間じっと座って教師や他の生徒の話を聞いて理解し，記憶に留めることに長けた人間向けに作られているといってよい。知的障害がなくても，実際には話の半分も理解できずにいる生徒もいるかもしれない。教師の声が教室に響いてその反響が気になって仕方がなくて話の内容どころではない生徒がいても，その生徒は「他のみんなは我慢しているのだから，同じように自分も我慢するしかない」と考えるだろう。そうした生徒は自分で本を見て，他の生徒が聞いただけでわかる内容を補っているかもしれない。そのような余分な努力を強いられているのならば，障害認定の有無に拘泥せずに，支援を必要とする人にはいつでも支援があるというのが望ましいのではないか。

ここで，明らかに支援の必要な障害のある児童・生徒の特性や支援策が明らかになることは，「無理をすれば過重な努力によってカバーできてしまう」いわば支援が届きにくい人に対する支援策を考える上でも有効だろう。学校教育には，今後さらに一人ひとりの特性に合わせた学習支援が求められる。つまり，みんなそれぞれに異なる特性を持っているのだから，互いにそれを理解し，各自に合わせて必要な支援が引き出せるような配慮があってもよいと思う。

2　当事者運動の光と影

(1)　「ろう文化宣言」

　運動機能障害のある人の生活行動には障害による不自由さがつきまとうが，そうした行動を単に不自由さゆえの私たちとは異なる行動として捉えるのではなく，健常者とされる私たちとは異なる障害のある人独自の生活形態，一種の異文化として捉える見方がある。同じように盲の人には盲の人独自の世界の捉え方があり，ろうの人にはろうの人独自の世界の捉え方や対処法があるだろう。このように考えると，非障害者が日頃意識せずに当たり前のように捉えている生活行動が，障害のある人にとっては異質であり，逆に障害者独自のやり方は私たち非障害者から見て独自で異質な文化であるという観点も成り立つ。

　このような考え方の一つとして，欧米のろう者集団の中から「デフ・カルチャー (Deaf Culture)」が唱えられてきた。日本でも1995年に「私たちは耳が聞こえないという障害者ではなく，日本手話を用いる言語的少数者である」という主張をした「ろう文化宣言」が知られている[3]。この宣言の画期的と思われるところは，「障害を文化として捉える」観点をさらに突き抜けて，ろう者を障害者としてではなく，言語的少数者として位置づけているところにあ

　3　日本手話とは，日本語の体系とは独立した言語である。それに対して日本語対応手話は日本語の音韻や語彙を元にしており，手指日本語と言われることもある。

る。

　一般に障害とは不自由なもので，可能であれば治したり克服したりする対象になることが多い。たとえば補聴器で聴力を補う難聴者や，すでに音声言語を獲得した中途失聴者の多くは，聞き取りに苦労し会話に不自由さを感じている。そして私たちの多くは，これら難聴者や中途失聴者とろう者のことを，同じ「聞こえの障害」がある聴覚障害者として認識する。だが，日本手話を用いるろう者の立場から難聴者や中途失聴者を見ると，彼らが音声言語を用いている限り自分たちとは全く異なる存在として位置づけられることになる。

　こうした観点は，「ろう」という状態を，聴者より劣った，不完全な状態として見るのではなく，聴者とは異なる独自の感覚と対処法を持つ存在として，当事者自ら誇りを抱いて肯定的に捉える契機になるだろう。また世の中の大多数を占める健常者のやり方に合わせてきた，いわゆる同化を強いられる人たちが，非障害者に向かって自分たちのやり方を正当なものであると異議申し立てることにつながる。したがって筆者は，障害を異文化として認識する視点や，障害を「何かが欠けた存在」としては見ないという点については大いに支持したい。

(2)　他者を認めないことにならないか

　生まれながらに耳が聞こえない者の約9割は，実は耳の聞こえる親から生まれてくる。耳の聞こえる親は，子どもに音声言語を獲得させようと早期教育を図ることが多い。ろう児に音声言語を獲得させるには相当の困難が伴う。なぜなら音声に満ち溢れた世界をろう児自身は知らない。相手が話してくる内容は，残存聴力を活かすにしても，一心に相手の口を見つめる読唇に依存せざるをえない。逆に音声を発するすべは，音声模倣が困難なため，自分で自分の声を聞きながら調整するということでなく，訓練的な学習によって獲得せざるをえない。このようないわゆる口話教育は，多くの場合どこまで努力を強いても完璧な理解と発話を達成しきれない。背中越しに声をかけられたらお手上げだし，複数の者が話し合う場面では，今誰が話し始めたのか，

まずその相手を定位するところでつまずいてしまう。きちんと聞き取ったかどうかを自分で確認することもままならない。
　耳の聞こえない人にとっての口話教育とは，努力を強いておきながら，結局耳の聞こえる者が用いる手段を不完全にしか使いこなせないのだから，大多数の聴者に対する当事者の不全感はいつまでも払拭できず，自己肯定感も得にくい。このように障害者にだけ一方的に健常者のやり方を押し付けることは，まさに障害のある人に対して健常者のやり方への同化を強いることである。
　手話を用いる者がいないために家庭内ですら孤立しがちな耳の聞こえない子どもにこのような苦労を強いて，それでも養育者たちが口話教育を試みてきたのは，世の中の大部分を占める人たちが用いる音声言語を知ってもらい，「少しでもコミュニケーションが取れるように」「子どもが社会に適応しやすいように」という願いがあったからだろう。また，言語にはコミュニケーションの手段だけでなく思考の手段という側面もあるため，日本語による学業を進めていく上でも音声言語の獲得を放棄することなど想定しづらかったものと思われる。少なくともろう児の親や教師は，ろう児を差別してもよいと思って口話を教えてきたのではなく，ろう児が生きやすくなることを願って口話を教えていたことは間違いない。その一方で，耳の聞こえない子どもが口話だけでやりとりするようはたらきかけることは，周囲の聞こえる者たちへの同化を強いており，しばしば一方的で過重な負担を強いていることも否めない。
　それならば，耳の聞こえない子どもに対して最初から手話で育てればよいのではないか。このような発想は自然なものに思われてくる。先に述べた生まれながらに耳が聞こえず，また同じく耳が聞こえない養育者のもとで日本手話によって育てられたいわゆるデフ・ファミリー出身者にとって，日常的に視覚媒体を用いる自分たちの生活形態は当然のやり方であり，「ろう文化宣言」は，それを知らない非障害者に訴えて出るという点において，インパクトを持った積極的な主張として意義があることは間違いない。
　事実，130年におよぶ日本のろう教育では当初手話を用いていた。それが

口話優位になったのは，手話と文字による教育では，日本語の会話だけでなく読み書きに限界を感じたからだという。

　そこで手話や身ぶり手ぶりを禁ずるろう学校もあった。現在ほとんどのろう学校で手話を禁ずることはない。むしろ幼児期から手話を導入しているろう学校が増えてきている。しかし依然としてそこで突き当たる問題は，日本語の獲得，特に書きことばの習得が困難という問題である。したがってろう学校が口話法を完全に手放せずにいるのは，健常者への同化を強いるというよりも，日本語の習得という目標を手放せないからである。そして口話を用いずに文字や文章と接触するだけで書きことばが容易に獲得されるわけではない。日本手話を母語とするろう児が，確実に書記日本語を獲得する手だては，誰もが認める教育方法としてまだ確立されていないのである[4]。

　しかも養育者の多くは日本手話を知らない。新たに覚えたとしても，母語として日本手話を用いるろう者にはとてもかなわない。ろう児を育てる養育者は，わが子の日本語習得に苦労する一方で，子どもの文化的基盤をいかにしたら尊重できるかに頭を悩ませることになる。ここで，日本手話にせよ音声言語にせよ子どもの言語獲得に関して，いずれもが中途半端なものにならないように，親子それぞれに苦労を抱えることになるだろう。もし日本語概念の獲得が大切と考えるのならば，ろう教育における手話は，親子間に異文化の部分を抱えたまま，口話を併用した日本語対応手話を用いざるをえなくなる。こうした彼らの生きにくさを考慮すれば，文化的基盤に一貫性がないことはさまざまな支援の対象になりこそすれ，非難されるべきものではない。

　だが，聴者文化へのいかなる同化をも拒み，純粋なろう文化を徹底させようという考えを抱いた人の中には，この様な状況にある養育者に対して，「こどもに同化を強いて文化的基盤を薄弱にするべきではない」とはたらきかける人もいるという。中には「ろう児は，日本手話を母語とするネイティブの

4　「日本手話を母語として，書記日本語の獲得には拘泥しない」と明確に主張すれば理念として一貫するが，そのような主張は筆者の知る限り見られない。日本語とは別体系の日本手話を母語としながら，書記日本語の獲得を目指すならば，それを裏付ける手だてを考えていかなくてはならないだろう。

ろう者の元に里子に出したらいい」という意見が出されたことすらあるという。つまり親子間，家庭内で所属する文化が異なるので，その子どもに健常者への同化を強いないためにも，本来の文化圏であるろう者の元で子どもを育てたらよいという考え方である。もっとも現実に里子に出したという話は聞かない。

　また純粋なろう文化の尊重という点から考えると，口話教育を受けた聴覚障害者や，手話と音声言語を併用する聴覚障害者という存在は，文化的背景が異なる，あるいは文化的基盤の薄弱な存在として位置づけられ，本人のアイデンティティの構築も困難になりやすいだろう。とはいえ，「障害を文化として捉える」あるいは「自らの特性を（障害という範疇ではなく）独自の文化として捉える」という理念が，実生活上は障害のある人すべてを必ずしも楽にするわけではないこともある。

　たとえば私の連れ合いは生後間もなく失聴して口話教育を受けたが，その限界を感じて成人してから手話を覚え，現在ろう学校の教員をしている。「手話を覚えて，自分は手話を必要とするろう者と言えるようになり，とても楽になった。だが日本手話を強調されることによって自分が再び中途半端な存在となってしまった。」「手話は現時点で語彙数が少ないが，自分は手話通訳の手話と口形を見て複雑な日本語を理解できる。」「口話も無理のない範囲で使えた方が世界も拡がると感じる。」などと語っている。

　ここで自らろう文化に依拠していると自認する者が，「成人してから手話を覚えたあなたのような手話は本物ではない。」（日本手話ではなく日本語対応手話，手指日本語に過ぎない）と指摘するケースがあるのだという。中には「ろう者としての誇りを持つなら，声を出すべきではない。」とか，「手話を母語としないで日本語で考える人は本物のろう者ではない。」と非難する局面も見受けられると聞いた。

　そこまで健常者文化への同化を排他的に捉えるのは，当事者ならではの同化圧力に対する怒りがあるからだろうか。理想を掲げて自らの原理を申し立てざるをえない当事者の立場は，ふだん私たちが無自覚にろう者たちを情報から疎外していることに対する異議申し立てとして理解しなくてはなるまい。

しかし同じ聞こえない立場にある人の生き方をも批判するのは，いかがなものだろうか。口話教育を受けた聴覚障害者も，自らその教育方法を選択したわけではないだろうし，アイデンティティの構築に苦労しながらも，周囲の聴者との関係を営むために，場面に応じて口話を使いたいと述べる人も多い。またろう児を育てる養育者も，子どもが多くの人と出会ってコミュニケーションを取ることを願い，日本語の習得を考えているのではないだろうか。
　ろう文化の尊重という理念を派生させて，健常者文化への同化に対する排他性を他者にまで求め始めると，時には当事者同士が互いを脅かし認め合えなくなるという局面を生み出すのではないだろうか。

(3)　通訳者のジレンマ
　正当な権利として主張したくても全体の圧力を前に主張することがはばかられる場面に直面するというのは，障害当事者こそが常日頃感じていることだろう。だがここでは，障害のある人の身近にいたばかりに障害者と健常者双方の板ばさみに陥る立場から述べたい。
　私はある程度手話を使うことができるために，大学の講義でも受講生に手話通訳を必要とする学生がいると，手話を交えながら講義をおこなっている。そうは言っても講義のベースは音声言語なのだから，ほとんど日本語に対応した手話であり，手話に意識が向かいすぎると音声が途切れることもある。大多数の受講生は耳が聞こえるし，いくつかの専門用語も出てくるのだから，日本手話をベースに講義を組み立てることは現実的ではない。そこで手話を交えながら話し，それに加えて板書やプリントなど視覚教材を多用することにしている。視覚教材ならば聞こえる学生にとっても理解の手助けになるだろう[5]。
　ろう者に対する手話通訳は集中を要するため，本来なら15分位ずつ交代で複数の通訳者が担当する。しかし受講生に手話を必要とする学生が毎回必ず出席しているとは限らない。有償のノートテーカーが付くこともあるが，大学としても全ての講義に手話通訳体制を組めないのが現状である。そこでたまたま出席者の中に手話を要する学生がいたら，その場で私が手話を交え

て話し始めることもよくある。

　ある時，聴覚障害学生が出席していることがわかった。隣の席には同じ授業を受けている友人がボランティアでノートテークをしているから特別な配慮は不要で「大丈夫です」という。だが私はすぐに手話を交えようとした。この時ピンマイクを用意していなかったので，手にしていたマイクを胸ポケットに差し込んで話しながら手話を用いた。するとある学生が「マイクが口から遠いので，よく聞こえない」と苦情を言った。マイクの音量調節がどうもうまく行かない。声が十分に聞き取れるようにマイクを手に持つと，手話はできなくなる。この時はやむなくノートテークをする友人に全てを委ねた。この友人にも本来は講義をじっくり聞く学習権があるはずである。この聴覚障害学生は無償でノートテークをしてくれる友人のことをどう思っているのか，あるいは大学に講義保障の要求はしたのか，私もそれなりの対応が可能であったのに，この時は聞こえる学生の声に押されてしまい，何もかもきちんと対応できなかったという苦い思いが残った。

　別のある時には，手話を交えて欲しい人はいないかを尋ねると，別々の席から2人の学生の手が上がった。2人の学生に前の席に並んで座るように頼むと，そのうちの後ろに座っていた一人が「どうして聞こえないからと言って，一番前の席に座らなくてはならないのか。私は後ろの席に居たい」と手話で訴えてきた。手話を必要とする学生が離れ離れに座ると，手話を用いるときの最も適当な身体の向きが定まらずにやりにくいのだが，本人が希望することなので「見えにくい位置だろうに」と思いながらも，そのまま授業を進めた。しばらくして前に座った聴覚障害のある学生を見ると，机に突っ伏して眠っている。そう言えば以前，「なぜ聞こえない学生だからと言って，

5　もっともある年の授業では，盲の学生とろうの学生が同時に受講したことがあった。盲の学生に対する点字のレジュメは，1週間前に事務に依頼すると作成しておいてくれたが，盲の学生に対して視覚教材を用いるときは，レーザーライターで触って理解できる教材を準備した。また話す際には，できるだけ指示代名詞を用いないように音声言語で完結した内容を話すように心がける必要があった。それと同時に，ろうの学生には視覚的に完結して理解できるように心がけた。この年の授業では，わかりやすい授業の仕方に関してずいぶん鍛えられたと思う。

ずっと手話を見つめていなくてはならないのか。他の学生でも好きなように居眠りしたりサボったりしているではないか」という主張を聞いたことがある。それで，何か納得できない思いを感じながら，見られることのない手話を交えた授業を進めた。

　このように障害学生の立場に一定の配慮をしようとすると，一般の学生と障害学生の双方から不満をぶつけられることがある。障害学生から主張してくることはそう多くはない。しかし一旦要求や主張をし始めると，時に「そこまで要求するか」「それに応えてよいものだろうか」「単なるわがままではないか」「いや，障害のある者にとっては切実なのかもしれない」などと，しばしば迷いが生じる。

　このような立場は，集団の中でたまたま手話通訳をする立場になったときにもしばしば体験する。大多数の健常者がたとえば何かの集会や討論を進めている。そこで発言者が順番に話しているが，時に早口で手話通訳が追いつかないことがある。そこで通訳者としては「通訳がまだ終わっていないので，少しお待ちください」「もう少しゆっくり話してください」と伝えるのが原則であろう。しかし決められた時間が迫っている場合，あるいは大勢の人を待たせる機会が何回にも及んでくると，会場から苛立ちが伝わってくることがある。

　ここで会場からの舌打ちなど物ともせずに通訳利用者の立場に立つのは，大変勇気がいる。こうした板ばさみで葛藤する状況は，手話通訳に限らず車椅子介助をしていても起こるだろう。周囲に特別な配慮を求めることによって，他の人が待たされて全体の不利益につながっているように見え，その結果不満や苛立ちの対象となってしまう局面である。もしあなたが障害者と健常者の板ばさみになったと感じたら，障害者に対して「自分はここまでしかできない」と主張してよいと思う。また健常者に対しても，自分が障害当事者ではないからといって，障害に対する配慮を訴えることについて遠慮する必要はないだろう。そして当事者に近い準当事者として「自分ひとりではやりきれない」と支援を求めていくことができればと思う。

第4講　自らを受けとめるとは　　165

3　抱え込まなくていい

(1)　当事者性の徹底は何をもたらすのか

　筆者はここ数年，高次脳機能障害者が同じ障害のある仲間の相談を受けるピアサポートシステムのフィールド調査を共同でおこなうとともに，ピアサポーター養成プログラムの実践に着手している[6]。交通事故や脳卒中などによる脳外傷で引き起こされる高次脳機能障害は，記憶や注意といった認知の障害だけでなく，感情障害や人格の変容などが引き起こされ複雑な症状を呈する。その結果，医療機関の診断の遅れや福祉機関の受け入れ拒否を招くことが多く，また本人も「変わってしまった自分」を受け止めきれず，家族間の葛藤も絶えない。多くの場合復職も困難で，病院のリハビリを終えた後に社会の居場所を失って孤立しがちである。

　このピアサポートシステムに早くから取り組んでいるカナダでは，脳損傷者がいつでも立ち寄れる場所があり，仕事や友人を失って，家族にも理解されずに傷ついた当事者がしばしば訪れる。ここでピアサポーターは，訪れた彼らが心の安定を取り戻せるように，彼らの言うことに耳を傾け，相手を尊重しながら接することができるようにトレーニングを受けている。彼らは互いに同じ障害をもっているという一点において認め合うので，初めて訪れた人でも，多くを説明しなくても受け入れられ，自分が孤立した存在ではないことを実感するという。

　一方同じ障害のあるピアサポーターも，これまで医療や福祉サービスを受けるだけの存在であったのが，情報やサービスの提供者として責任をもつことで自信を取り戻し，新たな自己を構築していくことができる。実際に彼らは口々に「ここに来てすっかり変わった」「元の状態に戻ろうとは思わない」と言う。こうした活動が，受け手である高次脳機能障害者にとってもモデルとなって，希望をもたらすのだと考えられる。

　6　言語聴覚士の中塚圭子氏（京都民医連中央病院）が北米などで独自に予備調査してきた内容に基づいて，2005年度より3年間の文部科学省科学研究費（課題番号17653076萌芽研究）の資金援助を受け現在共同研究に取り組んでいる。

カナダの当事者団体では，一人ひとりの利用者に応じてコミュニティケアの実践的プログラムが作成され，他機関とも緊密に連携するとともに，当事者が主体的に独立した社会生活の場を獲得するために，多様で自然な人間関係のネットワークを積極的に創出する試みがなされていた。
　その一つである当事者の新たな人間関係を創る個人ネットワークとは，障害児の支援で使われている方法を脳損傷の当事者に適するようNPOによって開発されたサポートシステムで，一人の利用者が，受傷後に失ってしまった友人，同僚，時には家族を含む社会的な人間関係を新たに作り出すための支援である。ここで有償のファシリテーター（推進役）は，一人の利用者に6週12時間をかけて多様な状況で会い，障害の特性や日常生活の様子，生活上の必要な援助，家族関係，その他の人間関係，残された能力，社会生活に対する希望など個人について多面的に調査する。その結果と利用者の希望をもとにどのような人が利用者をとりまく人間関係のネットワークに加わればその人の生活がより豊かになるかを検討し，必要な人間関係を形成するためのボランティアを集める。
　その後1～2ヶ月に1回のメンバー会議でプランの見直しを図りながら，ファシリテーターは2年間でさらにプランを膨らませ，3年目には構築された関係が自律的に発展するよう働きかけ，そこで育った人間関係がさらに発展するように促す。
　私たちが聞き取りをした一人の利用者は，発症から2年目ですでにヘルパーの援助を得ながら両親の家の近くのアパートで一人暮らしをしていた。ファシリテーターの調査で本人は散歩，歴史，サイクリング，魚釣り，カードゲームが趣味で，週末はほとんど両親と過ごし，たまに友人に会うこともあった。病院のリハビリで電話をかける練習をしていたが自分でかけることはまだできなかったという。
　ボランティア活動にも非常に関心が高く，既に父親の勤める軍の中古品店で週1回のボランティアを始めていたが，特に自分が入院していた病院でのボランティアをして，命を救ってもらったお返しがしたいと希望していることが分かった。また，彼にとって大事なことは，自分の人生における自己決

定の回復であり，時々，自分が子どものようなルールで縛られているように感じる，もっと自分で決定したいと望んでいた。

そこで彼が必要とするボランティアを集め，彼の部屋にやりたい活動のリストを書き出した大きな紙を貼り出した。それらの活動を彼と一緒にしてもいいと思うボランティアには活動の横に名前を書いてもらった。ファシリテーターは，心から自分が一緒にしてもいいと本当に思える人に限って名前を挙げて欲しい，義務感から無理につきあうのはお互いのためにならないと強調したという。こうして掲げられた活動と参加ボランティアのリストを見ながら，彼が自分で電話をして約束すればいいようにしたところ，それまでなかなか電話をかけられなかった彼がすぐにできるようになったという。

またボランティアはそれぞれの生活の都合によって参加できなくなることも起こりうる。そういう時に利用者は脳損傷という障害があるから人が去っていくと考えやすいので，まず，そうではなく自然な人間関係というのはそもそもそういうものなのだということを知ってもらうという。こうして支援が始まって3年目の現在，彼の人間関係の輪は自然に広がっている。

なお個人ネットワークのメンバーに家族を入れるかどうかは，当事者の希望によるという。若い当事者の場合，家族から自立することを望むことが多く，家族もそれまでの介護で疲弊しているので，このような場合には親はメンバーに入ってもらわないのだという。

こうした個々人のニードに合わせたきめの細かい支援こそが個人ネットワークの得意とするところで，行政の支援策にはない特長だろう。

このほか，関係が崩壊しがちな家族への支援として，当事者家族が複数集まって，キャンプやカヌーを泊りがけで楽しむことを通して新しい家族関係の構築を促す取り組みもあった。「当事者の視点を知ることが重要」という考えを徹底させ，この活動のドキュメンタリー映画の撮影も当事者が担当していた。

自己変容とは新たな現実を生きることが互いに許容される場があって初めて実現可能なのであろう。そして他者との連携の重要さ。このことは裏を返せば，あらゆる人が生活する個々の場で「問題を一人で抱え込むべきではな

い」ということを意味していよう。

(2) 自他を尊重できる関係をめざして

　何回かカナダの現状調査を終えた後，日本でも独自のピアサポーター養成プログラムの作成に共同で着手し，2007年初頭には6名の当事者を迎え入れてトレーニングを実践した。このプログラムは1セッション2～3時間ずつ計14セッションで構成されていて，ほぼ，週1回のペースでおこなった。ピアサポーターに年齢の制限はないが，今回は20～30代の男女6名で構成し，言語聴覚士として長年高次脳機能障害者と関わってきた中塚圭子氏と共にファシリテーターを務めた。

　最初のセッションは，「あなたの専門家はあなた自身です」から始めた。専門家は障害に関する知識はあっても，障害を生きることについては無知と言ってよい。実際に医療関係者は，当事者がどのように症状や障害について説明されることが望ましいのか，どのような固有の支援が望まれているのか，その方法や時期について知らない。

　だがピアサポート経験のない彼らにトレーニングのために準備したプログラムは，変更を余儀なくされることもたびたびだった。これはファシリテーターとして自分たちが試される経験だったが，彼ら当事者の声を引き出すことに集中し，彼らの話をじっくり聞くよう努めた。彼らもただ聞いて欲しいだけでなく，「単に傷を舐め合う関係だけでは終わりたくない」「何かを生み出すものでありたい」という思いに突き動かされているようだった。

　そうした中から彼らの深いことばが拓けてきた。「成長のない回復はない」と言ったのは，交通事故にあった21歳のメンバーである。こうして回を重ねていくにつれて彼らが選び出したテーマに，「人を尊重するとは？」「真の回復とは何か？」などがある。

　カナダの当事者は，「真の回復とは過去を忘れることではなく，過去と現在を統合できたところにある」と言う。家族や専門家は，「受障前の状態に戻って欲しい」と過去への眼差しを向け，また「もっとこうなって欲しい」と未来への期待の眼差しを向ける。それに対して，ピアとは，今をまるごと承認

してくれる存在であり，人の発達にはそれが欠かせない。したがって現在を承認するとともに未来を期待される両方の場があって人は育ち，高次脳機能障害の「成長のある回復」も望めるのではないかと中塚氏は言う[7]。一般に自己の構築とは，さまざまな他者からの評価を受けたり与えたりするという相互的な営みの中ではぐくまれるもの。自己の回復には，医療の場のリハビリでは得られないそうした関係の場が必要なのだろう。

　障害の問題を考えていると，「自分は今までなんという勘違いをしてきたのだろう」と思わされることがある。その意味で障害について考えることは，自分の認識の幅を拡げることでもあった。

　世の中にはさまざまな考えを持つ人がいる。しかし誰にとっても，現在を承認されて，未来に希望を持つことは必要なことなのだろう。そして，自己を心底から肯定し，他者も認めることがいかに大切なのか，ようやくうっすらわかってきたような気がする。

文　献

麻生武，浜田寿美男編［2005］『よくわかる発達臨床心理学』ミネルヴァ書房。
『現代思想』24（5）「臨時増刊　総特集＝ろう文化」 1996，青土社。
石川准，倉本智明編著［2002］『障害学の主張』明石書店。
南雲直二［2002］『社会受容　障害受容の本質』荘道社。
中西正司，上野千鶴子［2003］『当事者主権』岩波新書。
中塚圭子［2007］「高次脳機能障害者が社会へつながるために（1）ピアサポーター養成プログラムを立ち上げて」『頭部に外傷を持つ若者と家族の会NEWS』23。
中塚圭子，脇中　洋［2007］「高次脳機能障害者が社会へつながるために(2)家族と地域社会における「関係の回復」」『頭部に外傷を持つ若者と家族の

7　これはI-1（4）で述べた，現在の居場所を重視した「地域派」と発達の保障を重視した「能力派」の考え方を統合する支援のあり方ではないかと思われる。

会NEWS』24。

ノーラ・E・グロース（佐野正信訳）［1991］『みんなが手話で話した島』築地書館。

田垣正晋編著［2006］『障害・病いと「ふつう」のはざまで　軽度障害者どっちつかずのジレンマを語る』明石書店。

脇中洋［1995］「保母から見た子ども像——許される／許されない個性——」立命館教育科学プロジェクト研究シリーズⅢ。

山下恒夫［1977］『反発達論』現代書館。

Column 6
障害者として生きること

北村直也

　私は生まれつきの聴覚障害者で，現在京都大学工学部に在籍しています。全学共通教育科目で「偏見・差別・人権」を1回生の後期に受講していたので，それについての聴覚障害者の立場から見た感想や，意見などを書きたいと思います。ただ，これは私個人の意見なので，障害者が皆同じようなことを考えているわけではないということは，あらかじめ断っておきたいと思います。

　私の聴力は右が90dB，左が100dBで，補聴器をつけることで日常生活での声や音は健常者ほどではないもののほとんど聞こえますが，感音性難聴であるため，聞こえてくる声や音は歪んでしまい，正確な形で耳に入ってこないので，普段生活するうえでいろいろと不都合が生じます。

　人間の社会では，聴覚も視覚などと同様，重要な要素の一つになるので，そこで生活するのに聴覚がないと困るということです。状況によっては障害が不利に働かないこともあるのでしょうが，あくまでも私がいるのは人間社会であり，そこで今まで生きてきて，個人的には障害はほとんど支障にしかならないと思わざるを得ませんでした。

　ですが，幸いにも，障害を持って生まれるとすぐに淘汰されてしまう動物界と違い，人間社会では障害者はいわゆる保護の対象になるので，不利な扱いを受けることがあるとはいえ，動物界とは違って十分生きていくことは出来るのだと思います。障害者がそういう条件で生きていく場合，障害を背負った部分以外での能力や，それを身につけるための努力が「障害者としての人生」を左右するのではないかと思います。

● *Column*

「障害とは何か」などといったことを議論するよりは、いっそのこと単純に考えて障害を欠陥とみなしてしまい、そこは仕方ないから他で勝負する、といった考えの方がすっきりするし、気が楽だと個人的には思います。

障害者は健常者と比較して、何らかの能力に欠陥を抱えており、その欠陥を補うためには、ボランティアなどの支援が必要となります。ただし、やはりボランティアで支援できる範囲には限界があり、健常者と同じように活動をすることはやはり不可能だと思います。また、ボランティアを行う人々も同じ人間であり、経済的な問題もある以上、障害者が自分の思うままに自分の望む形の支援を得ることも不可能だと思います。さらに、ボランティアを受ける障害者には、ボランティアを受けることによって生じる相応の責任を背負う必要があります。

私は大学の講義で、教員の言うことが分からないため、「ノートテイク」という、講義中に自分の横に座って教員の言ったことを要約して書き出し、それを自分に伝えるといったボランティアの助けを受けていますが、その「ノートテイク」を例にとってみます。

「ボランティアで支援できる範囲の限界」とは、ノートテイカーは、一般的に教員の言ったことの5分の1程度しか書けないため、大意や要旨は自分に伝わりますが、教員のしゃべり方の癖などといった重要性の低い情報は伝わってきません。このあたりで普通に講義を受けている健常者との差異が生じます。

「障害者が望む形の支援を受けることが出来ない」というのは、例えば、私はあまり目立ちたくないたちなのですが、ノートテイカーを付けて講義を受けると、嫌でも目立ってしまったりする、などといったことです。ノートテイカーを付けなければ目立ちませんが、それだと講義が分からないため、私自身が望む「目立たず、講義の内容も分かる」といった支援を受けることは不可能です。他に、自分がノートテイカーを付けて欲しい講義全てにテイカーが付かないといった事態もあります。私のいる

Column

　京都大学では幸いにもそれはなかったのですが，他の大学では，そういう状況にある聴覚障害学生も少なからずいると思います。
　「ボランティアによって生じる責任」とは，ノートテイクでは，大学が金を払い，テイカーを付けてくれ，テイカーもわざわざ自分の時間を割いて来てくれているので，出来るだけ出席するという責任が生じます。そのため，他の健常者がやっているように平気で講義をサボるということは私にはほぼ不可能です。そういうのを気にせず責任を感じない人もたまにいるのですが，個人的には，何かの助けを得る権利があるのなら，それに伴った義務は当然生じると思います。
　ここまでに書いた内容が，今のところ私が障害について思っている内容です。私自身，障害者問題に関する自分自身の確固たる意見という大層なものは持ち合わせておらず，了見も狭いので，何が言いたいのか分からない文章になってしまったと思いますが，一言で言って，「障害者は健常者よりも損」だということは読み取っていただけるのではないかと思います。健常者の人たちには，自分が日常生活において不利になるほどの障害を持たずに生まれることができたという幸運を実感してくれたらと思います。

Column 7
京都大学の身体障害者受入れについて

松延秀一

　本稿の筆者は子どものころから聴覚障害を持ち（ただし，ろう学校の経験はない），京都大学に大学院を含めて1974年から1984年まで在学し，現在は図書系職員として母校の人間・環境学研究科総合人間学部図書館に勤務している。授業は担当していない。入学以来30年以上過ぎたが，その間に本学の身体障害者受入れの状況に進展があったかどうか，筆者の体験もまじえつつ以下に述べることとしたい。なお，この文章は筆者の個人的な意見であり，筆者の所属機関を代表する見解ではない。

　この30年を振り返れば，大学でも身体障害学生数は少しずつ増えている。1981年の国際障害者年を契機とするバリアフリー化の動きがようやく大学へも及んできたということであろう。2001年には，国立大学協会が「国立大学における身体に障害を有する者への支援等に関する実態調査報告書」を公にし，その第2部で「国立大学における身体に障害を有する者への支援を推進するために」という提言をした。この報告書と前後するように各国立大学で受入れ体制が整備されてきている。東京大学のバリアフリー支援室はその一例であり，学生だけでなく教職員への支援も行っている。

　しかし，大学入試センター試験の英語にリスニング（聴解）試験が導入されたことは聴覚障害を持つ受験生には新たなバリアとなった。センターへ申請すれば免除され，各大学では得点換算措置があるが，十分に広報されているとはいえない。

Column

　さて，京都大学ではどうか。実は，早くから受入れの検討はしていた。1974年に身体障害者問題委員会が設置されていた。その目的は，「受入れに伴う必要な諸問題を調査検討する」ことであったという。筆者は1974年に文学部に入学したが，その時点ではこの委員会のことは知らなかった。1976年に文学部当局と授業での「聞こえの保障」，即ちマイク等の貸与等について折衝したときにその委員会の存在を知った。そこで，全学的な体制整備の要求を当時の学友とともにその委員会に対して提出した。即ち，各種のサービス機関を持つ聴覚障害研究センターの設置を求めた。この要求のもとになったのは，アメリカ合衆国のカリフォルニア州立大学ノースリッジ校にある聴覚障害センターの存在であった。しかしながら，こうした壮大な要求はそのままの形では実現すべくもなかった。その後，その委員会は1980年に，後述するような形の「身体障害学生相談室」となって現在に至っている。

　受入れについての当局の認識は，少し古くなったが「京都大学自己点検調査報告書Ⅱ　2000」にうかがえる。そこでは「身体的ハンディのある学生が，必要以上にストレスの多い生活を強いられているのは確かである。また，彼らへの学習機会の保証が，全学的に十分にはなされているとは言いにくい」とし，その上で「これらの施設設備（障害者向けの──引用者註）は，そのコストに比べ受益者が少ないということで，整備が遅れがちであるが，計画的にそれらに対する整備を行い，本学をより開かれたものにしていくことが，成熟した大学の在り方の一つの要件であろう」としている。たしかに，「受益者」，つまり在学する身体障害学生数はきわめて少ない。報告書でも，受験上の特別措置で入学した学生が10名弱在籍とあるのだが，全学学生・院生数約2万に比べると微々たるものである。

　しかし「受益者」は障害学生に限定されるのであろうか。1976年に文学部で要求を出した時の発想は，難聴で授業に参加できない問題の解決は難聴者だけが負うのではなく，難聴者と健聴者の間にある壁をどうこ

● Column

わしていくかという方向にある，というところにあった。この発想は筆者の独創ではなく，当時の学友たちのあいだで抱かれていたものであった。

　この発想は一般化すれば，「障害」とは障害者と健常者の間の関係性から生じるということになる。聴覚障害に即してもう少し具体的に言えば，聞こえないために授業に出席してもわからないのは当の聴覚障害学生に不利益である。それでは，教員にとってはどうか。教員にとっても，同一の時間・空間を共有しながら，その聴覚障害学生には，教員の伝えたいことが伝わらない，ということになる。これは，教員にとっても「不利益」というか損失ということにならないであろうか。また，演習形式の授業だと，当番となった学生の発表内容がその聴覚障害学生には伝わらないということになる。これも，発表した学生にとって損失ということになるだろう。

　したがって，聴覚障害学生の授業参加を保障することは，当の学生のみならず，教員や他の学生にとっても，決して煩わしいというようなことではなくむしろ「益」になると共感することが大切となる。また，窓口担当職員にとっても同様のことが言える。窓口で伝えるべきことが伝わらない，というのは，双方にとって損失であろう。この意味で，「コストに比べ受益者が少ない」という前述の当局の認識は底が浅いと言わざるを得ない。

　そうは言ってもたしかに，数の少なさが受入れ体制整備の遅れとなっているのは事実として間違いない。これは前述のセンター要求が実現しなかった要因の一つでもあろう。せっかくの「身体障害学生相談室」であるが，一応は全学組織であるけれども，人員については，室長は兼任の教授であり専任の教職員はいないし，専用の部屋もない。学生への対応は，まず所属学部の窓口担当職員が行う。専任がいないので，その職員が日常業務の合間に行う。1・2回生の間は，いわゆる一般教養を扱う共通教育推進課が窓口となり，学年進行に伴い各学部の窓口へ移ること

Column

になる。円滑な部局間連携が必要である。とりわけ聴覚障害学生の場合，ノートテイク（筆記通訳）や手話通訳等の人的支援の需要が大きいので，専任担当職員がいるいないにかかわらず当局側でのノウハウの蓄積と継承が大切なのであるが……。

では，なぜ学生数が少ないのか。入学試験の募集要項には，事前の相談や試験時の配慮について一項目を挙げてはいるけれども，障害学生受入れ実績の継続的広報がなされていないからではないだろうか。1980年の相談室の設置自体は地元の京都新聞が報じたが，その後はあまりない。どんな些細なことでもいいから，体制や施設の整備につながる動きをオープンキャンパスの時も含めて発表すべきだろう。2006年には，工学部新入聴覚障害学生のためのノートテイカー（筆記通訳者）募集と講習会のお知らせ，そして実施報告がホームページに掲載され，さらに『京大広報』617号（2006年11月発行）にも掲載された。こうした話題は今後も機会あるごとに掲載していくことが必要である。それと，相談室の室長人事が『京大広報』622号（2007年4月発行）に掲載された。たぶん初めてのことであろう。

ところで，学内には昔から点訳サークルがあり，今は手話サークルや各種ボランティアサークルもある。手話サークルは1997年に設立されたと聞いており，筆者は1999年から顧問となっている。2007年には10年目となる。このサークルは，ボランティアサークルというより，音声言語とは異なる手話という言語を学ぶ語学系サークルの色彩が強いといってよかろう。とは言え，手話通訳士の養成はサークルの目的ではない。また，聴覚障害学生への支援については，個人的に有志が当局に登録してノートテイクを分担している。ただ，組織としてかかわっているわけではないし，その必要もないだろう。

しかし大所帯の本学であるから，障害者問題に対する一般学生の関心はまだ低いのではないか。かつて1980年代はじめに相談室の当時の室長にインタビューしたとき，教養部（当時）構内の自転車の放置状態を

嘆いていたのを聞いている。車椅子の通行の妨げになる，と。今の吉田南構内を見ても，事情はあまり変わっていないようだ。図書館前は駐輪禁止であるが，面倒くさいのか，相変わらず駐輪が後を絶たない。

　この種のことも含めて一般学生の関心を高めるために，授業科目にも関係分野を取り入れたらどうか。全学共通科目としての「偏見・差別・人権」の講義のみならず，教育学・社会学等でも障害者問題をテーマにしたり，語学の一つとして手話を開講することがあってもよい。教育学部の教職科目履修者には，障害児教育についての授業の履修が推奨されていたが（民族教育，同和教育も含めた3科目からの選択），今は，発達教育論となっているようで，障害児教育実習もある。また，義務教育教員免許希望者には介護体験が必須となっているが，本学の体験者はどのくらいいるのだろうか。こうした実習や体験が意味あるものであってほしい。また，人間・環境学研究科の人間共生論分野には独立行政法人・国立特別支援教育総合研究所（旧・国立特殊教育総合研究所）の研究者を非常勤講師として呼んでいるようであるが，授業内容を全学に開放してはどうだろう。その他，授業自体を障害学生にわかりやすくする工夫も欠かせない。これには，高等教育研究開発推進センターも加わってほしいし，ろう学校等の教育のノウハウを取り入れることも考えていいだろう。

　さらに，教職員側の課題も指摘したい。一つは障害者雇用である。法定雇用率は2.1％であるが，これを満たしていないので，法人化後，労働基準監督署から指導を受けている。しかし達成のためには，大学総体としてのバリアフリー化，職員採用の広報や採用試験での配慮，同僚となる教職員への啓発が必要であろう。もう一つは窓口担当部署への啓発・研修である。教務・厚生はもちろん，図書館でも同様である。筆談用紙の常備のほか，各種のわかりやすい掲示の工夫も必要である。建物内の見やすい誘導掲示等は安全確保という点からも求められよう。

　もっとも，京都大学の名誉のために古い話を持ち出せば，例えば，法学部出身で日本最初の聴覚障害弁護士を輩出したという先例があるし，

Column

1980年代には全盲学生が1人在学し，現在はある博物館の助手となっている。少なくとも文系学部では身体障害を理由に入学拒否をしたという実例は聞いていない。そのため，筆者もなにごともなく入学できた。当時のこととて「自学自習」の理念があってのことであろう。とは言え，現在では，聴覚障害学生の授業への参加の方法が明確になってきているし，また一般論になるが昨今の学生気質の変化もふまえると，一層の学生支援業務の充実が望まれる。

　最近の動きとして，「京都大学重点事業アクションプラン2006-2009」が5月22日に発表された。その中の学生支援事業の項目の一つに「身体に障害のある学生の支援の充実」がある。全文は「身体に障害のある学生の学修・研究活動の支援を全学的に継続・推進するため，身体障害学生支援センター（仮）を設置し支援策を実施する」。たぶん，前述の相談室の改組あるいは名称変更ということになるであろう。相談室から支援センターへ名前が変わるということは，相談待ちの受身の姿勢から，もう少し積極的な態勢を示すことになるし，学内外に対して存在を印象づけやすくなることと思われる。引用文の中では，「全学的に継続」というところが肝心である。「センターができたからそこにお任せ」ではいけないということだ。身体障害を持つ人は個々の教職員・学生の身の回りにいつ現れるかはわからないのだから。

　京都大学のバリアフリー化の課題はまだまだ多い。しかし，2001年12月に制定された「京都大学の理念」に「人権を尊重した運営を行う」と謳（うた）った京大がその文章どおりに大きく変わることは，障害者にかかわる「偏見・差別・人権」をめぐる状況をほんのわずかでも変えていくことにつながるものと期待したい。言い換えれば，京都大学の「自由の学風」にもとづき，「偏見・差別からの自由」を拡大することである。

Column 8
犯罪に巻き込まれる障害者

脇中　洋

　このコラムでは，障害を持つ人が犯罪に巻き込まれるケースについて述べる。犯罪に巻き込まれると言っても，被害者として巻き込まれるとは限らない。濡れ衣を着せられるということもある。こうした事案は表向き加害者と見られるが，実際には冤罪被害者である。あるいは実際に犯罪に手を染めることだってある。それでも障害のある者が犯罪に至るまでたどってきた道のりや，犯した罪を償って更正に至る道のりを考えると，「犯罪に巻き込まれていった」と言わざるを得ない事案もある。ここでは障害を持つ人が障害特有の問題ゆえに被疑者や加害者として犯罪に巻き込まれるケースを中心に，予防や更生の観点も含めた検討をしたい。

1　被害者と被疑者の人権は対立するか

　このところ犯罪において被害者やその遺族の救済を求める声が高まっている。たしかに犯罪被害者やその遺族に対して加害者側の捜査や公判，その後の更生に関する情報は届けられず，被害者の立場を考えた支援がこれまで乏しいために被害者側は泣き寝入りを強いられていたのは事実だろう。こうした声を受けて 2004 年 12 月には犯罪被害者支援法が成立した。
　その一方で刑事手続きや犯罪更生における被疑者や被告人，受刑者の権利を唱えると，被害者の人権が損なわれるかのように反応する人がい

Column

る。警察の被害者救援センターに勤める一人の若い臨床心理士が、研修の場で被害者心情に共感する余り、加害者を悪の権化のように言いつのりながら被疑者逮捕を待ち望んでいると報告しているのを聞いて、首を傾げざるを得なかった。

しかし被疑者や被告人とは犯罪の嫌疑をかけられている人であって、まだ加害者と確定したわけではない。受刑者にしてみても、更生の余地があるとみなされたから罪を償い刑に服しているのであって、被害者でもない人が被害者と同じ心情に立って復讐心を駆り立てるのはいかがなものだろう。

そもそも人間が事実認定を行なうに際しては誤りを犯す可能性がある。もしも冤罪となれば元々の被害者に加えて第2の被害者を生み出すことになり、真の犯人を取り逃すことにもつながる。そこで刑事訴訟法では、たとえ真犯人を取り逃がしたとしても誤って無実の人間に濡れ衣を着せるような人権侵害だけは回避しようという考え方から、「疑わしきは被告人の利益に」という立場を取っている。ところがこうした法的理念とはまったく逆に、実際の刑事裁判の状況は有罪率99.9％、1000件に1件しか無罪にならない。これは「疑わしきは必罰」と言いうる驚くべき数字である。

2 障害者と犯罪

(1) やっていないのに「やりました」というのはなぜか

障害を持っている人が犯罪に巻き込まれるのは、多くの場合被害者としてである。これは身の危険に気づかず、あるいはわが身を守るすべに長けているとは言えない弱い立場にあるからだろう。したがって冤罪被害者として犯罪に巻き込まれるケースもある。

一般に無実の人間が自白などするはずがないと思われている。もし虚偽自白があるとすれば、身内をかばうためか、ひどい拷問があったか、あるいはよほど本人の意思が薄弱だったからではないかと受け止められ

る。裁判官ですら，取調べ段階の自白調書があると，被告人が公判段階になって否認をしても，それを信用しない傾向にある。このため取調べ側は，被疑者から自白を取ることに躍起になる。

しかし実際の冤罪事例を見ると，取調べ状況が人に及ぼす影響が過小視されていることに思い至る。肉体的な拷問がなくても，人は外界との交流を遮断され，時間的な見通しを失った中で屈辱的な取調べを受けると，意外なほどもろい。それはむしろやっていない人間だからこそもろいと言える面もある。

取調べ圧力の中ではたらく心理的機制には，「被暗示性」「迎合性」「黙従」「未理解同調性」などがある。だが多くの場合被疑者の心性や能力が問題なのではなく，取調べ状況の方こそが問題なのである。取調べで具体的にどのようなやり取りがあったのかについては，ビデオテープや録音テープで全面的に開示されることもなく，いわばブラックボックスにされたまま，できあがった供述調書が証拠として提出される。裁判員制度が始められるにあたって，取調べ状況の可視化は是非とも求められるところである。この点で日本の刑事手続きにおける人権擁護ははなはだ立ち遅れていると言わざるを得ない。

こうした密室での取調べ状況は，障害の有無に関わらずその過程を可視化する必要がある。さらに障害の特性から，力の強い人の主張におもねるようにして生きてきた人や，新しい環境や厳しい対人関係に対応が難しい人に対しては，その特性を十分に考慮した取調べを行なう必要があるだろう。これは被疑者に対してだけでなく，被害者や第三者としての目撃供述を求める際にも必要な配慮である。子どもや知的障害者など「影響を受けやすい人」に対する取調べについては，イギリスの捜査面接法を始めいくつかのノウハウが知られている。

(2) 犯罪加害者と障害者

一方，障害を持つ人が実際に犯罪行為に及ぶこともある。殺人を犯し

Column

た発達障害者が「人を殺す経験がしてみたかった」「仲良くなりたかったので刺した」等の理解しがたい供述を残したことはセンセーショナルに報道され，驚きや怒りをもって受け止められるため印象に残りやすい。だが特定の発達障害者の犯罪率が高いわけでは決してないし，器質的に高い犯罪傾向が認められるわけではない。ただし，学校時代を含めて本人が自らの特性を知らず，周囲も必要な対応を取れないまま本人と周囲が軋轢(あつれき)を繰り返す中で，二次的に反社会性を高める可能性はある。

また障害者として雇用された人が雇い主から年金を横領され，職場を逃げ出したまま自活するすべもなく，食料の万引きをくり返して常習累犯窃盗で刑務所に収監されたものの，出所後に自活できず結局再犯をくり返して刑務所暮らしが長くなっているケースもしばしばあるという。これらの人に対して必要なのは反省悔悟(かいご)や懲罰ではなく，生活するすべの獲得に他ならないだろう。ある種の障害では服役する意味すらわからず，むしろ刑務所内では規則正しい生活のために服役態度はすこぶる良好と聞く。

2004年6月の矯正統計年報によると，年間の新規受刑者数はおよそ3万人。新規受刑者は全員身体検査とともに知能検査を受けているが，このうち約9,000人がIQ 70未満，または測定不能だという。これは驚くべき数値である。IQ 70未満とは，知的障害の目安となる数値であり，新規受刑者の3割に知的障害の可能性があることになる。ということは，犯罪行為の意味を本人が理解しているのかどうか，あるいは刑事手続きの意味が理解できていたのかどうかに疑問の余地があることになる。すなわち責任能力と訴訟能力に問題を残したまま刑事裁判が行われた可能性がある。だからといって，これらの事案の公訴を取り下げて，すべて医療や福祉施設が対応するというのも現実的ではないだろう。

そもそも「心神喪失者の行為は，罰しない」という刑法39条は，妥当なものなのだろうか。触法精神障害者からは「裁判で責任を問われる権利を侵害され，人間として扱われないままに措置入院させられている」

という主張すらある。

　さらに指摘するならば、「被告人に更生の余地はない」ことをもって死刑の根拠とされるが、ある人間に更生の余地がないという認定がいったいどのようにして可能なのかと筆者は思う。人は状況次第でかなりの可塑性を持ち続けている存在ではないだろうか。

(3) 「やっちゃったの商売」

　冤罪事件のうち知的障害児が関わった事件としては甲山事件(1974年)が知られているが、この事件で知的障害児たちは被害者や証人の立場であった。知的障害者に対する冤罪の疑いが強い事件に、小学校2年生の女児が強制わいせつ致死の被害者となった野田事件(1979年)がある。この事件では遺体発見現場近くに住んでいた知的障害者のAさんが逮捕されたものの、直接証拠はなかった。だが逮捕直後には否認していたAさんの自白調書が次第に作られていき、精神鑑定では幼児性愛者とされている。公判尋問を見ると誘導されて応答する危険性はかなり高いと思われる。また精神鑑定でも成人女性と女児の広告を「どちらが好きか」と二者択一させたという。

　本来「能力」や「性格」などの特性に実体はない。何度にもわたるその人の行動が重なることで、「能力」や「性格」特性がおぼろげながら浮かび上がってくるものである。そこに、1回の犯行の有無を鑑定する材料として「能力」や「性格」のテストを持ち出してくるのは逆転した発想ではないか。それにもかかわらず、多くの精神鑑定では既製のテストを用いただけで一定の結論を出す。そこには「犯人の」精神鑑定を行っているという予断と偏見がしばしば垣間見える。鑑定書の中には「犯人だから異常な性格や能力の持ち主である」「異常な性格や能力の持ち主だから、犯人である」という同義反復が見出されることもしばしばある。

　Aさんは被告人質問で職業を尋ねられ、「やっちゃったの商売」と答えている。これはどうやら女児殺害を「やっちゃった」ということで食

Column

事をもらって生活していることを表しているのではないかと思われる。また検察官から公判廷で強く反省を求められて「おら，本当はやってねえもの」と反論している。

それでも公判では懲役12年の有罪判決が下され，弁護側は控訴，上告したものの有罪が確定し，刑期満了後の現在，再審請求を準備中である。

人権科目の授業で野田事件を紹介すると，法学部生が敏感に反応する。「精密司法として信頼している検察官や，実習で苦労話を聞いた裁判官が，他方でこのような問題を抱えているなんて思いもよらずショックを受けた」などの感想が書かれていた。しかし，「野田事件については弁護側の主張ばかりが提示されており，両者の言い分が示されていないので説得力がない」という感想もあった。たしかに検察側の主張や裁判所の事実認定の根拠について詳しく説明する時間が取れていない。したがって「一方の側の言い分だけでは信用しないぞ」という反応が見られたとしても，それはそれで批判精神にあふれた健全なスタンスのように一見思われる。

しかしそれならば，弁護側主張に対するのと同じように，彼らは新聞に掲載される裁判官の判決文を常々批判的に検討していなくてはなるまい。ふだんなかなか耳にする機会のない少数当事者のか細い声を聞いたときに，「にわかには信じられないし，説得力がない」と却下しようとする姿勢を見せる一方で，日常よく耳にしていて馴染みがあるとともに権威のある主張には批判的検討もしないままに受け入れているのであれば，結局のところ権威になびいているだけで知的に怠惰であると言われても仕方あるまい。

むしろ社会的な状況に関しては，権威も権力も乏しい当事者の主張にこそ，より積極的に耳を傾けようとしなければ何も届きにくいような状況にあることに自覚的であるべきであって，一見中立的で対等なスタンスを取って自己中心的良心を満たしているだけでは，圧倒的な力に絡め取られてしまうのではないだろうか。

Column

3 犯罪の更生と予防

　脳損傷者の社会復帰過程を共同で調査しているうちに，彼らが犯罪に手を染めてしまうケースがしばしば見られることを知った。そこでカナダの刑務所を複数個所訪ねる機会を持った。日本で私はある少年刑務所を2度訪れただけなので単純な比較はできないが，いくつか驚かされることがあった。

　その一つが，受刑者の受ける更生プログラムが多様なことである。日本でも特定の性的嗜癖を持つ者の再犯が問題となって，法務省が特別なプログラムの作成に乗り出し，2006年にカナダの更正プログラムを参考に日本版のプログラムを急きょ作成したことが知られている。だがカナダの更正プログラムは，アルコール依存症者向けのもの，感情のコントロールが難しい人向けのもの，自己肯定感の低い人向けのもの，他者に対する認識が難しい人向けのものなど，100種類以上のプログラムが用意されており，各受刑者に最適のプログラムをいくつか選ぶようになっていた。

　つまりカナダの刑務所では更生に対する意識が極めて高く，できるだけ早く仮出所できるよう当事者を含めた関係者が努めている。日本で仮出所というといわば恩恵的な措置となっているが，カナダでは一般のコミュニティに復帰することこそが目的で，そのためには長期間刑務所にいるとかえって更生しづらくなってしまうので，可能ならば早期の出所をめざす。税金を使って受刑者の生活全般を満期までみるのに比べると，受刑者が更生して地域住民として働くようになることが全ての人にとってよいことだという。そして仮出所に関しては受刑者自ら更生の状況を申告し，地域住民を含めた委員会で検討する。刑務所を出てからもいきなり社会に放り出されるのではなく，ハーフウェイハウスと言われる仮出所者のための施設に行き，そこから仕事に通うことも多いとのことであった。

Column

　また刑務所のセキュリティレベルにもよるが，いわゆる囚人服を着ているわけではないので，傍目から少し見たり会話したりしただけでは誰が受刑者で誰が刑務官や面会者なのかの区別もつかない。日本の少年刑務所では受刑者は列を成して移動し，名前ではなく番号で呼ばれていた。受刑者たちは「見学者を見てはならない」と指示されており，作業に集中しながらも見られていることを意識している様子が不自然だった。更生に対する意識が比較的高いと言われる少年刑務所ですらそうなのだから，一般の成人向け刑務所ではいかばかりなのだろうと思う。

　これまでの日本は，犯罪発生率の低さから少年院や刑務所といった矯正施設の実態も，限られた人間にしか知られてこなかったのだろう。そこで働く人たちの努力や苦労を私は知っているわけではないので安易に批判することは避けたいが，応報的，懲罰的な刑よりも真の更生を目指すことができればと思う。

　そもそも加害者には元被害者であった者の割合が極めて高いという。また脳損傷者や発達障害者も含まれている。その人たちにとって必要なのは，罰を与えることよりも，なぜ自分が失敗をしたのかその原因を知り，自己認識を高め，社会に適応できる力をつけることであろう。

　こうして自分を見つめるところからしか，被害者に対する反省悔悟の気持ちも生まれないのではないだろうか。カナダの刑務所内には，各自の宗教に応じて「自分を語る場」が用意されていた。そのうちの一つは入り口にトーテムポールのあるアメリカ先住民風の建物で，室内に入ると円形に床が数段低くなっていて，長老が火を焚く中で，受刑者たちが順に語る場なのだという。このような場に被害者が加わって傷ついた体験を語り合い，傷ついた関係者や地域を元に取り戻そうという試みが「修復的司法」である。重大な犯罪では被害者と加害者が直接向き合うことはなお困難だとのことであったが，目指すべき理念として感銘を受ける。

　セキュリティレベルの最も低い刑務所は，入り口こそ金網で仕切られていたが海に突き出した岬なので，泳いで脱走しようと思えば不可能で

はない。そして中に入ってしまうと広い所内にタウンハウスのような家がいくつか並び，農場や作業場，学校，グランドがあってとても刑務所とは思われなかった。「コミュニティへの復帰を目指すのならば，将来復帰するコミュニティに近い形態で暮らすことが大切なのです」という。

私たちが訪れたときは，共演するプロの女優と演出家を呼んで自分たちで1ヵ月後に演劇公演をするとのことで，舞台づくりに余念がなかった。演劇公演には近隣の人たちを招くのだという。歩いて広大な所内を見学していると，後ろから1台の車が止まって「事務所まで乗せてあげようか」と声をかけられた。あと少しなので結構ですと答えると，車が去って行った後に案内してくれた法務官が「あの人も受刑者なのよ。所内で使えるライセンスがあるの」と教えてくれた。

人には再び罪を犯す可能性もあるが，新たに生まれ変わる可能性もあると思う。そのために「やり直すことのできる社会」を用意することが必要であり，とりわけ障害を持つ弱い立場の人に対しては，こうした観点が大切なのではないだろうか。

文　献

秋山賢三［2002］『裁判官はなぜ誤るのか』岩波新書809。
アルドリッジ，M.，ウッド，J著　仲真紀子編訳・齋藤憲一郎・脇中　洋訳［2004］『子どもの面接法　司法手続きにおける子どものケアガイド』北大路書房
藤川洋子［2005］『少年犯罪の深層——家裁調査官の視点から』ちくま新書534。
呉智英・佐藤幹夫編［2004］『刑法39条は削除せよ！　是か非か』洋泉社新書y120。
浜田寿美男［2001］『自白の心理学』岩波新書721。
浜田寿美男［2004］『取調室の心理学』平凡社新書226。
浜井浩一・芹沢一也［2006］『犯罪不安社会　誰もが「不審者」?』光文社新書281。

前平　泰志

第5講

無関心な人々の共謀

部落差別の内実を問い返す

> 以前母親に「ここの店は部落の人がよく集まっている」と言われ，なぜ部落が未だあるのかと母に聞くと，「分からない」と言われました。
>
> 授業後の学生の感想より

はじめに

部落差別は特異な差別問題である[1]。

同じ日本人でありながら，日本人同士で差別しあっている，ということが特異だといっているのではない。また，外見上全く一般の人と見分けがつかないのに，差別が発生する奇妙さを特異だといっているのでもない。

部落問題が特異な差別問題であることを強調するゆえんは，部落差別が現在においてほとんど何の根拠ももたないにもかかわらず，あたかも実体であ

---

[1] もともと「部落」の呼称のいわれは，明治の町村合併によって，江戸期以来の町村が再編成され，旧来の村は新町村内の「部落」と呼ばれたことに由来する。それらの「部落」のなかから，旧被差別身分を中心とする「部落」などを行政当局が特別視し始め，特殊(特種)部落と呼んだことから，「特殊(特種)部落」という用語がひとり歩きし始めた。現在「特殊部落」は差別用語として使われていない。この用語の他にも部落を呼ぶ呼称はたくさんある。「同和地区」(行政用語)「後進部落」「密集部落」「細民部落」「非圧迫部落」「未解放部落」「被差別部落」などである。本講では，最もニュートラルな「被差別部落」あるいは慣例によって「部落」という用語を使うこととし，被差別部落に関わって生起する社会問題を「部落問題」と呼ぶことにする。

るかのようにこの亡霊に翻弄されているからである。

　本講は、部落問題をほとんど知らない読者や、自分とは無縁のものと考えている読者に部落問題への認識を深めてもらうことを第一の目的としている。また、「知っている」という読者についても、本当に現在の部落について「知っている」といえるのかどうか、あらためて考えてもらいたいという願いが込められている。〈差別〉は、「差別する人」（差別者）と「差別される人」（被差別者）だけがいて発生するわけではない。その周辺には、必ず無関心な人々がいて気づかないうちにいつの間にか差別をする側に回ってしまっていることがある。その人たちが結局〈差別〉を無言のうちに容認し、存続させているのである。無関心な人々がどれほど部落差別と関わりを持っているのか、本講の問題意識はこれに尽きる。

I｜部落差別 ── 無根拠性の罠

　部落差別を批判する際によく発せられる言葉として、「同じ日本人なのにこんな差別が許されてはならない」というのがある。このような考え方は、行政の用語や文書にも色濃く反映されている。同和地区や同和教育といった「同和」という行政用語は、「同胞一和」、「同胞融和」から借用されてきた用語であり、日本人たる同胞がすべて等しく和することを願うことに由来している。また、政府に提出された戦後初めての部落問題全体にわたる答申である「同和対策審議会答申」[2]も「日本民族、日本国民」にかかわる最重要な人

2　「いわゆる同和問題とは、（中略）日本国民の一部の集団が経済的・社会的・文化的に低位の状態におかれ、現代社会においても、なおいちじるしく基本的人権を侵害され、特に近代社会の原理として何人にも保障されている市民的権利と自由を完全に保障されていないという、もっとも深刻にして重大な社会問題である。」「世人の偏見を打破するためにはっきり断言しておかなければならないのは同和地区の住民は異人種でも異民族でもなく、疑いもなく日本民族、日本国民である、ということである。」「すなわち、同和問題は、日本民族、日本国民のなかの身分的差別を受ける少数集団の問題である。」（下線部引用者）

権問題と捉える点で，この罠から脱しきれていないといってよいだろう。

部落問題は，日本において解決すべき最も重要な人権問題のひとつであることは，言を俟たない。それは日本で生起するさまざまな差別問題や人権問題を考えるうえで原点ともいうべき基本的な問題を投げかけているからであり，部落問題への本質的な解決なくして，私たちの人権意識の水準が向上することはありえないからである。

しかし，それは日本人同士の差別は恥ずかしいから部落差別をやめようといったレベルの問題ではない。先に述べた〈私たち〉とは，日本人だけを指すのではない。日本人を含む日本に住むすべての人たちが，部落問題のより深い理解に基づいた解決の道を模索することで，他の差別問題や人権問題へと切り結んでいける，そのような展望を持った〈私たち〉なのである。そのように考えることによって，私たちは日本のあるいは世界中の種々の人権問題や差別問題とはじめて向き合えるのではないだろうか。

部落問題のひとつの大きな特徴は，だれが被差別部落民であるかが外見上判別できないことにあるとよく言われる。差別者が被差別部落民への差別を正当化するために，身体的特徴のなかに，職業のなかに，言葉遣いのなかに，生活習慣のなかに，部落民であるという確たる〈しるし〉をなんとか見つけようとしていることがある。しかしながら，どのように探しても，非部落民と被差別部落民とを隔てる確たる外的特徴など何もありはしない。

とはいえ，判別不能性が，部落問題と他の諸差別問題とを分かつ本質的な特徴だというつもりはない。

もちろん，部落差別だけが外見上見分けがつかない類の差別ではない。エイズ・HIV患者のように，外見上まったく健康な人間と変わりのない人が何らかの差別や排除を被ることはままあることである。民族差別においても，事情は変わらない。在日韓国・朝鮮人や日系2世，3世の人たちもまたほとんど〈日本人〉と変わりのない外見をして生活を送っている。

また，障害者差別は外見上の判別可能な種々の区別を根拠として成立しているかのように見えがちであるが，決してそうではない。何を「障害」と判断するか，誰を「障害者」と呼ぶかは，本書第4講で脇中氏も述べているよ

うに,「社会」や対人関係のなかで決まるのであって,その判断の根拠は,可視的な「障害」の有無ではない。

では,部落差別のどこが特異なのか。部落差別の特異さは,誰が部落民であるかが極めて恣意的に決定されていることにある。つまり,差別する根拠が極めて薄弱であるにもかかわらず,差別者が一方的に〈部落民〉をあぶりだしてくる,その仕方にある。今では,現実的な〈しるし〉として残されているのは,唯一「居住地域」(ムラ)しかないのであるが,そのムラを出て行ったとしても,執拗に追いかけて,就職や結婚の際の排除や忌避に利用することが行われてきたのである。

『部落問題・人権事典』[3]では,部落と部落民に関して次のように説明されている。

部落とは何か,部落民とは誰か。それは,「(誤れる社会通念と偏見によって)長い間部落とみなされてきた所,そして現にそうみなされている所が部落そのものであり,そしてそのいわゆる部落に生まれ,部落に育ち,現に部落に住む人々,また近年に部落に流入してきた人々,あるいは部落外に居住していても近い過去に部落と血縁的つながりをもつ人々が部落民とみなされているのが現状である」。

「部落とみなされてきた所が部落だ」という説明は,トートロジー(同語反復)であって,説明になっていないことは誰の目から見ても明らかであろう。また,「近年に部落に流入してきた人々」も部落民とみなされるのであるなら,部落民という概念は,近世の被差別賎民身分の末裔などでないことを表明しているようなものである。さらに,血縁的つながり云々を言うのなら,近年部落外に住む部落民と部落外の人との「通婚」は多くなっているが,一体その子どもや孫たちは何と命名すればよいのだろうか。「通婚」によって,部落民と呼ばれる人は途方もなく増加し続けるであろう。そうなると,いずれ日本人の大多数は,部落民と血縁的つながりを持つようになるだろう。

要するに,部落民の定義が,血統によってでもなく(異民族起源説の誤り),

---

3 「部落問題」の項目を参照のこと。部落解放・人権研究所,2001年。

属地主義でも属人主義でも一義的に決められないもどかしさを,『事典』は素直に表明しているのである。しかしながら,この説明の奇妙さは,事典執筆者の責任に帰するものではない。それは,部落差別の無根拠性や虚構性を余すところなく語っているのである。部落や部落民は,1871 (明治4) 年の太政官布告 (「解放令」) 以来,法制度的には存在しないこととなった。日本国憲法を参照するまでもなく,近代社会において法の下の平等がうたわれ,封建的身分制度は消滅した。にもかかわらず,存在しない部落と存在しない部落民という身分 (それを私はフィクション〈虚構と強制〉としての部落・部落民と呼びたい) を,身分制度を廃止したはずの近代社会に亡霊のように呼び寄せ,どこが部落で,誰が部落民か,きわめて恣意的かつ執拗に暴きたてようとする奇妙さと矛盾をそこに感じるのである。このことは言い換えれば,部落差別は差別する側とされる側との〈関係性〉の問題であることがよくわかる。

ところで,部落問題を知っているという人たちに,本当に知っているのかどうか,次のような「非常識」が「常識」になっていないかどうか,尋ねてみよう。

「部落の人々は,一般的に極端に貧しく,結婚すると経済的に厳しい生活を強いられる」と思っている人たちがいる。しかし,部落イコール貧困,環境の劣悪さというのは現在において当たらない。すべての部落の人が裕福かと問われれば,そうではないと答えなければならないかもしれないが,部落の人たちは今なお劣悪な状況に置かれているというのは事実と異なる。とりわけ「特別措置法」施行以降の同和地区をかつての同和地区と同じような貧困のイメージで想像することは,部落問題をとり違える原因になるだろう[4]。

「被差別部落民とは,江戸時代の被差別身分,すなわちエタ,非人の子孫であり,その居住地域を〈同和地区〉や〈部落〉だ」と思っている人も今なお少なくない。否,「知っている」と自認する人たちの多くは,このように考えているのではないだろうか。被差別部落民をどのように定義するかが問題と

---

[4] 石元清英「あまりにも一面的な部落観」朝治　武・灘本昌久・畑中敏之編『脱常識の部落問題』かもがわ出版,1998年。

なってくるところであるが，居住の自由を基本的に保障された近代において，明治初期にあった被差別地域を現在の同和地区と同一視することはできない。先述した『事典』でも指摘されているように，人口の流入と流出がどの地域においても見られるからである。近代になって，スラム街や炭鉱地区が新たに被差別地域になった例も散見されており，そのことからも江戸時代のエタや非人の子孫と系譜的には連続性を有しないことがわかる[5]。

　歴史に関して言えば，さらに近年私たちの歴史認識を大きく変える立場が学界や教育界において主流となって進行してきた。それは，被差別部落の起源を近世ではなく，中世にまでさかのぼって求めようとする立場である。

II　関係としての部落差別

1　変わる被差別部落の起源──近世政治起源説から中世文化起源説へ

　現在の部落問題のルーツが近代社会にあるのではなく，それ以前の社会──近世社会や中世社会──にまでさかのぼる必要があることは，言うまでもない。とはいえ，被差別賤民のルーツをどこまでさかのぼればよいのか，どのような基準を以って起源と定められるかという問題は，きわめて難しい問題である。だが，現代の歴史学の進展によって「起源問題」は，ほぼ決着がついたといってよいと思われる[6]。しかもこの決着は，これまでの小・中学校の教科書や市町村の「人権啓発パンフレット」などで配布されてきた言説とは異なる方向へと進んできた。

　現在の中学校の歴史教科書を紐解いてみると，教科書によって叙述の濃淡

5　このように私たちが被差別部落に抱いている諸々の常識がいかに非常識なものであるのかは，前掲の朝治　武・灘本昌久・畑中敏之編『脱常識の部落問題』かもがわ出版，1998年に詳しい。同書は全体として整合性があるわけではないが，執筆者が「部落問題の〈現在〉を旧態依然とした認識・方法で読み解くことはもはや不可能」（編者の言葉）という点で一致している。

の差はあるものの，被差別身分の起源とその理由についての記述が大きく変わったことに気がつく。これまで被差別部落は，江戸時代の権力者によって被支配層の農民を巧妙に分断支配するためにつくられた制度の罠だと説明されてきた。このような説明のしかたは，「近世政治起源説」と呼ばれている。

　2002年の中学，高校の教科書からはこういった「近世政治起源説」ではない説によって被差別部落の発生が説明されているのである。それは，ひと言で言えば，「近世政治起源説」から「中世文化起源説」への移行と呼ぶことができよう。

　近世政治起源説とは，これまでのほとんどの人がこの説で教わってきたように，近世政治権力が政治的に被差別部落を作った，という説である。江戸幕府は，「士農工商エタ・非人」という強固な身分制度を作り上げたが，その理由は，その当時最も搾取されていた大多数の「農民」層に，より身分の低い階層（エタ・非人）がいること，つまり「上見て暮らすな，下見て暮らせ」と思わせる効果を持たせるために，分断統治の道具として巧妙に作り上げられたというのである。

　しかしながら，この説は，ひとつの仮説であって，そのような仮説を実証する文献資料に乏しいことが歴史家のなかで問題にされてきた。また，もしこの仮説が正しいとするなら，なぜ当時の権力の中心であった江戸やその周辺地域には被差別部落が少なかったのか，なぜ近畿地方を中心とした西日本に偏在しているのかが，解けなくなる。また，農民より下の身分の者がいることを誇示することで権力の分断支配を貫徹する目的であるのなら，なぜもっと農村部に被差別部落を政治権力の力で目配りよく配置しなかったのか，という疑問も残る。

　この説は，当時まで根強く存在した異民族起源説を否定する根拠を提供し

6　中世起源説については，以下に入手しやすい著書を挙げておきたい。網野善彦『日本の歴史をよみなおす』ちくま学芸文庫，2005年。斉藤洋一・大石慎三郎『身分差別社会の真実』講談社現代新書，1995年。上杉　聰『部落史がかわる』三一書房，1997年。横井清『中世民衆の生活文化』東京大学出版会，1975年。渡辺俊雄『いま部落史がおもしろい』部落解放・人権研究所，1997年。塩見鮮一郎・小松克己『どう超えるのか？　部落差別』緑風出版，1998年。

た点で，意義のある説であった。明治当初から，被差別部落民は，〈日本民族〉とは異なる出自を持つ人として，恐れられ，またそのように主張する説もあった。他方，運動の側から言えば，政治権力が意図的に差別構造を作り上げたものであるなら，時代は異なっても政治的に解消できるはずだとする，反権力的な行政闘争を遂行する正当性の論理にこの説は道を切り拓くものであったために都合の良いものであった。さらに，「同和教育」を行う教師側にとっても単純明快で教えやすいために，この説に疑問をさしはさむ人は少なかったようである。

　幾多の好都合な要因が重なって，近世政治起源説は，教育の世界においても長く受け入れられるようになっていった。しかしながら，よく考えてみればこのような人間観は，見かけ上の勇ましさとは裏腹に，被支配層は支配権力の意のままに操られる人形のような人間であるかのごとく，みすぼらしい人間観である。教える側の意図や志と異なって，教えられる側からすれば，差別と貧困の下で苦しめられてきた被差別部落民は，かわいそうな同情すべき存在であり，部落差別があるのは権力者のせいだ，われわれは悪くない，無関係だという傍観者や無関心層を大量に作り出すことに手を貸してきたのかもしれない。しかもその教育は，反差別を標榜しながらなされてきたのである。

　それでは，江戸幕府が被差別身分層を制度的に作り出したのではないとすると，一体何が，誰が部落をつくったのか，が次の疑問として沸いてくる。近代の被差別身分層を作り出したのは，近世ではなく中世にまでさかのぼり，また政治ではなく，民衆の生活や文化にまで降りていかねばならない，というのが「中世文化起源説」のエッセンスである[7]。それはひと言で言えば，仏教文化に加えて日本独自の「穢れ」の意識があいまって，差別のまなざしが民衆のなかに定着していく過程であり，近世の政治権力者はその民衆の差別意識を利用しながら，制度として定着させたというのが，専門家の大方の同

　7　網野善彦『無縁・苦界・楽―日本中世の自由と平和［増補版］』平凡社ライブラリー，1996年。峯岸賢太郎『部落問題の歴史と国民融合』部落問題研究所，1994年。

意した考えである。この「中世文化起源説」は決定説というには遠いかもしれないが，「近世説」がほぼ誤りだということで学界では決着がついているようである。

　だが大切なことは，被差別部落の起源がどこに求められようと，問題は，今生きている私たちが部落問題をどのように終焉させるかである。部落差別が存続してよいわけはない。また，身分制度が撤廃され，法制度的には「四民平等」になった近代社会において，部落差別を容認するいかなる根拠もありえない。そうだとすると，今生きている私たちは部落問題にどのようなスタンスを取ればよいのだろうか。以下で述べる「寝た子を起こすな」論は，無関心な人々を正当化する論ではあるが，ひとつのスタンスであることは間違いない。

2　「寝た子を起こすな」論は支持しうるか

　部落問題を教える際に必ずといってよいほど出てくる疑問に下記のようなものがある。「部落問題など知らないし，知りたくもない。知らされなければ徐々に部落差別は消滅していく。部落，部落と騒ぐから余計に差別がはびこるのではないか」という疑問である。部落差別にかかわる前近代的で，非合理な言説をみて，ばかばかしいと思っている人もいることだろう。また，「自分は被差別部落のない地域の出身なので，部落に対する差別意識など微塵もない」という人もいるだろう。学生だけではなく，口には出さないけれど，一般の市民のなかにもそのような感想を抱いている人も少なくないかもしれない。俗にいう〈寝た子を起こすな〉論である。〈寝た子〉，すなわち部落問題について知らないものにあえてその存在を知らせることで，かえって差別意識を持たせる結果を招いてしまうのではないかという感想は，部落問題について教育や啓発する際に常に出てくる疑問である。

　しかし，本当にそのように考えてよいのだろうか。この社会を構成している私たちは，何らかのところで部落問題と出会っているはずである。学校の授業ではじめて教わったということを別にしても，親や親族からそれとなく

聞かされたとか，小説や漫画，マスコミ等から知ったというのも多いだろう。テレビの生中継で出演者の発言において「不適切な発言があった」ことのお詫びのテロップが流れたり，古い時代劇のドラマでせりふが一瞬消えてしまったりする不思議さを感じたことはないだろうか。そのとき部落問題をはじめとする現代日本のさまざまな差別問題が少しだけ露出してきていることにどのくらいの人が気づいているだろうか。家庭においてもそうである。学生の授業後の感想のなかに「親から『部落の子どもと遊ぶな』と言われた」，「おばあちゃんが『部落の子どもとだけは結婚するな』と言っている」，「部落は怖いところだからその地区を避けて通らないといけない」などと今なお書かれているのを見るとき，部落問題の根深さを改めて感じる。「寝た子を起こすな」どころか，「大半の子どもはすでに起きている」のである。「起きている子ども」は，部落の何たるかを知らぬままに，それ以上深く考えることもなく，どこか落ち着きのない居心地の悪さとともに，触れてはいけない禁忌として心にしまっておかれ，それが澱のようにたまっていくのである。

　他方，行政はといえば，部落差別をこのまま放置すれば自然に解消するという考えに与していたわけではない。1960年以降，部落問題の早急な解決を求めて，審議会の立ち上げ，法の制定，啓発，環境改善などに取り組んできた。

3　行政の取組と運動の成果

　政府は1960年，部落問題の解決のために同和対策審議会を立ち上げ，審議会は1965年に答申を提出した。これが「同和対策審議会答申」と呼ばれるもので，1969年に制定された「同和対策事業特別措置法」はじめ，2002年まで続いてきた種々の法律や施策の根拠となったものであった。この答申では，同和問題を現代日本のさまざまな差別問題のなかで，日本国民の一部の集団が，現代社会においてもなお基本的人権を著しく侵害され，「もっとも深刻にして重大な社会問題である」として位置づけ，「その早急な解決こそ国の責務であり，同時に国民的課題である」と記されていた。また，被差別部落の起

表　行政の取組と運動の成果

1960 年	同和対策審議会設置
1965 年	「同和対策審議会答申」
1969 年	「同和対策事業特別措置法」　10 年間の時限立法　その後 3 年間の延長
1982 年	「地域改善対策特別措置法」　5 年間の時限立法
1987 年	「地域改善対策特定事業に係る国の財政上の特別措置に関する法律」 5 年間の時限立法，その後 5 年間の延長
1997 年	「残事業処理のため 5 年間財政上の特別措置をとる再改正法」
2002 年	一般施策への移行

源と歴史が近世政治起源説に立って説明され，部落差別が現実に存在すること，そしてその解決が国や地方公共団体の行政の責任と義務であることともに，国民一人ひとりが解決に向けて努力していかなければならないことを明確に宣言したものであった。

2002 年以降法律上は少なくとも，「同和地区」は存在しないことになった。しかしながら，残された問題もいまなお多いといわざるを得ない。

被差別部落であるにもかかわらず，種々の理由から「同和地区」に指定されなかったいわゆる「未指定地区」の問題もそのひとつである。また，「同対審答申」で区別された二つの差別のひとつ，〈実態的差別〉を構成する大きな要因である，同和地区の劣悪な生活環境の改善事業は一定程度達成されたものの，差別落書きや結婚・交際・就職の拒否など，もう一方の差別〈心理的差別〉の解消については，いまだ十分に達成されたとはいえない。

先に述べたように，1965 年の「同対審答申」以降の国・地方公共団体は部落差別解消のための法や『基本方針』など財政措置に裏付けられた種々の施策が展開されてきた。このような施策と並行して，部落差別をなくす運動もまた高揚した。差別の解消のためにどのような運動や取組がなされてきたか，そしてそれらは，被差別部落の人々だけでなく，部落問題に「無関心な人々」にも大きな影響を与えていることを記しておきたい。

1）義務教育における教科書無償配布は，現在では当たり前のようになってしまっているので，ほとんどの人は知らないか，忘れ去られている歴史的事実であるが，そもそもの発端は，高知の被差別部落の運動から出発した

ものである。1963年高知の被差別部落の生徒の厳しい生活実態の訴えから始まった運動は，日本国憲法の義務教育無償の規定（第26条）を根拠に全国の保護者，地域住民，教員を巻き込んだ一大キャンペーンの結果，実現されたものである。もちろん，被差別部落の子どもだけではなく，全国の義務教育段階にある子ども全員がこの権利を享受しているのである。
2）身元調査お断りのステッカーが市民運動として提唱され，実践された。結婚や就職などの身元調査が部落差別につながっていることから，市民の立場から，身元調査の依頼も，調査への協力もしないことを申し合わせ，それを内外に示すためにステッカーを作成して賛同者を募った。
3）就職応募用紙も大幅に改善された。まず就職時に戸籍謄本を取る必要が無くなった。国籍，本籍を記載する欄が消え，家族欄も名前，性別，年齢しか記載しない就職統一応募用紙に代わった。これは部落出身の生徒への配慮だけでなく母子家庭，父子家庭，在日韓国・朝鮮人の生徒などに職業選択の道を保障するためのものである。

　いずれも，広い意味での部落解放運動の成果の一部であるが，これを見てもわかるとおり，部落差別の解消を図ることはすべての差別の解消につながり，すべての人の人権を守ることにつながっている。その意味で，日本の「人権文化」の水準を底上げしたといってよいと思われる。

　以上みてきたように，全体として言えば，被差別部落をめぐる研究は，近年大きく進み，また部落差別をなくすための行政や運動の取組も一定の限界を抱えながらも，大きな進展をみたといえよう。それでは，大学においてはどうであったのか。戦前と戦後，京都大学で起こった二つの部落差別事件を取り上げ，検証してみたい。

III　大学と部落問題

　大学は，本来差別とは無縁な学問共同体のはずである。差別と無縁であればよいというのではなく，むしろ，社会に存在する差別や偏見を積極的に糾

すことを求められている，そのような知的共同体である，と大学人はもちろん，大学外の人は思うだろう。だがしかし，現実には大学を舞台にした差別事件は，『部落地名総鑑』の購入事件や差別落書き事件など，あとを絶たない。

部落差別は封建的な遅れた意識を持った人々の問題であり，時間がたてばいずれ消滅する問題であるとみなす人が部落問題に詳しい専門家にもいた。もし，そうだとすると，近代的な「学問の自由」を享受している大学において，大学人のあいだで部落差別事件など起こりようがないわけであるが，実際には違った。京都大学においてもその例外ではない。例外でないどころか，京都大学の歴史を紐解いてみると，そこには大学の「正史」とは異なるもうひとつの歴史が，こと部落問題との関連で作られてきたといってよいほどである。それは大学内部から部落差別を生み出し，大方の大学人の無関心のなかで，ときには積極的に，ときには消極的に再生産されてきた歴史である。この歴史は，しかし，反面，負の遺産として学ぶべき多くのものを持っている。その限りでは，もっと語りつがれてよい。以下それについて記してみたい。

1　知識人と部落差別

以下は，当時京都大学人文科学研究所教授であった桑原武夫が，「人間の戦い」と題して，父隅蔵同文学部教授から聞いた話として1950年に『部落問題』という雑誌に掲載した文章の一部である。

「かつて京都大学に米田庄太郎博士という社会学者があった。この人は長らく不遇だったが，最後に教授になられるとき，問題が起った。教授会で反対が多かったのである。(中略)博士が部落出身だということが，反対の理由なのであった。H教授のごときは『米田を教授にするというが，自分は教授会で××などと席を並べることは真平ごめんだ』といった。そして結局，米田氏は一応教授にするが発令と同時に辞表を出してもらい，1年後（？）には必ずやめさせるということになった」[8]。

もしこの記述が真実ならば，京都大学で起こった許しがたい人間蔑視であ

り，部落差別発言であろう。

　最近，米田庄太郎の教授昇進が遅れ，短期間で辞任したのは氏の出自が問われたためであるという桑原説を否定する著書が出た。これについても言及しなければフェアーではないであろう[9]。それによれば，この桑原の書いた一文に対して，米田の縁者が激しく反発し，その縁者より「申し入れ書」が送られたという。その申し入れ書には，1）米田の学問が粗末であったという断定の論拠を挙げること，2）文学部教授会において米田を教授発令と同時に辞表を提出させられたという経緯の事実につき桑原の言葉が真実かどうかにつき確認を得たい，という2点について問いただす内容のものであった。

　桑原は，この申し入れ書に対し回答の書簡を送った。それによれば，「その自分の文章は『充分実証的に研究することなしに』『人のうわさによって書いた』ので『不正確』であったことを「お詫びいたします」というのであった」。この同じ申し入れ書は，中久郎にもなされ，事実確認を強く求められたという。とりわけ，その確認の内容のひとつは，米田に対する差別的な発言が当時の教授陣の間にあったかどうかを問うことであったという。これに対する回答は，「桑原の言うような事実はなかった，もしあったとしても，（差別というより）教授たちから接近を避け敬遠をされたのではなかったか」ということであった。その理由を中久郎は，「米田は，在外生活が長く，人前での遠慮といった日本的生活習慣になお馴染めなかったせいか，それとも学者的良心の率直な現れと解すべきなのか」として米田の教授陣から敬遠された理由を，差別意識とは無縁の米田自身のパーソナリティや経歴に求めている。

　松尾尊兊（たかよし）は，この中の推定をベースに，「学歴に乏しい部落出身者に博士号と教授の席を与えたところに，文学部の伝統の実力尊重主義が働いているともいえるのではなかろうか」と京都大学を自画自賛する文章をごく最近『京大広報』に寄せている[10]。

8　桑原武夫「人間の戦い」『部落問題』第14号，1950年。後に『桑原武夫全集』第五巻（朝日新聞社　1969年）に所収。
9　中久郎『米田庄太郎——新総合社会学の先駆者』東信堂，2002年。
10　松尾尊兊「文学部百年の伝統」『京大広報』No. 614．2006年7月。

確かに，中久郎の書かれたことがすべて事実だとすれば，米田庄太郎が京都大学で孤立したのは，部落差別ではなく，別の要因だったということになる。これについて，残念ながら筆者は判断するすべを持たない。米田庄太郎も桑原もそして中久郎も没した今となっては，実際に部落差別がなかったか（あったか）否かは，確かめようもないからである。しかし，1点だけ言えるとすれば次のことであろう。桑原の回答には，中久郎の論述を見る限り，少なくとも部落差別（の有無）についてはひと言も言及していないことである。「米田に対する差別はなかった」とは回答していないのである。このことはきわめて重要なことのように思われる。

　桑原の書いた3年後に別の雑誌『部落』に米田庄太郎について同じ趣旨のことを，木村京太郎が発言者の実名入りで書き残している。

　「（上略）教授会では反対するものが多く，原勝郎という西洋史担任の教授の如きは「おれは家老の出身である。米田氏のようなエタと席を並べることはごめんだ」と強く反対した」[11]。

　桑原がイニシアルにした教授をあえて実名入りで記していること，伏字にした言葉もそのまま起こしていること，具体的な発言まで明かしていることなどを考慮すれば，この文章から文学部の教授陣のなかで差別発言がなかったとは考えにくい。木村の文章は事実を歪曲したにしてはいやに生々しすぎるからである。「おそらく執筆当時生存していた京都帝国大学の当時の教授から聞き取ったか，あるいは桑原武夫が教授のそのような発言内容まで木村に語ったのだろう」[12] ということは間違いないように思われる。

　そうだとすると，社会学史専攻である中久も，木村京太郎の一文は知らないはずがないのだから「部落差別などなかった」などという同僚からの聞き取りによって，松尾氏のように，事実をねじ曲げる方向に持っていくのは，筋違いというものだろう。また「学歴に乏しい」「部落出身者」に京大が恩恵を与えたかのような書き方は，「学歴に乏しい」者や「部落出身者」をかえって

11　木村京太郎「米田庄太郎博士を偲ぶ」『部落』第43号，1953年6月。
12　吉田栄治郎「喜田貞吉と米田庄太郎」『史窓』徳島地方史研究会，第36号，2006年3月。

貶める結果をもたらす恐れがあるだろう。

　ところで，この一節に続けて桑原武夫はこう付け加えている。
「これは許すべからざる人間蔑視である。ところで問題は，こうした非人間的決議をした当時の京大文学部は，よほどつまらぬ学部だったかというと，学問的には当時の日本をリードしていた一流学者の集まりだったという事実である」

　米田庄太郎が京都大学で教鞭を執っていた時代とは，後に京都学派とよばれる俊英たちが，哲学や東洋学などそれぞれの専門領域でひときわ光彩を放っていた時代であり，京都学派を揺るぎないものにするため創成期の時代と言えた。そして他方で，公然と差別されたとしても，それを糾すすべも組織も存在しなかった被差別部落の人々が存在していた時代であった。いや，そのような無権利状態から目覚め，自らの解放をかけて「差別の徹底糾弾」を宣言した日本の人権宣言とも言われる「水平社宣言」が発表されたのは，1921（大正11）年3月3日のことだった。それは奇しくも米田庄太郎が教授に就任した翌年のことである。そうであるとすれば，ここで問題にすべきなのは，知識人の持つ差別性への自己認識であろう。「差別主義はこの世で最も公平に配分されている態度のひとつ」[13]というアルベール・メンミの言い方を借用すれば，差別はどこでも，誰にでも起こりうること（誰でもひき起こすこと，といったほうがより正確であろう）なのである。いずれにせよ，残念ながら，文学部で起こった米田庄太郎をめぐる確執が教えていることは，京都大学が被差別部落の解放のための先頭になって闘った事実は一度も無いという事実である。そのことは，近年あいついで起こった（起こっている）差別事件に米田の教訓は，プラスであれマイナスであれ，どこにも活かされていないことが窺われるからである。

　もしこの事件をきちんと踏まえられていれば，1970年代に起こった「教育実習に関するオリエンテーション」の場で差別指導を行うという次節で挙げ

13　アルベール・メンミ（白井成雄・菊地昌実訳）『差別の構造：性・人種・身分・階級』合同出版，1971年。

Column 9
事実として起こっている部落差別事件

西郷甲矢人

　京都大学において数多くの部落差別事件が起こっているということ，そして今なお続いているという事実をご存知でしょうか。
　「差別落書き・差別ビラ・脅迫状」などの頻発は，1998年に始まりました。例えば2000年12月から2003年2月にかけては，約2年間で21件にも及びました。差別落書きはそれ以後も続いており，昨2006年8月にも法経本館で差別落書きが発見されました。
　その内容の一端を示します。2003年法経本館で発見された差別ビラでは，当時部落解放研究会の一員として差別事件への取り組みを行っていたAさんの写真を載せた上で，以下のように記されています。（一部のみ引用）

《こいつら穢多，非人どもは差別されることでお金をもらったり，就職を斡旋してもらっているくせにお上にたてついたり，天皇制廃止などと大逆的なことを平気で叫ぶ非国民です。》
《このまま奴らを野放しにして置いたら，この国は奴らにのっとられてしまう。》
《さぁ，穢多，殺せ！》
《弱いということは犯罪だ，弱いとすぐ甘える，そして偽善者に利用され，秩序を乱す。》

Column

　これを読んでどう思いますか？　……そう問われたら，多くの人が「ひどい」と答えるでしょう。しかし，「こういう文章を書くのは一部の間違った（遅れた考えの）人間だろう」と片付けてしまう場合が多いと思います。しかし，本当にそうでしょうか？　インターネット上の背筋が凍るような言辞は言うに及ばず，各メディアにおいてさえ，この「落書き」を「正当化」するかのようなロジックが溢れていないでしょうか？　それどころか，政治や（似非）学術の世界にも，「奴らを野放しにして置いたら，この国は奴らにのっとられてしまう」という類の言説が横行しています。「秩序を乱す」「大逆的なことを叫ぶ」「非国民」「売国奴」……そういう「奴ら」を排していこうとする論理は，「一部の間違った（遅れた）考え」であるどころか，日々大量生産されているのです。

　ここで述べようとしているのは，「己の心の隅に潜んでいるかもしれない差別意識（『京大広報』第555号の表現）」などといったことではありません。それどころか，狭山事件をはじめ，「部落は悪の巣」といったイメージはむしろ権力の側が作り出してきたのです。

　最近では，京都市をはじめ日本全国において，「同和事業見直し」が叫ばれていますが，さまざまな不正の発覚する中で，「国家の側が折角思いやって行ってきたのに，それが仇となった」という感覚が広がっているように感じられます。「もう十分だ」，「（みんな大変なのだから）甘えるな」という感覚です。

　しかし，同和対策事業の歴史を見ていくとわかるのですが，これは政府が進んで「慈善事業」として行ってきたものではありません。部落民の文字通り生死のかかった闘いの中で勝ち取られてきたものでした。また，様々な腐敗は，むしろこのような闘いを押さえつけるために「飼いならされた」一部の人びとが引き起こしたものです。一般の部落民は，「甘える」どころか，ますます厳しい状況にさらされています……。

　……と，このように述べると，「お前は何を根拠にそんなことを言っているのか」という声が聞こえてきそうです。もちろん統計データや新聞

Column

記事を根拠として述べることもできますし,「私が今述べたことが疑わしいと考えるのはなぜ？」と反問することを通じて, 差別が再生産されている構造を明らかにしていくこともできます。しかし, 私にとって何よりの根拠は, 自分が実際に毎週のように通っている部落で出会う人々, 厳しい現実や激しい差別の中を生き抜きながら, 自分たちの手で道を切り開いている人々の存在です。

私は, 部落解放研究会の仲間たちとともに,「京都大学学力促進ボランティア講師団」という, 部落の子どもたちに学力を保障する活動に参加しています。同和事業の打ち切りの中で, 子どもたちに学力を保障すると同時に, みんなで学びあうことを通じて差別に負けない子どもたちになってほしい……そういう地域の人々の願いに少しでも応えられるように始めた活動ですが, 私にとっては自分が学ぶことの方が多いような気がしています。何より, この活動の「世話役」をしてくださっている方々との出会いは自分にとって非常に重要でした。彼らが「甘えている」姿など私は見たことがありません。私が知っているのは, 間違っていると思うことを間違っていると言い, 解放運動の腐敗すらも自分たちの手で切開しながら, 差別と闘い続けようとする,「普通のおっちゃん・おばちゃん」です。

だからこそ, 私は「差別落書き・差別ビラ・脅迫状」を読むとき, 心の底から悔しく思うのです。犯人が「殺せ！」と指示する人々,「弱い」「すぐ甘える」などと形容している人々は, 自分が毎週教えている子どもたちであり, あたたかく迎えてくれるおっちゃん・おばちゃんたちなのですから。

最後に, 私はすべての学生・大学人に問いかけたいと思います。

このような文章が実際に公然と書かれ, それを「否定しない」空気さえ広がる中で,「自分はよくわからない」「あまり関係ない」で終わってしまう「大学」が, 本当に大学の名に値するのだろうか, と。

なるほど,「『差別』と言い立てるのはかえって逆効果ではないか」と

Column

いう意見はよく聞かれますし，一見良識的なものに映ります。しかし，これだけインターネット上で差別的言辞が溢れる中で，またこのような落書きに通ずるロジックがいたるところに作り出されている中で，「『差別』は黙殺すべき」という方がむしろ空論ではないでしょうか。ましてや，日々真理を追究し，新しい知識を獲得していく場であるはずの大学は，「お上に逆らう奴は殺せ！」という主張に対して，そのレゾン・デートル（存在意義）をかけて闘っていくべきではないでしょうか。

　大学の主人公はひとりひとりの学生・大学人です。頻発する部落差別事件に対して，ただ一般的に「差別はいけない」というだけではなく，日々大量生産される差別のロジックを打ち砕いていく主人公になること。それが私たちに求められている役割だと思います。

るような事態は発生しなかったであろう。

2　差別防止のマニュアルは可能か

　現在にあって，あからさまな差別主義者を除けば，差別をよしとする人は誰一人としていないだろう。だが，一歩進めて，何が差別であるのか，どのような言動が差別と呼べるものなのか，を一義的に決めることはそれほど容易ではない。誤った，差別的な言動を具体的に示してくれる実際的なマニュアルがあればどんなに良いだろうかと思う人もいることだろう。だが，差別はマニュアルでは測れない。それどころか，差別を防止するためのマニュアル自体が差別的であったら，どうであろう。京都大学で，教育実習生に10年以上にもわたってオリエンテーション時に配布されていた実習の手引きは，「差別的言動に特に注意する」ために作成された懇切丁寧なマニュアルであったが，皮肉なことに，それ自体が悪質な差別に満ち満ちた文書として告発された。ここには差別の具体的な諸相が余すところなく語られているので少し詳しく紹介しておこう。

　昭和47年6月14日，教育学部が教育実習生オリエンテーション時において参考資料として配布してきた文書が差別文書であるとして，実習生のなかから撤回要求があがった。その文書は，「教育実習期間中の注意事項および希望事項」と記されていた。

　この文書はもともと教育学部が独自に作成したものでなく，昭和30年ころから中学校で使われていた文書をコピーして実習生に配布していた文書であったというから，20年近く，誰もそれが差別文書であることに気づかず，否，気づいたものもいたのかもしれないが，無関心のままにやり過ごされていたのであろう。

　問題にされた箇所は主として次のふたつの箇所——第8項a「特に本校は種々の思想，経歴の家庭，第三国人等の子弟が来ていますから，差別的言動は特に注意してください」と第11項「本校には，精神薄弱児学級（当時の名称のまま——引用者）が特設されています。言うまでもなく温い同情の目を

持って眺め鞭撻の程を願います」——である。それはしかし，文書全体を通して，教育的な観点から生徒指導について言及されているというのではなく，多くの差別的なまなざしが含まれていた。この文書の文言のどこに問題があったのか，当時の教務委員会の自己批判に則りながら，検討しておきたい。

> 8．生徒に対する態度
> 　a　生徒を公平に扱い，かりそめにも疑をはらませたり，不満をもたせたりしてはなりません。それだけで教育のすべては破壊されるからです。特に本校は，種々の思想，経歴の家庭，第三国人等の子弟が来ていますから，差別的言動には特に注意してください。

①「種々の思想」の子弟が学校で学んでいるから，「差別的言動には特に注意してください」というとき，〈差別的言動〉を恐れるあまり，何が〈差別的言動〉であるかを問わぬままに，種々の思想に価値付けを行い，結果として，思想や心情の自由を侵害してしまう愚挙を犯してしまっている。

②「種々の経歴の家庭」の子弟が学校で学んでいるから，「差別的言動には特に注意してください」とは，直接ではないにせよ，生徒の親の出自を暗に問題にしているわけであり，それが差別的言動へと向けられていくとき，そのまなざしは，被差別部落に注がれていく。当時，被差別部落の親も子どもたちも，貧困や低学歴のゆえに差別の再生産から逃れるすべを十分に持っていなかった。このような状況のなかで，現実に差別を受け続けている被差別部落の子どもたちに対する「差別的言動」に気をつけろとは，差別の現状を見て見ぬ振りをし，これを温存するだけでなく，差別のいっそうの助長・拡大につながる危険のある言辞なのではあるまいか。

③「第三国人」の子弟が学校で学んでいるから，「差別的言動には特に注意してください」のなかの「第三国人」という言葉は，外国人のなかでも日本の旧植民地とされていた国々の人々を呼んだ言葉で，今では『広辞苑』においてすら差別用語として削除されている言葉である。この言葉には，日本の植民地政策の結果，形成された抑圧された人々に対する差別意識と偏見が払

拭されていないだけでなく，これらの人々が日本において差別に苦しんでいる現状に頬かむりをして「差別的言動」に気をつけろということは，民族差別の何たるかを知らないことであり，民族教育の必要性，重要性がまったく認識されていないことを自ら表明しているのと同じではないだろうか。

> 11　本校には，精神薄弱学校が特設されています。言うまでもなく，温い同情の目をもって眺め鞭撻の程を願います。一般の生徒にもその気風を育てるような模範を示してください。

④「精神薄弱児学級」に在籍する子どもたちに対して「言うまでもなく温い同情の目をもって眺め鞭撻の程を願います」ということは，障害児の人権や教育という観点からみるときわめて不適切な表現であろう。ちなみに，障害者基本法が制定されるのは，この文書が告発されるわずか2年前（昭和45年）であった。

⑤その他にも，「前もって担任の先生から特に注意を要する生徒について事情を聞き，取り扱いの指導を受けておくのが安全です」という指導事項は，特定の生徒についての予断と偏見を与えるものであり，「教育の基本的姿勢に反し，ことなかれ主義に陥るもの」と反省された。

⑥「政治，経済，宗教の問題については，一方的な見解をのべることは慎むべきでそのため不測の禍根を残すことがあります」という事項は，教育の中立性を守るという態度から発せられたというより，関わりになることを恐れる立場から出たもので，決して教育者のとるべき姿勢とはいえないことが問題とされた[14]。

以上が，この文書をめぐって批判された要点である。この文書の作成者は，

14　京都大学教育学部教務委員会（当時）は，これを契機として，この資料を過去10数年にわたって配布し，現実の差別を温存する指導を行ってきた社会的責任を深く反省し，これらの問題に対して積極的に取り組む決意であることを表明した（『京大広報』第74号，1972年）。教育学部に「同和教育」「民族教育」「障害者教育」の講義科目が設置されたのはこの事件を契機にしている。

差別問題に無関心だったわけではない。それどころか，差別的な言動に注意するように再三呼びかけている。しかしながら，全体を貫く主調音は，現実社会に存在する差別に対して真正面から向き合おうとするのではなく，その反対に差別的言動を恐れるあまり，差別を顕在化させないことに腐心した。

反差別の文化の創造に向かって ── おわりに代えて

　部落問題は部落差別を不当に受けている人々の問題だと思ってはいないだろうか。また，部落差別とは，差別をする人々の問題だと決めつけてはいないだろうか。部落問題を，差別を受ける側の問題として捉えることは問題を取り違える。部落差別の問題の根幹に迫るためには，なぜ，差別される側が存在するかを問うことから出発する必要があるだろう。また，差別があとを絶たないのは，一部の心ない差別者の言動の問題としてのみ捉えることも，問題を取り違える恐れがあるだろう。無関心な人々が無関心のままでいる限り，問題は何ひとつ解決しないのである。

　何が差別であるかを決めることは難しい。同時に，何が差別であるかを誰が決めるのかという問題も，さらに難しい。本稿で述べてきたように，差別は一義的に規定できないからである。かつて「差別かどうかは，差別の痛みを知っている被差別者にしかわからない」，「足を踏まれたものにしか踏まれた足の痛みはわからない」と言われてきた。確かに，あからさまな部落差別が日常的に生起し，被差別者側から差別を差別と告発されなければ，告発される側は，事の重大さを認識できなかった時代があったし，その時代には，そのような言説は必須でもあったろう。だがしかし，本稿で強調したように，部落差別をする理由の根拠自体がはなはだ薄弱になってきている現在，部落差別それ自体をなくすためには，被差別者の側からの告発だけでは不十分で

15　「両側からのり超える」については，藤田敬一『同和はこわい考 ── 地対協を批判する』阿吽社，1987年を参照のこと。

あろう。現在無関心のままにある人が積極的に部落問題に関心を持って，ともに差別—被差別の関係を両側からのり超えていくことが不可欠になる[15]。

　差別—被差別の関係といっても，差別をする側と差別を受ける側がはっきり固定されているわけではない。時と場合によっては，この関係は反転することも起こりうる。このような関係の枠組み総体を問いなおしてみることも求められるだろう。また部落問題が，政治権力の問題ではなく，文化の領域に関係する問題であるのなら，これまでの文化は差別する文化，差別を許す文化であった。これに対抗するために，これまではいわば差別を「なくす—抑圧する」運動によって対処しようとしてきた。また，単なる『差別をなくそう』という類のスローガンで自足する側面もなかったとはいえない。何が差別か，それを誰が決めていくのかを，具体的にその都度俎上に上げながら，議論し，そしてその結果だけでなくプロセスもすべてオープンにしていく——このように，差別自体を抑圧するというより，〈差別〉を含んだ文化のあり様を受けとめながらそれを変えていくスタイルを作り出していく必要があるのではないだろうか。差別—被差別の固定された関係から解き放たれた新しい関係を築きあげていくこと，そしてこのプロセスを積み上げていくこと，これらが人権を守る文化，反差別の文化を創る一歩につながっていくのではないだろうか。

参考資料

教育実習期間中の注意事項及希望事項

1. 本校職員として来ていただきたい。(学校側もそのつもりで指導し，交際する。)
2. 従って期間中は，学校方針に従い本校教育目標達成のために協力されたい。
3. 本校では単に教授の実習のみならず一般中学校の教員生活に必ず附随する校務の処理，特別教育の活動の指導，その他生徒指導に関して協力すること。
4. 指導委員会指導教員，又は学校で計画している以外の授業参観については予め指導教員に申し出て，当該教諭の了解を得ること。
5. 指導委員会，指導教員の外本校全職員の指導をすすんで受けること。
6. 言う迄もなく学生としての矜持と責任ある行動をとって頂きたい。
7. 勤務について
   a 時間厳守のこと，授業時刻（八時二十分）職員朝礼には全員参加，控室へ集合の上，支持を受ける。
   b 欠勤，遅刻で予測できるものは前日に，突発的なものは当日始業前に届け出のこと。
   c 出勤と同時に，出勤簿に捺印のこと。
   d 許可なく校外に出ないこと。(指導教官に届け出の事)
   e 昼食は必ず控室で取って下さい。又定められた以外での喫煙は困ります。火気については十分に注意をねがいます。
   f 校舎は二足制ですから，上下の区別は，はっきり願います。
   g 日直は教生日誌に記入の上，退出時，指導委員会へ提出して下さい。
   h 控室の管理は，実習生自身でやって頂きます。
8. 生徒に対する態度
   a 生徒を公平に取り扱い，かりそめにも疑をはらませたり，不満をもたせたりしてはいけません。それだけで教育のすべては破壊されるからです。特に本校は種々の思想，経歴の家庭，第三国人等の子弟が来ていますから，差別的言動は特に注意して下さい。
   b 生徒を甘えさせてはなりません。後の指導に必ず，大きな障碍をきたし，しつけの上にも困った結果を招きます。

c　生徒の自由は十分認めてやって下さい。而しそれは限度のあることを考え指導者としてのゆずれぬ一線は厳として守る心掛が大切です。生徒は未完成で正常な判断を誤ることがあるからです。
　　d　自由（生徒に）な行動をとらせる場合，それは生徒によき経験となり得るか否かを十分考え行動に対して責任を確認させることが望ましい。
　　e　生徒の要求は勝手にとり上げず，指導員の指導を受けて下さい。
　　f　あなどらず，恐れず，生徒に引きずりこまれない注意が必要です。
　　g　反抗している生徒に対しては，冷静にその原因を探り，生徒の立場に立って，誠意をもって話し合い理解してやることが最もよい方法です。
　　h　前もって担任の先生から特に注意を要する生徒について事情を聞き，取り扱いの指導を受けておくのが安全です。
9．指導の場に臨んで
　　a　自信を持って，指導に当たって下さい。どんな場合でも最後の責任は指導教員や指導委員会がもちます。
　　b　政治，経済，宗教の問題については，一方的な見解をのべることは慎むべきでそのため不測のか恨を残すことがあります。
　　c　直接教授以外の目的で勝手に文書の配布掲示はかたく禁止します。
10．次のような，生徒に対する個人的行動は厳に禁じます。
　　a　生徒を勝手に校外に連れだすこと。（放課後，休日といえども）
　　b　生徒と私的会合を持つこと。（校の内外を問わず）
　　c　生徒の私宅を訪問したり家人との交渉をもつこと。
　　d　生徒を私宅に呼び，又遊興に誘うこと。
　　e　生徒との間に文書，金銭，物品の授受関係をもつこと。
　以上はたとえ生徒が如何に望んでも，指導教員の同席していない限り自制されたい。期間後に於いても間違いのないことを望みます。
11．本校には，精神薄弱児学級が特設されています。言うまでもなく温い同情の目をもって眺め鞭撻の程を願います。一般の生徒にもその気風を育てるよう模範を示して下さい。
12．期間後も連絡を取り，教育同行者として変わらぬ交わりを続けることを，我々は切に希望しています。

〇〇〇中学校

演習
メール討論
「障害」のある人・「障害者」であることをめぐって

脇中　洋・前平泰志・友澤悠季

はじめに

　以下に記すのは，本書の草稿を編集する過程で執筆者たちがEメール上で展開した議論を「メール討論」として編集したものである。この議論は，脇中の草稿の一節に対して前平が疑問を提示したことを契機として始められ，途中から友澤も議論の輪の中に加わった。

　この「メール討論」で論じられていることは多岐にわたる。自分自身が，「障害」を持つこととなった時，日常はどのように変わるのか。あるいは自分の家族・知人・友人が「障害」を持っている／持つことになったとき，自分はどのように関わることができるのか。より一般的に言えば，「障害者問題」をめぐる当事者に対して，非・当事者はどのように関わることができるのか？　そもそも「当事者」とは誰であり，誰がどのように決められることなのか？　これらの疑問は，「障害者問題」と，「部落問題」「環境問題」などのカテゴリーを横断して考えることにより，いっそう膨らんでいく。

　これらの疑問について，この「メール討論」において誰もが納得する「回答」が見いだされているわけではない。「障害」をめぐる問題を「他人事」とみなすのではなく，自分にかかわる問題として捉えることの重要性については共有されているものの，それ以外の問題については執筆者ごとに見解を異にしている。その点で，未完であるとも言える。それでもあえてこの「メール討論」を掲載するにいたったのは，「人権問題」について考える材料としては，「客観的な知識」としての「概要」だけでなく，思考のプロセスそのものを公開し，議論のそ上にのせることも必要であろうと判断したためである。

これをひとつの仮想的な演習とみなして，自分であれば，こうした議論の展開にどのように疑問を呈し，どのように介入するのか。それぞれに考えながら，読んでいただければと思う。

(1) --

差出人：前平　泰志
送信日時：2006年12月4日
件名：脇中論文の一節に対する疑問

脇中先生へ

前平です。先日の編集会議はおつかれさまでした。
以下は先日，先生の草稿について十分読みきれていなかった点についての質問です。

冒頭1ページの2段落目に先生は，このように書かれています。

>少し想像してみればわかることだが，実際にあなたも私も今日
>の帰り道に車にはねられて障害者になるかもしれない。
>もし運よく事故に遭わずに生き長らえても，加齢に伴って身体の
>随所に不自由な部分が出てくる可能性は大いにあるだろう。
>障害の問題はいつでも自分や身近な人物がそうなるかもしれない
>問題なのである。

たまたま，目にしたある市町村の人権パンフレットにも，
「障害のある人とどう接していますか」というタイトルの下に
「私たちはいつ障害者になるか分かりません。障害を個性として
受けとめ，みんなと共に支えあって暮らしましょう。」
とありました。

「健常者だって，いつ障害者になるか分からないのだから，
他人事ではない，自分のこととして考えよう」というメッセージは，

無関係と思っている健常者の読者に自分のこととして考え，
引き受けてもらおうという，先生のおっしゃる自分の足元に関わる問題
(self-involved problem) だということは，
よく分かるつもりです。

けれども，「いつ障害者になるか分からない」というメッセージの
中には，障害を持つこと＝(自分の意志ではどうしようもできない)
怖いこと，辛いこと，惨めなこと，不運なこと，不幸なこと，
というネガティブなニュアンスが，どうも入り込んでしまう気が
するのです。意地悪な言い方をすれば，「それなら，はじめから
絶対に障害者にならない方法をあみ出せばいいじゃないか」
という考えを誘発してしまいます。出生前診断や優生思想
などはまさにこの典型的なものでしょう。

もしそうだとすれば，私は，私たちの本の中にはそのような
ニュアンスがいささかなりともメッセージとして入り込まない
ような工夫が必要なのではないか，と考えるのです。

先生のお仕事にいろいろ口をさし挟み，僭越ではありますが，
他意のないことゆえ，どうぞお許しください。ご意見を
お待ちしています。

(2) --

差出人：脇中　洋
送信日時：2006 年 12 月 5 日
件名：Re：脇中論文の一節に対する疑問

前平先生，
脇中です。早速のコメントありがとうございました。

障害を持つことはネガティブなことであるというニュアンスが，

送り手側の文に既に含まれているのか，それとも受け手の側が
そのような文脈のうちに受け止めるのかという問題が
一つあると思います。

かつて私はこの点で逆の失敗をしました。
知り合いの女性が子どもを授かったのですが，そのお子さんに障害が
ありました。他の友人は，大変ですね，頑張ってくださいなどと，
お見舞いや励ましのメールを送っていたのですが，私は敢えて
そのようなことは言わずに，「おめでとう」とメールを送ったのです。

すると彼女はひどく立腹され，「他の人からはお見舞いや励ましを
いただいたのに，あなたにはデリカシーがない」とのことでした。

もちろん私に悪意はなく，いろいろな人から大変ね，つらい
でしょうねと言われてばかりで，生まれてきた赤ちゃんの存在が
否定的なものであることが前提となっているように感じたので，
赤ちゃんの存在を歓迎するメッセージを送ろうと思ったのですが，
母親としては同情や励ましを望んでいたのでしょう。
なお，誤解されないように補足しておくと，私は「おめでとう」
と言っただけでなく，「大変だね。くれぐれも御自愛下さい」
と付け加えています。

またそれに対して彼女は，「世の中にはいろいろな考えの人がいる
と思うけれど……」と言った後に「でも，この言い方は腹が立つ。
デリカシーがないのではないか」と続けたのでした。
その点でこの女性の置かれた立場や感覚に対して私はデリカシーを
欠いていたのだと思います。

このように個別の人間関係においてすら，あるメッセージの受け止め
られ方は様々でとても難しい。まして一般読者対象にどのような
メッセージを発するのがいいのかを考えると，様々な立場や文脈を
考慮しなくてはならない。そうすると，特定の読者にポジティブな

インパクトをもって受け止められるメッセージでも，
別の読者にはネガティブなインパクトを引き起こすことは
十分に考えられます。

メッセージの送り手と受け手のギャップについて，このように
想定しておく必要はあるかと思いますが，その結果ネガティブな
結果を抑えようとして当たり障りのない何のインパクトのない
メッセージになることも避けたいと思っています。

(3) --

差出人：前平　泰志
送信日時：2006年12月11日
件名：ニュアンスに配慮した執筆上の工夫？

脇中先生，
早々にご丁寧なお返事をいただきありがとうございます。
私はお答えいただいたメールを拝読していくつかの疑問を
禁じえませんでした。

脇中先生の個人的な体験の箇所を除外した主張をまとめると
以下のようになります。

>(ｱ)個別の人間関係においてすら，あるメッセージの受け止め
>られ方は様々でとても難しい。まして一般読者対象にどのような
>メッセージを発するのがいいのかを考えると，様々な立場や文脈を
>考慮しなくてはならない。特定の読者にポジティブなインパクトを
>もって受け止められるメッセージでも，別の読者には
>ネガティブなインパクトを引き起こすことは十分に考えられる。

>(ｲ)ネガティブな結果を抑えようとして当たり障りのない何の
>インパクトのないメッセージになることも避けたい。

(ア)(イ)のご指摘は一般論としては正しくても，私が指摘した箇所については全く当を得ていないご指摘だと思います。
なぜなら，先生の発せられたメッセージは「特定の読者にポジティブなインパクトをもって受け止められるメッセージ」でもありませんし，「別の読者に」だけ「ネガティブなインパクトを引き起こす」メッセージでもない，と確信するからです。

「車にはねられて障害者になる」ことは，どのように解釈してみても，誰の目にもネガティブなイメージで受け止められるはずです。また，それが私の誤読でないことは，脇中先生ご自身がその後に続けて「もし運よく事故に遭わずに生き長らえても」と書かれていることからも，〈交通事故に遭うこと〉は，「運の悪いこと」というネガティブなイメージを伝えようとしていることは明らかです。

私が言う，ネガティブなニュアンスを避けてほしいという意味は，障害者自身の有するネガティブなニュアンスという意味ではなく，「絶対に障害者にならない方法」につながっていくような思考の経路こそ，私の言う「ネガティブなニュアンス」であり，こうした思考経路を誘発しないような執筆上の工夫ができないかと考えているのです。

(4) --
差出人：脇中　洋
送信日時：2006 年 12 月 22 日
件名：Re：ニュアンスに配慮した執筆上の工夫？

前平先生，
脇中です。標記の件に対する返信がすっかり遅くなりましたこと，ご容赦下さい。

さて先日の前平先生からのご指摘については，「問いかけに対して

正面からお答えせずに一般論に持ち込むような体裁を取りながらも，
実際には話をそらしていた」とたしかに思います。
このために，改めて引用までさせて説明を強いることになって
しまい，申し訳ありませんでした。

前平先生のご指摘を(a)〜(d)に分けると，

>(a)「障害の問題を自我関与的に捉えよう」という目的のために，
>(b)交通事故というネガティブな例をあげ，そのことによって
>(c)読者が障害は恐ろしく逃れられないものとして捉え，さらに
>(d)障害者にならない方法（出生前診断や優生思想）をあみだそう
>とする

ということになりますが，このうち(a)については「よく分かる
つもりです」とのことでしたから，問題なのは，(b)ネガティブな例を
あげること，(c)読者が恐ろしいものと捉えること，(d)読者が障害を
抹消しようとする考えを抱くこと
の３点にあると解しました。

たしかに交通事故の例では読者に「障害を負うことは怖い」という
印象を与えることになると思います。それに障害にはさまざまな
発症原因がありますし，障害の質もさまざまですから，
交通事故という突発的で回復可能性も多様で誰もが避けようとする
出来事を引っ張り出して，障害を負う代表例としてあげることも
適当ではないかもしれません。

その結果として，「障害者にならない方法を編み出せばいいじゃ
ないか」と思う人が出てくるということも，ある程度理解できます。
そうであれば，「障害に関するポジティブな例をあげよう，
障害を前向きに捉える意味づけをしよう」と考えたり，「障害者に
ならない方法を編み出そうと思われないためにはどうしたらいい
のか」を考えたりするべきなのかもしれません。

しかし私は素直にそのようには捉えられませんでした。
最初の(a)「障害の問題を他人事としてではなく，自我関与的に捉えてほしい」と考えたところに，自分で言っておきながら引っかかってしまったからです。

私は問いかけを受けた当初，「障害の問題を自我関与的に捉えてほしい」という動機や目的が間違っているとは思いませんでしたし，前平先生もそこの部分を指摘されているのではないことを認識しています。

ただその一方で，こんなことを思いました。障害の問題は，加齢に伴う衰えも含めると多くの人にとって不可避の問題である。それに対して女性問題，民族問題，同和問題は，当事者ではない人が，当事者になることは基本的にない。後者の問題ではつねに当事者ではないのだから，そうではない人にとって当事者の苦悩は他者の問題として考えざるを得ない。しかし障害の問題だって，将来そうなる可能性があるというだけのこと。現在健常者が障害の問題を考えるにあたって，やはり当事者のことを自分に関わる問題として考えるのは難しい。

あるいは同じ障害者でも障害の種別が異なれば理解できないことは多々ある。そのように考えると，「自我関与的に問題を捉えてほしい」という動機はともあれ，「あなたも障害者になる可能性が多分にあるから他人事ではない」という呼びかけ自体が不適切なのではないか，むしろ障害の問題も他の人権問題と同じように，「当事者ではない人がどのように当事者と関わるのか」という問題を出発点として考えるべきだと思い始めました。

先のメールで記した「障害児を産んだ女性におめでとうと言って顰蹙を買った例」も絡めると，この時私は，「産まれた子どもが障害児であっても肯定的に受容すべき」と考えていました。障害受容の問題をあげるとき，まず「その障害を，誰が，どのようなものとして，受容するという問題なのか」を確認しておく必要があると思います。ここで「誰が」という部分には，当事者かどうか（養育者や家族の

場合は見る立場によって異なる側面があるので，準・当事者と
言えるかもしれません）が重要なファクターだと思います。

当然のことながら医者や教師や専門家は当事者ではありません。
しかしこれまでこうした専門家の人たちが障害受容を含めた障害の
問題を語ってきたという状況そのものが問われるべきなのでしょう。

私は「障害者問題」に関して一定の専門性を有していますし，
障害のある家族がいます。けれどもあくまでも当事者ではないので，
当事者ではない人間として今回の原稿で何が書けるのだろうか，
この問題について書くこと自体やめるべきなのではないかという思いも
生じてきます。もし書くのだとしたら，障害のある人に対して
どのようなスタンスが取れるのかについて，当事者ではない人間として，
しか書けません。とは言え，自分自身が障害の問題について先の女性へ
の言動に見られるように「こうあるべき」という価値の押し付けをして，
でもそれは間違っていたかもしれないと迷いを見せているのですから，
ずいぶん心許ないことです。

私はこれまで少なからず「ありのままに障害を受容すべき」という
ことを主張してきましたが，現実に障害に直面した多くの人たちは，
そう簡単に受容できないのが現状です。私は受容できない人たちに
これまでかなり不寛容でした。障害に不寛容な人に不寛容だった
ということですが，しかしそれは当事者ではないからそのように
振舞えただけなのかもしれません。「こうあるべき」と思っていた
だけで，実際に自分は非当事者なのですから，問題に直接関わって
いないままです。

障害の問題には（語義から言っても当然）ネガティブな側面が
付きまといますが，多くの人間が障害を負うことを嫌だなと思い，
自分自身も本当はそれを望んでいないのに，そのことをおくびにも
出さずに「受容すべき」とだけ主張するのは，やはり傲慢なのでしょう。
しかし私はこれまで障害のもつネガティブな側面を感じること自体が

悪だと考えて，感じないように（あるいは感じていないように）振舞っているうちに，「障害は嫌だ」と思う一般的な感じ方がわからなくなってしまったような気もします。このため「交通事故の例では障害は怖いと思われるのではありませんか」と問われたり，「障害者にならない方法を編み出そうとする人が出てくる」と指摘されたりしても，それは私の主張のせいではなく，そのように捉える側の問題ではないかと感じてしまったようです。

そんな人間に何が書けるのかを改めて考えると，自分の失敗を踏まえて「当事者ではない人間が当事者であるかのように振舞うのはやめた方がいい」というメッセージを発信することしかできない，そのことにも少しは意味があるかと考えているところです。

ここで改めて「交通事故の例をあげて『自分の問題として考えましょう』というのは，今回の原稿を書く意図にふさわしいかどうか」を考えます。

「自分の問題として考えられる」と思うこと自体が不適切ではないかと思うわけですから，交通事故に限らず「いつだって当事者になる可能性がある」と述べることで，「他人事ではない，自我関与的に考えましょう」と主張することは不適切で，むしろ「障害の問題だって他人事なのだと言うべき」ということになります。

しかし一旦は自分に近い問題としても考えることにも意味はあると思いますので，交通事故の例を用いるかどうかはさておいて，自我関与的に考えることの意味について言及しておき，その上で非・当事者性について触れようと思っています。

障害の専門家として日々を過ごすうち，読者の一般的感覚がわからなくなり，どのようなメッセージを発すればいいのかの判断ができなくなってきました。
特に「交通事故の例を聞くと，障害者にならない方法を編み出そうと

発想する人が出てくる」というその心の動きが，表面的にしか私にはわからないようです。

このため，現時点では敢えてそのような例も含めてあげつつ，その一方で「障害者にならない方法を編み出そう」とすることがどのような結果をもたらすのかについて記すという方法しか思いつきません。他にどのような工夫ができるとお考えなのか，前平先生のお考えをお聞かせいただけないでしょうか。

(5) -- ✉🖱

差出人：前平　泰志
送信日時：2006 年 12 月 23 日
件名：「個人的な体験」に対する感想

前平です。
ご返信を読ませていただきましたが，提起されたどの問題も考えさせられるもので，脇中先生の誠実なお人柄がよく出ていると思いました。

まず，私自身最初の通信で，「先生の個人的な体験については別に述べるつもりです」とお断りしていましたので，それについて述べることから始めさせてください。

私は，脇中先生のおっしゃる「産まれた子どもが障害児であっても肯定的に受容すべき」という考えを支持します。けれども，障害を持って生を受けた人生は，本人にとっても家族にとっても厳しい人生が待ち受けていることが容易に想像できます。そのことを少し想像力に組み込むとすれば，やはり肯定的にすべてを受容する「おめでとう」という言葉が先に立つようでは不十分ではないか，と考えたのです。

そうであれば，私は最初の編集会議の際にすこし申しあげたように，〈障害者〉と〈障害〉のある人とは区別したほうが良いと思うのです。私は，障害を軽減させたり，消滅させるための薬やテクノロジーが出現した暁には，同じような障害で苦しんでいる人が望むならば，それを使うことを支持します。また，交通事故に遭って死亡したり，障害を持ったりする人の数を少しでも減らすために道路の整備や運転マナーの向上のための方策を考えることを支持します。けれども，間違っても障害者を最初から排除したり，抹殺するような思想やその思想に裏付けられた技術の開発やその技術を基礎にした政策の立案については反対します。

〈障害〉をなくすということと〈障害者〉をなくすということは，一見似ていて非なるものです。

とりいそぎ。

(6) --

差出人：脇中　洋
送信日時：2006年12月27日
件名：Re：「個人的な体験」に対する感想

前平先生，
脇中です。

前平先生は，私の草稿にあった「障害を自我関与的に捉えよう」というメッセージには同意されていますが，その目的のために交通事故や加齢に伴う発症の例を取り上げることを問題にされていました。

その理由として，交通事故や加齢は本人の意志ではどうにもできないことであり，できれば避けたいと思うネガティブな出来事である。そうであるのならば障害を回避する手段を考えようとする人が出て

くるだろう。その結果,「障害をなくすこと」「障害の排除」が,
(いつの間にか)「障害者の排除」につながってしまうのではないか,
というご指摘と理解してよろしいでしょうか。

私は, 前平先生の〈障害者〉と〈障害〉を持った人とは区別した
ほうが良い,〈障害〉をなくすということと〈障害者〉をなくす
ということは, 一見似ていて非なるものという考え方を支持します。
ただよく分からないのは,「障害の排除」を願う気持ちが「障害者の
排除」につながるのはなぜかという点です。

「障害者の排除」には, すでに存在する障害者だけでなく, これから
産まれるかもしれない障害者も含むのでしょう。障害を排除しよう
とする動きが, 残念ながらすでに発症してしまった障害者の排除に
一直線につながるのではなく, そこに何か媒介するものがあるのならば,
それを教えていただければと思います。
もしそれが分かれば, どのような障害の例をあげれば適切なのかを
考えやすくなると思うからです。

(7) --
差出人:前平　泰志
送信日時:2006 年 12 月 28 日
件名:障害受容とその例示について

私は, 確かに「障害の問題を自我関与的に捉えよう」という
アプローチについて「よく分かるつもりです」とは言いましたが,
交通事故の例や, さらに言えば加齢の例 (これについては先に言及
しませんでしたが, これにも私は異和感があります) が自我関与的に
捉える際の適切な例かどうか,「よく分かるつもりです」とは
言ったわけではありません。

脇中先生は, 障害受容の問題を,「誰が, どのようなものとして,

受容する問題なのか」と捉えていらっしゃいます。そして「〈誰が〉
という部分には，当事者かどうか（中略）が重要なファクターだ」
と言われています。当事者とは誰かということについては，
別のところで「加齢に伴う衰えも含めると，不可避の問題である。
それに対して女性問題，民族問題，同和問題は，
当事者ではない人が，当事者になることは基本的にない」
とおっしゃっています。

私はここでは脇中先生のご意見と異なります。
当事者の定義にもよりますが，私は語のまったき意味において，
当事者とは，私であり，あなたであり，すべての人だと考えています。
そして，私は人権問題を「問題」にしてしまっているのは，まさに
男性であり，在日日本人であり，非部落民であり，健常者であり
といった，要するに「自分たちはこの問題とは別，できれば関わり
あいになりたくない」と言う人を含めての当事者である，と。
これらの当事者の認識が変わらない限り，人権問題の解決はほど
遠いものと考えています。

(8) --
差出人：脇中　洋
送信日時：2006 年 12 月 28 日
件名：Re：障害受容とその例示について

脇中です。
当事者ということばについて，前平先生は，「当事者とは，私であり，
あなたであり，すべての人だ」と定義されています。この定義は，
「障害を自我関与的に捉えよう」というメッセージとも整合する
ものだと思います。

その一方で，前平先生がこのように定義されるということは，
「自分たちはこの問題とは別，できれば関わりあいになりたくない」

と言う人たちの認識，障害や差別の問題を他人事としてしか捉えていないという現状があるがゆえに，これに対して発せられているのではないか，という感想を持ちました。

けれども，現時点で私は当事者と非・当事者を分けて考えたいと思っています。その理由は，これまで非・当事者であるにもかかわらず，医師や専門家が権力を持って「障害は受容すべきである」「そんな現実離れしたことを考えるべきでない」などと当事者の生き方を支配してきたように思うからです。
そのことが，結果的に障害者自身が主体的に生きようとする意欲をそいで苦しめてきたのではないかと感じています。

現在私は，交通事故で頭部外傷を負うなどの理由で高次脳機能障害となった人たちがピアサポートグループを立ち上げるお手伝いをしています。昨年からカナダを3回訪れて，そこで見たものは当事者に当事者自身が関わるということの力の大きさでした。そして，今年夏から高次脳機能障害当事者グループが月に1回花園大学に集まって語り合っています。さらに最近になって，6人の20代，30代の若者たちがピアサポーターとして活動できるようにトレーニングプログラムを始めました。
このプログラムは週に1回2時間ずつ，計14回の予定で3月まで続ける予定で，現在12月17日，26日と2回終えたところです。

一昨日の第2回には「障害を受け入れること」について当事者間で話し合われました。受障後10年以上を経た方が，「それまで努力で解決しようとして限界に突き当たってきた。障害認定を受けて障害者として生きることを決めてから，どんなに楽になったか」と話されました。そこにリハビリを終えて復職1週間の方が来ました。

「受容すれば楽になれると言うのは，理屈としてよく分かる。自分は復職初日に，以前のようにやれないことを具体的に突きつけられた。とても辛い。3日目にして死にたくなった。

ここで仕事を投げ出したらもっと死にたくなるから何とか通っている。
でも３ヶ月の試用期間の結果，自分は正規には再雇用されないだろう。
家族（妻と２人の子ども）にもこれはまだ伝えていない。だけど
自分は限界ぎりぎりまで健常者としてやれるかどうか試したい。」
とのことでした。

お二人の意見を前に，非・当事者の私は何も言えませんでした。
ただ復職直後の彼をどうやったら支えられるかと思った時に，10年以上
前に受障して何度も仕事を辞めて現在は障害者枠で働いている当事者の
方の意見が，貴重でした。なぜなら彼は当事者だからです。
私が理屈を言っても何の力にはなれないでしょうが，当事者がものを
言えば反発は感じないでしょうし，耳を傾けてくれる仲間の存在が
力になっているように思いました。

今はこうした当事者であるという一点がもつ力は何か，その内実を
考えているところなので，当事者を限定した意味で使いたいと
思っています。

(9) --- ✉
差出人：前平　泰志
送信日時：2007年1月4日
件名：「当事者」とは誰なのか（前平）

脇中先生とのこのような往復を通して段々分かってきたことが
たくさんあります。私と脇中先生とはおそらく最終的なところでは
違わないのでしょうが，使用する概念の定義が異なるために
問題の切り取り方も異なって，論議を呼び込んでしまうようです。

たとえば，「自分のこととして捉えること」とはどんなことか
という理解が異なると，そこで何を伝えなければいけないか，何を
伝えてはいけないかが，異なってきます。

また，そこから，当事者とは誰なのかということをめぐって，私と脇中先生の定義の違いは，それぞれ長所と短所をあぶり出してくれます。例えば，脇中先生の先のメール(6)にはこのように書かれています。

>もう一点，当事者ということばについて，前平先生は，
>「当事者とは，私であり，あなたであり，すべての人だ」と
>定義されています。この定義は，「障害を自我関与的に捉えよう」
>というメッセージとも整合するものだと思います。

私もそう思います。

>けれども，現時点で私は当事者と非・当事者を分けて考えたいと
>思っています。その理由は，これまで非・当事者であるにも
>かかわらず，医師や専門家が権力を持って「障害は受容すべきである」
>（そんなことはできない）などと当事者の生き方を支配してきた
>ように思うからです。

この点，私の理解は若干異なります。
専門家が行使する権力については，当事者―非当事者とは別のカテゴリーで論じることができるのではないでしょうか。あるいは，ここから派生して議論を提起するならば，大学が蓄積してきた〈知〉がどうしてこれまで人権問題には無力であったのか，あるいはそれどころか，どうして大学が差別を再生産することに寄与してきたのかは，部落問題のなかでも一度検証されるべき問題と思います。

それぞれ語る領域が，依って立つ具体的文脈が，異なるのだから，切り取り方が異なるのは当たり前だというのはその通りなのですが，しかしオーバーラップする圏域は確かにあるはずでしょうから，このメールのやり取りを通じて少しでも理解が深まり，相互の差異と同一性が明らかになれば，他の執筆者の先生にとっても，読んでいただく意味はあるかもしれません。

⑽ --- ✉

差出人：脇中　洋
送信日時：2007 年 1 月 5 日
件名：Re：「当事者」とは誰なのか（脇中）

前平先生，
脇中です。先生が，障害者問題の専門家ではないにもかかわらず，
部落問題の見地から共通する圏域を浮き彫りにしようとする姿勢には，
たいへん説得力をおぼえました。とはいえ，先生がメール⑶で
お書きになったように，人権問題の様々な事例にみる共通点を，
一般化し，抽象化するばかりでは，問題の本質に迫ることは難しいと
思います。

ここでは，私の用いる「当事者」を，障害者問題の見地から改めて
捉え直したうえで，部落問題との相違を明らかにしておきたいと
考えます。

私は障害者の方と日々向き合う中で，問題を字義通り自らの感覚として
よく知っている主体のみを当事者として区別しておくこともまた
大事だと思うようになっています。

かつてはもっと両者の連続性や可逆性を意識したほうがいい
のではないかと思っていたことがあります。今でもそうありたいと
思っている面があります。障害者と健常者という一線を引いて障害者を
特別な存在とする事は，健常者が障害者問題を他人事としてしか
感じないようになる，という立場はよく理解できます。
しかし，当事者にしか分からない事がたくさんあるということを
認識する上で，両者に一線を引くことも，価値観の押し付けや摩擦を
減らすという意味では，必要なことだと思っています。

前平先生のおっしゃる「すべての人が当事者である」という定義は，

「全ての人が（忌避する方向でなく）自我関与的に問題を捉えよう」
という方向に導くものとして間違ったものではないと思います。
ただし現時点では，問題を字義通り自らの感覚としてよく知っている
主体のみを当事者として区別しておくこともまた大事だと思うのです。

当事者ということばに関して，前平先生は「問題に取り組む主体」
という意味で用いられているように感じますが，私は「生物としての
感覚主体」として使っていることになるのでしょうか。
また，専門家の行使する権力という論点もたいへん重要ですので，
補足したいと思います。

以前「障害認定を受けて安堵した」という人に，「どうして障害者の
範疇に入って安堵したの？　変な健常者と混在して境界をあいまいに
したほうがよくないか。「変な健常者」を置き去りにしただけでは
ないのか」と問うたことがあります。しかし返ってきた答えは
「障害者の特別さが分かっていない。「変な健常者」程度とは質的に
明らかに違う」ということでした。障害者の特別さ・大変さを私は
わかっていないのだなと思い知らされました。

ここで，障害認定を行なうのがいわゆる専門家だというところが問題を
やっかいにしていると思います。私たちの原稿の範疇を超えますが，
友澤さんの草稿で触れられていた，公害認定はその顕著な例だと
思います。「中軽度の公害」と認定された人々の多くは，こうした
質的な違いを認識されず，差別構造のなかに組み込まれています。

「科学的な」客観的指標からこぼれ落ちる人々の声にこそ，
向き合うことが不可欠でしょう。それには「当事者—非当事者」
といったカテゴリーを突き崩すことさえ必要なのかも知れません。

⑾

差出人：前平　泰志
送信日時：2007年1月8日
件名：「障害の排除」と「障害者の排除」

脇中先生，
ご返信ありがとうございました。
お互いのやり取りの意味を再確認したところで，論点がすこし別の
ところに移ってしまったようです。メール⑹での脇中先生のご指摘に
沿って，討論を再開したいと思います。

メール⑹で脇中先生は，次のように書かれています。

>その理由として，交通事故や加齢は本人の意志ではどうにも
>できないことであり，できれば避けたいと思うネガティブな出来事
>である。そうであるのならば障害を回避する手段を考えようとする
>人が出てくるだろう。
>その結果，「障害をなくすこと」「障害の排除」が，(いつの間にか)
>「障害者の排除」につながってしまうのではないか，というご指摘と
>理解してよろしいでしょうか。

この点はどうも微妙に違うようです。
確かに私は「自分の意志ではどうしようもできない」と書きましたが，
それは交通事故や加齢が事実としてそうだと言うのではなく，実際，
交通事故や加齢を自我関与的に捉える例として提起することで
不可避的に背負い込んでしまう問題に焦点を当てたかったのです。

交通事故や加齢は本人の意志ではどうにもできないことかどうかは
わかりません。交通事故は注意することで100パーセントとはいえなく
とも，避けられる可能性は高くなるでしょう。
加齢のほうも，アンチエイジングなる言葉が流行するほど，現代人は

〈老い〉を少しでも遅らせることに敏感です。そのことの是非は
ともかく，加齢に伴う老化現象が回避不可能でネガティブなことと
断定できる根拠はありません。
また，加齢をストレートに障害と結びつけてよいかどうか，
私はこの判断に留保をつけたいところです。私としては，むしろ，
次のように理解して欲しいのです。

リスクとして回避しうる交通事故や加齢に伴う発症を障害の例として
提示することによって，「健常者だっていつ障害者になるかわからない」
というメッセージを伝達することは，伝達者の意志と異なって，
意図せざるメッセージを送り届けることになる。なぜなら，その
メッセージには，「〈障害者〉問題への自我関与的な把握」と
「〈障害〉を忌避すること」とのふたつの，一見似通っているが
あい異なる契機のメッセージが混在しているからである。

その結果，「〈障害者〉にならないこと」の方にまで関心が
向けられてしまい，『障害者排除』＝優生思想や出生前診断といった
思想や行為にまで道を開いてしまう恐れがないわけではない，と。

誤解なきよう付け加えますと，障害を持つ例が，ネガティブに
描かれているからいけない，ポジティブな例に変えよと言っている
わけではないのです。あえて言えば，このように恐怖心をあおる
発話そのものが，差別を引き起こすと考えています。

>私は，前平先生の〈障害者〉と〈障害〉を持った人とは区別したほう
>が良い，〈障害〉をなくすということと〈障害者〉をなくすという
>ことは，一見似ていて非なるものという考え方を支持します。
>ただよく分からないのは，「障害の排除」を願う気持ちが「障害者の
>排除」につながるのはなぜかという点です。

ここのところも私には分かりません。もうすこし丁寧にご
説明いただけませんか。脇中先生は，私の主張を「障害者の排除」に

つながると解釈なさっているようですが，どうもそのように理解して
いいのかどうか，自信がありません。また，もしそのように理解される
とすれば心外です。

ここから先に進むには，脇中先生のイメージする当事者像について
私が抱く，別の側面からの異和感を解消する必要があるようです。
これについては次回に回させていただきます。

(12) --
差出人：脇中　洋
送信日時：2007年1月10日
件名：Re:「障害の排除」と「障害者の排除」

前平先生，
討論を整理していただき，ありがとうございました。

意図を明示しないまま，失礼な問いかけを投げかけてしまい，
申し訳ございません。質問の意図としては，前平先生のご指摘が障害者
の排除につながると言っているのではありません。

一般に障害の回避がなぜ障害者の回避につながっていくのか，当たり前
すぎるのかもしれませんが，あえてそこのところを尋ねてみたわけです。
自分なりに少し考えると，人が自分の事として障害を回避するという
「発症までの過程」と，障害を発症してしまってからそれを「受容する
過程」がどう連動しているのか否か，という問題なのかと思いました。

障害を回避するという発症までの過程における対応には問題がない，
しかし発症してしまった他者を前にしても，それを忌避して排除する，
という風に直結するのはなぜなのでしょうか。
「障害を負うまい」と思い続けて注意していて，にもかかわらず
障害を負ってしまったら，そこに敗北感や否定的感覚が生じるのは

おそらく自然なことですし，障害者を見たら「お気の毒に」と思うものなのでしょう。しかしそこに排除しようという契機のみがはたらくとは限らないような気もします。

あるいは，受容をもっと細かく，「自己受容」と「他者による受容」とに分けてみる必要があるでしょうか。障害者自身が，障害を自分のこととして受け止めることについてさえ，なかなか容易ではないという現実がありますので，そこから考えたらいいのでしょうか。

ここから先は，先生もご指摘のように，「差別を自分のこととして考える」や「自我関与」というものをどのように考えているのか，それに伴って，「当事者」についてどう捉えているのかをお伝えしあう必要があると思っています。

⑬ --

差出人：前平　泰志
送信日時：2007年1月12日
件名：「当事者」とは誰なのか（脇中）への異和感

脇中先生,
ご返信ありがとうございました。

前のメール⑪で触れた，脇中先生のイメージする当事者像について別の側面からの異和感について先に述べさせていただきます。

当事者とは誰かということについて，脇中先生は

>加齢に伴う衰えも含めると，不可避の問題である。
>それに対して女性問題，民族問題，同和問題は，
>当事者ではない人が，当事者になることは基本的にない

とおっしゃっています。つまり，障害者問題においてだけが，脇中先生の言うところの，誰もが当事者になりうる問題だということをおっしゃっています。しかし本当にそうなのでしょうか。私はこの箇所について異和を感じました。

当事者を脇中先生のおっしゃるように，被差別当事者と限定したとしても，この言い方は，間違っている，あるいは最大限譲歩しても正確ではない，と言わざるを得ません。
話をわかりやすくするために部落問題だけに限定しますが，部落問題においても，(脇中先生の定義する)「当事者ではない人が，当事者になることは基本的に」ありえます。被差別部落民は全国300万人といわれていますが，正確な数字はともかく，この人たちは被差別部落民同士だけで結婚するのでは当然なく，近年は「通婚」も進んでいます。

ところが不思議なことですが，被差別部落民と一般の人が結婚した場合，その一般人は被差別部落民とみなされることが多々あります。
だからこそ，部落民との結婚を忌避，排除した事件があとを絶たないのです。そんな不合理な，などといっても無意味です。部落問題において，合理的な差別など存在しません。

このような差別の亡霊を引きだしている張本人は，(脇中先生のおっしゃる)当事者(＝被差別当事者)ではなく，(私の言う)もう一方の極の当事者たる一般人その人たちなのです。
それはともかく，一般の人が気づいたら差別されていた，というのは部落問題で珍しくありません。しかし問題はこの先です。
このような非差別部落民(つまり一般の人)が被差別部落民になりうるというのが差別の現実だとしても，その現実でもって，自分の問題として捉えてもらいたいために，交通事故や加齢のときと同じメール(1)のようなメッセージを送ったとしたらどうでしょう。

>少し想像してみればわかることだが，実際にあなたも私も
>被差別部落民と結婚して被差別部落民になるかもしれない。

>もし運よく結婚しない場合でも親戚やあなたの子どもが被差別部落民
>になるかもしれない。同和問題はいつでも自分や身近な人物がそうな
>るかもしれない問題なのである。

私は前のメール(11)で

>「健常者だっていつ障害者になるかわからない」というメッセージ
>には、「〈障害者〉問題への自我関与的な把握」と「〈障害〉を忌避
>すること」とのあい異なるふたつの契機のメッセージが混在している

と書きましたが、上記の「非部落民だっていつ部落民になるか
わからない」というメッセージは、よりわかりやすく自我関与的に
「部落を忌避すること」だけが前面に押し出される恐れのある差別的
メッセージであることは疑いないでしょう。

私は、差別や人権の問題を自分のこととして捉えるアプローチを
支持することには、今なお変わることはありませんが、どのように
問題設定を行うかは、相当工夫が必要だと考えています。

---

(14) ----

差出人：脇中　洋
送信日時：2007年1月13日
件名：Re：「当事者」とは誰なのか（脇中）への違和感

脇中です。
障害者問題のみが当事者になりうるということが、間違いである事は
わかりました。民族問題や同和問題においては、婚姻によって
当事者になるという問題があるのですね。

そして「婚姻によって部落民になりうる」「朝鮮人になりうる」
というメッセージは、それを忌避する事につながる。

当事者になりうることを指摘することによって自我関与的に
考えてもらおうとすることは，その意図に反して「差別を他人事の
ままにやり過ごそう」という方向において「自我関与的（この場合は，
関与しないという関与）」に考えることにつながってしまうということ
なのですね。

ここに至って前平先生の最初のメール(1)にあったご指摘の意味が
私にもようやくわかったような気がします。私は障害者の問題に比べて
他の人権問題に触れる機会が乏しいせいか，共通点や違いがうまく
整理できていないようです。たとえば健常者が障害者と婚姻する事で
介護者にはなっても生物として当事者にはなりませんし，
障害児を産んで大変さは抱えても当事者とは言えません。
そして障害者と身近な立場にいる者が常に突きつけられるのは，
「おまえは当事者の感覚をきちんと受け止めているのか」と
いうことです。

いくら誠実に振舞っているつもりでも理解しきれない事は
多々ありますし，少し気を抜くと理不尽な事をいくらでもして
しまいます。その意味で意図に反して障害者差別の最前線に立って
しまいます。そうした経験から思うことは，間違っても自分は
当事者のことをわかったつもりになってはいけない，
自分は当事者ではないということでした。

(15) --
差出人：友澤　悠季
送信日時：2007年1月14日
件名：「当事者」の議論に関しまして

前平先生，脇中先生，
「環境問題と人権」執筆分担者の友澤悠季です。
今回(14)の脇中先生のメールを拝読し，ご検討をお願いしたいことが

出てきましたので，僭越ながら，ここにそれを述べさせて頂く次第です。
まず脇中先生のお考えについて，率直に申し上げてショックだったのは，

>健常者が障害者と婚姻する事で介護者にはなっても生物として
>当事者にはなりませんし，障害児を産んで大変さは抱えても当事者
>とは言えません。

この文章でした。疑問といいますか，何かしらひっかかっている
感じが致しますのは，例えば，障害児を産んだ・産んで「しまった」
女性という存在について考えるときです。

勝手な邪推にはなるのですが，おそらくこの女性のもっとも深い
ところで襲う悩みは，〈可愛いはずの子を，肯定的に受け入れられない
自分〉に対する悩みではないでしょうか。自分の子の状態をまず
受け止められないことは，ただそれだけで苦悩ですし，さらにそこから
「なんでこんなことになったんだろう」と思うでしょうし，食べ物や
生活習慣，飲んだことのある薬や既往歴（あのときあれを食べたから
だめだったのか，これを飲んだことがいけなかったとか），さらに，
こうしたすべてについて，自分だけでなく親や夫や親戚から心ない詮索
をされたり，そうした様々な視線にさらされることにもなるでしょう。
そういうものがごちゃまぜになって，とにかく毎日悩みとともに
生活を送っていかざるをえないような，そういう悩みを負うことを，
当事者ではない，と言い切れるのでしょうか。

私が今念頭においているのは，熊本水俣病で胎児性患者の子を産んだ
女性の悩みや，新潟水俣病事件で妊娠規制・中絶奨励に直面した女性，
睡眠薬のつもりで飲んだ薬が子供に障害を生じさせた
サリドマイド事件などです。
ダウン症ということでは，既にご存知とは思いますが，佐藤秀峰
『ブラックジャックによろしく』という漫画に，長い不妊治療のすえに
ようやく生まれた子がダウン症だったことから，父母がそれを
受け入れられなくなるというストーリーが出てきます。

脇中先生ご自身も，この「当事者」という使い方に問題があるのかも，という点は触れておられて，

>当事者ということばに関して前平先生は「問題に取り組む主体」と
>いう意味で用いられているように感じますが，私は「生物としての
>感覚主体」として使っていることになるのでしょうか。

とお書きになっています。
しかし，この二つは別に対立するものではないですし，この分け方で何か新しい視点が開けるようにはあまり思えません。
ここで気になっておりますのは，議論の焦点を〈当事者の範疇を狭くするか広くするか〉に絞ってしまうことだけは避けなければならない，という点です。

からんでしまった結び目をほどくための第一歩は，「当事者の意味を生物的な意味に限る」こと（脇中先生），および「誰でも当事者になりうることを示唆する」こと（前平先生）そのどちらでもない気がしてなりません。では何をつかんでたぐりよせればよいのか，代替案は私にもよくわからないのですが，もしかしたらひとつのヒントは，政治をめぐる問題，ではないでしょうか。

といいますのも，初期の頃に話題になっていた「障害児」を産んだお母さんに「おめでとう」と仰って怒られたエピソードと，さらに今回お書きになっている，「どうして障害者の範疇に入って安堵したの？」と問うて「障害者の特別さが分かっていない」というエピソードの解釈になりますが，私は，その怒りを，〈脇中先生が特別さ・大変さをわかっていないことへの糾弾〉として受け止めるのは妙だと思っています。

そうではなくて，怒った方の憤りは，〈勝手な政治の押し付けに対する拒否〉として受け止めるべきではないかと思うのです。

私は二つのエピソードを読んで，どちらの場合も，それは怒られてもしょうがないのでは，と思いました。なぜなら，脇中先生の発話は，困っておられる相手に対して，相手が想定もしていないような政治を勝手に押し付けたかたちになってしまっているように見受けられるからです。

　脇中先生のお考えになる政治，つまり，「変な健常者と混在して境界をあいまいにしたほうがよくないか」という政治は，それはそれで意味のあることかも知れませんが，その政治を選択するかどうかを決める権利こそ，「当事者」が持つべきものではないか，と思います。ここで申し上げたいことは，「当事者」があらゆる権利をもつべきである，ということではありません。政治の採否を決める必要性の判断や，その内容に関する判断こそ，基本的には「当事者」（と脇中先生が思っておられる相手）の意向を抜きにしては成立しえないのではないか，ということです。

　むろん「当事者」だけがあらゆる権利をもつ，あるいは「当事者」だけが政治実践の主体となれる，と特権化を意図しているわけではありません。相手は確かに，「おまえは特別さ・大変さがわかっていない」ということばでもって怒りを表現されたかも知れません。ですが，憤りをただちに的確なことばに変換して表現できる人はそうそういないのではないでしょうか。私は，相手がどのようなことばを言ったか，にはあまりこだわっておりません。少なくともこの二つのエピソードにおける，脇中先生の発話だけを読んでそう考えました。勝手な推測を重ねる乱暴をお許し下さい。

　〈私は当事者ではない〉という位置を大事にされる脇中先生のお考えは理解できます。しかし，私が同時に大事にしたいと思うのは，当事者ではないと知った自分は，その後渦中の苦悩にどれだけ想像力をめぐらせられるのか，というようなことです（想像力，という使い古しのことばしかでてこない自分がもどかしいのですが）。想像力を働かせることによってやらねばならないのは，必要な政治的

回答を相手につきつけることではなく，たとえば共に困惑しことばに
詰まってしまうようなありかたを含めて，共感の所在を探ること
なのではないか，と考えます。そして，一連の事件での脇中先生の
応答には，そうした，共感の所在を探ることへの配慮が，欠けて聞こえ
てしまったという事態があったのではないか，と，誠に勝手ながら，
そのように想像いたしました。

拙稿では，当事者の概念を脇中先生よりは広く捉えていますし，また，
捉えるべきではないか，という主張も持っています。
それは，一面では，前平先生がご主張なさっておられた，「誰もが
当事者だし，当事者になりうる」という可能性の主張を含みますが，
それと同時に，あるいはそれよりも，「当事者だということを誰が
決めるのか」という問いについて，常に書き手側の想像力が
問われている，との主張に比重をおきたいと考えていましたし，今も
そうです。

「人権」という概念についてはほとんど素人の私ではありますが，
前平先生がお書きになっている「どのように問題設定を行なうか」に
関わる重要な論点のひとつとして，この，政治性をどう扱うかという
問題，さらにそこにどれだけの想像力をもって当たれるか，という
問題が，問われてくるのではないかと考えました。

浅学ゆえの非礼が多々あるかと存じます。
ご気分を害された点がございましたら誠に申し訳ありません。
何卒，御寛恕の程よろしくお願い申し上げます。

⑯ --
差出人：前平　泰志
送信日時：2007年1月15日
件名：Re：「当事者」の議論に関しまして

脇中先生,
cc：友澤さん

友澤さんが〈政治〉と〈想像力〉という魅力的なタームを引っさげて私たちの議論に加わってきてくれたのは嬉しい限りです。
ここに至って私の最初のメール(1)にあった指摘の意味がわかったと言ってくださったので，くどいようですが，調子に乗ってその続きをあえて再開してみたいと思います。

部落問題においては，婚姻だけが被差別当事者になる場合，というわけではありません。たとえば，そこを「同和地区」と知らないで居住して部落民とみなされたり，職業で憶測されて，本人が知らない間にいつの間にか部落民に組み込まれたりする場合があります。数年前に教育学部で起こった「○○は被差別部落出身」の差別ビラの当事者は，被差別部落と何の関係もない部落外の学生でした。「同和問題」を担当している私なども，部落出身者と思われているかもしれません。

差別というのは差別する側と差別される側の関係性の問題ですから，客観的，合理的な根拠を探し求めても無意味です。だからと言って，前にも言いましたように，「いつ被差別部落民になるかわからないから部落問題に関心を持とう」というメッセージは，差別そのものです。なぜなら，克服すべき問題を問い返すことなく，徒 (いたずら) に恐怖心をあおっているからです。そのあおった恐怖心をばねにして諸々の差別問題に無理やりかかわらせるやり方は，ミイラ取りがミイラになってしまっていると私には見えます。

この際，言い切ってしまいますが，別に部落民になったっていいのです。どうして「朝鮮人になりうる」ことがいけないことなのでしょう。部落民になっても，朝鮮人になっても，何の差別も受けない社会をつくることこそ，私たちが目指すべきところであるはずです。交通事故の例をあげて「いつ障害者になるかわからないから障害者

問題に関心を」というメッセージは,「障害者になったっていい」と言い切れないところに,問題を隠してしまうところがあります。
しかし,私はあえて言いますが,論理的には同じ延長線上にあるのではないでしょうか。

私がこのように危惧するのは,この上記のようなメッセージは,(反差別・人権・偏見の是正という) 立論の根拠の一角を自ら論理上崩している,と考えるからです。
どうやら,脇中先生が投げかけてくださるボールをきちんと打ち返すというところの手前で止まってしまったようですが,私が言いたかったことは上記の一点に集中していますので,どうしてもこだわってしまうのです。

どうかご理解ください。

(17) --

差出人：脇中　洋
送信日時：2007年1月15日
件名：Re：「当事者」の議論に関しまして

友澤さん,
cc：前平先生

脇中です。メールでのやりとりに関心を持っていただきありがとうございます。障害児の母に対して私が「当事者ではない」としたことに関して,抵抗を覚えていらっしゃるようなので,説明させていただきます。

結論から言うと,障害児の母は「障害当事者ではない」という点において変わりはなく,ただ「障害児の母という当事者である」ということです。障害児を産んだ母が我が子を肯定的に捉えられない

苦悩や，実際に抱えるさまざまな苦労について，私は否定するつもりはありませんし，間違いなく自我関与的に問題を抱えていると認識しています。
しかし自我関与的に問題を抱えているということと，障害者本人の抱える問題がつねに合致するとは言えないことは，十分認識しておく必要があると思います。

たとえば最重度障害児の養育に当たっていた親が，将来を悲観して悩んだ挙句に「この子を残して先に死ねない」と殺してしまった事案に関する刑事裁判で，情状酌量が認められることがあります。私たち健常者は，こうした苦労を背負った挙句に追い詰められた親の気持ちに対して同情を感じがちですが，だからといって「障害者なら殺されても仕方がないというのか」という障害当事者たちの怒りを抑えつけることもできないと思います。

あるいは1970年代に脳性まひ者たちが施設を出て地域でアパートを借り，ボランティアによる24時間介護を受けながら「自立生活」を始めようとしたときに，しばしば立ちはだかったのは，「世間で可愛がられる障害者になるように」仕向けた親だったと聞きます。ただし障害児の親に対して私が辛らつになりやすいことは，自分でも認識しています。自立を阻害する親への反発を若い頃は特に持ちやすかったこと，学生時代に脳性まひ者の介護活動に携わって当事者から障害受容を強く迫られたこと，さらに聴覚障害者と生活を共にするようになった経験が大きいでしょう。

自分で選択した経験ですが，そこにかなりの我慢を強いられてきたのは確かです。子どもが泣いたり，話し始めたりした時に，いち早く反応できるのは母ではなく私だと思ったので，20代は主夫で行こうと決めたものの，今から振り返ると満足に彼女の力になることもできず，また自分自身，辛い経験も多かったと思います。

私のように自ら選択して障害のある人と暮らし始めた人間に比べると，

我が子の障害に直面した親が思いがけない経験に動揺しやすいのは
当然だと思います。しかし自分の中に我慢があると，我慢しきれない
人に辛らつになりやすいのでしょう。その後非常勤で障害児療育施設に
働き始めたときに，わが子の障害を受け入れきれない親たちに厳しく
なりそうな自分に気付き，親担当ははずしてもらって子ども担当に
徹してきました。
今は子どもも大きくなって孫もいるようになって，障害児の親に対する
不寛容さもだいぶ薄らいできたと思います。ですから私が「共感性に
乏しいね」と言われたら，そうだろうねと言うしかありません。

ただ当事者の意味を限定して使うことの目的は，医療や福祉サービスを
考える時に，当事者のニードは他の誰でもない本人に聞くことが，最も
効率的で無駄が少ないと思われますし，当事者を力づけることにもなる
のではないかと思うからです。

この点で家族や専門家がいくら自我関与的に問題を抱えていても，
当事者のニードを肩代わりすることは戒めるべきだと思っています。
もう一点，障害者の側に入って安堵された方に，「どうして境界を
あいまいにしなかったのか」と問うた件ですが，これは友澤さんの
おっしゃる通り政治の問題，あるいは方略として尋ねています。
相手の方も，特に怒ったり糾弾してきたりされたわけではなく，
「かつては私もそう思っていた時期が長かった。それを「啓蒙」と
思っていたのだから，若かったとはいえ傲慢だったと恥ずかしくなる」
とのことでした。ちなみにこの方は「自閉連邦在地球領事館」という
HPを持っておられます。

もちろん，

>「『変な健常者』と混在して境界をあいまいにしたほうがよくない
>か」という政治を選択するかどうかを決める権利こそ，「当事者」が
>持つべきものではないか

という友澤さんのご意見に同意いたします。
また，当事者ではない自分が渦中の苦悩にどれだけ想像力を
めぐらせられるのか，共感の所在を探ることなのではないか，という
ご意見も間違っているとは思いません。
ただし私が障害者と向き合ってきた経験を踏まえますと，そうした
模索は，あくまで想像力の限界を認識しながら，ということになる
かと思います。

⑱ -- ✉

差出人：脇中　洋
送信日時：2007年6月18日
件名：メール討論を振り返って

みなさま，脇中です。
編集会議以降，自分の原稿に追われてしまって議論が中断したままに
なっていましたが，先日の編集会議を経て，当時のメール討論を
現在の目で振り返ってみたいと考えたので，コメントを書いてみる
ことにします。

すでに半年前となったメール討論のやりとりを見ると，
メールの自分の文章がまるで他人のもののように感じられます。
人から問われた内容を私は正面から受けずに，そこから連想された
問題を説明不十分なまま次から次へと述べ立てています。
これでは議論はなかなかかみ合わず，いつも誰かを苛立たせていた
のではないかと反省しています。

メールのやりとりの中で，「障害者の側に入って安堵された方」に
ついては，主に当事者ゆえの苦痛の大きさを私が認識して
いなかったのだという捉え方をしてきていましたが，その後改めて
当時のメールを読み返しますと，

「私も以前は〈変わり者〉が生きやすい世界ということを考えて
暮らしていた時期が長かった。それを〈啓蒙〉と思っていたのだから，
若かったとはいえ，傲慢だったと恥ずかしくなる。」とのことでした。
そして，
「その後自分の生存優先で行こうと思うようになった。」
「その意味では変な健常者たちを見殺しにして自分だけ逃げた。」
「それは一面から見たら裏切り，堕落だが，別の一面からは成長にも
思える。」
とのことで，こうした転機を迎えた出来事について記してありました。

これを読み返してみて，「こうあるべきだ」という理念を他者に
振りかざすのではなく，「自分が楽に生きること」を肯定的に捉えて
そこに身を委ねようとしているのだなと感じました。しかしメールの
やりとりをしていた当時，私にはそれがよく見えなかったようです。

私にとってメール討論でのやりとりにおける一番の収穫は，当事者性に
ついてさらに考える必要があると認識したことです。「障害」の問題は
医療や福祉の専門家，それに家族が当事者の声を代弁してしまいがちで，
非障害者が心がけなくてはいけないのは徹底して当事者自身の声を聞く
ことであると認識してきました。

そこに前平先生から異論をさしはさまれることによって，当事者性の
強調は，無関心とある種の排他性を助長してしまう危険性があると
思い至ることができました。その一方で前平先生による「当事者とは
すべての人である」という主張が完全に腑に落ちたわけでもありません。
限定された当事者に対する安易な共感は，暴力的な決めつけにつながり
かねませんし，今でも当事者の声を虚心に聞こうと努めることが何より
大切だと思っています。

これは個別テーマや局面の違いがもたらした認識の違いなのかも
しれませんし，何よりも，一つの持論が簡単に普遍性を持つものではな
い，簡単に一般化せずにその都度理解に努めなくてはならないことを

痛感させられました。

さらに友澤さんが「想像力─共に困惑しことばに詰まってしまう
ようなありかたを含めて，共感の所在を探ること」を提案されました。

「想像力の限界」ということを常に認識して「探り続けることを
放棄しない」という限りにおいて，それは正しいと思います。
想像力が有効であると言えるのは，私たちが今生きている世界に対する
感覚が基本的に共通であると思うからなのでしょう。
けれども世の中には障害の有無にかかわらずさまざまな感覚，感性の
人間がいるのではないかという思いが最近ますます強くなってきました。
（ここには，もしかしたら自分も相当に他者とは隔たった感覚・知覚の
持ち主ではないかという意味も含まれます。）自他共にこうした違いを
知り，認め合うためにまずすべきことは，影響力のある誰かが想像力を
はたらかせて代弁するのではなく，立場が異なっていても互いに主張
できる関係，好悪を問わずに意見を出せる場が必要なのだと思います。

この点において，前平先生の主張される「障害を持つ人と持たない人
の関係性の問題」とつながってくるのでしょう。しかしながら，
「意見を出すことが困難な人」「当事者として自己主張することが
不十分な人」の声をどのようにして拾うことができるのかという問題も
同時に浮上してきます。専門家によるパターナリスティックな関与が
問題だからと言って当事者による自己決定を持ち出しても，自己決定
能力が問題になるケースがあるからです。

その点においても「共感の所在を探り続ける」という持続的意志
こそが必要なのかもしれません。これは障害という個別テーマなら
ではの問題でもありますが，差別や人権の問題全般に通底する問題の
枠組みでもあるという思いがあります。

周囲からの一方的な関わりで不利益を受ける人がいる一方で，
そのことに対する無関心，無関与に苦しむ人もいます。

その上に直接の当事者ではない人が問題を扱うことで，さらに苦しむ人がいる。これらは前平先生のおっしゃるとおり，人と人の関わりの持ちようの問題そのものです。

メールの中で私は「当事者を限定された意味で使うべきだ」と主張しながら，本文の中では障害を「他人事ではなく自分の足元に関わる問題として自我関与的に考えるべきだ」と述べていますから，一見するとその主張が一貫しないように思われるかもしれません。たしかに本文の原稿を書き始めた2年近く前，今ほど当事者性のことを意識しないまま，問題を自我関与的にとらえるべきだと思っていました。ところがその後これまでの自らの関与ぶりを振り返った時に，我慢を重ねてその場を離れない事にどんな意味があったんだろうと思ったわけです。

「こうするべきだ」と自分を押さえつけ，しかめっ面をして問題を抱え込んでいるうちに他者への寛容さが失われ，結局自分も周りも見えなくなっていったように思われました。ここで当事者性を徹底するということは，見えなくなった相手や自分をもう一度よく見るために必要だと強く感じたのです。それぞれの立場にある当事者が，それぞれの当事者同士で自分をよく知ることは「自分はこれでいいんだ」と安心して自己を肯定することにつながります。
それとともに，別の当事者のことはその当事者からその声を聞く。同じ立場の人からは安定が得られますし，違う立場の人からは発見が得られます。このことが無理をせず互いに尊重する事につながるのではないかと思いますし，よくわからない他人の痛みを知るためにも必要で有効な手立てなのではないでしょうか。

そうして自分自身をよく知り，肯定的な自己感覚を持ったもの同士が，他者に対して敬意を持って主張し合うことの大切さを改めて感じています。今から振り返ると，本文はそうした気持ちの変容過程そのままに記していったために，わかりにくいものになったと認めざるを得ません。しかし今はこう思うのです。

当事者とは，「ある問題に関して」ではなく，「それぞれの問題において」すべての人である。書き手のみなさんとのやりとりの中からようやく生み出されるこの本は，その体裁上差別・人権の問題を個別領域ごとに挙げています。ですが，実際の生活の中の問題というのは，往々にして複合して発現しますよね。

「社会で差別を受け続ける立場にある同じ人間が，家庭内で一方的な差別に加担している」という例はしばしば聞くところです。こうした現実に起こる差別問題の複合や輻輳の問題を考える上でも，「互いに尊重し，違いを認め合える関係を基盤に据える」，そのためには「当事者としての声を出して聴き合う」，私はこれを現時点のささやかな出発点にします。
そのことが，編集会議や往復メールでの邂逅に，これからも応えることになると思うからです。

(19) --

差出人：前平　泰志
送信日時：2007年6月27日
件名：Re：メール討論を振り返って

脇中先生と私とのこのようなやり取りが始まったきっかけは，私が先生にひょんなことから素朴な疑問を発したくなったことからです。こんなに続くなど思ってもみないことでした。
そのためにずい分乱暴な議論になってしまったところもあるかもしれません。しかし，私は，自分の「正義」を認めてもらいたかったわけでは決してなく，素朴であれ，何であれ，問いかけそのものが契機になって，障害者問題やその他の人権の問題をオープンに脇中先生とともに議論する土俵を作りたかったのだと，今となっては思います。

いま一度，二人のやり取りを読み返してみても，脇中先生が私に向けて発せられた質問には私自身ほとんど何も答えていないことに気が

つきます。しかし，それは私が故意に無視したというより，私自身どのように答えてよいのか戸惑ってしまったから，というのが正直な気持ちです。

たとえば，脇中先生は，「障害の問題を自我関与的に捉えてほしい」ということと，「障害の問題だって他人事なのだと言うべき」だという二つの相反する感情と主張の間で揺れ動いておられます。
私は，この先生の真摯なお言葉を，共感をもって受けとめました。
なかなか「講義」のなかでその意味を理解してもらうことは難しいですが，とても大切な視点であると私は考えます。
しかし，これについてもそのとき私は直接返すべき有効な言葉を見つけられませんでした。
もちろん，今なお有効な答えなど持ち合わせていないのですが，もし，何か今の時点で返すとしたら，「〈障害者〉と，〈障害〉を持った人とは区別したほうがいい」という私の従来の主張を繰り返すより他ないと思います。

脇中先生はこの主張を支持してくれているのですが，残念ながら充分わかってくれていないのではと思うところがあります。先の文章でもそうですが，他の箇所でも，文中のところどころで「障害の問題」という表現をされています。
この表現は幾分誤解を招く恐れがあるのではないでしょうか。
私にはこれはまさに「人」の問題であって，あれやこれやの「障害」の問題に還元される問題ではないのではと思います。「障害」そのものの問題ではなく，「障害」を持つ人の問題，もう少し正確に言えば，障害を持つ人と持たない人の関係性の問題だと思うのです。

とはいえ，これ以上話すとまた議論が続きそうなので，ここからは私たちの課題ということにしたいと思います。もうひとつ，脇中先生の問いかけに充分に答えられなかった問題があります。それは，医者や教師やその他の専門家と称する人たちが，人権問題や差別問題で果たしてきた負の側面に関わることがらです。

それは，障害者問題にのみ固有ではなく，他の問題でも見出される
ものです。私が部落問題のところで指摘したのは，ほんの一部に
過ぎません。これは大別すれば，専門家の持つ専門性以外の無知から
来る側面と現在の分業化された専門性のもたらす科学性や合理性という
観点からの負の側面になるでしょうか。
そして，私たちもまた教師や専門家の一員である限り，このことから
逃れられる術(すべ)はありません。同じ批判は巡りめぐって私たちにも
突きつけられることになるでしょう。
事実，私などは学生諸君にしょっちゅう批判され，突き上げられていま
す。私としてはこれからも，批判されたり，糾弾されたりすることから
逃げない，という姿勢で臨むより他ありません。

最後になりましたが，脇中先生と対話させていただいて，私自身が
もやもやしていたものを少しは明確に言葉にすることができました。
お礼申し上げます。「偏見・差別・人権」の同じ講義を行っている
脇中先生と私の間にも，これだけ意見の隔たりがあるということに
驚く人がいるかもしれません。しかし，むしろ，人権や差別を
語るときには，意見の相違があることが当然なはずです。
そのことを前提に，一人ひとりがどのように差別や人権を考えるか，
その開かれた地平を共有し，その地平を少しでも押し上げるように
努力することこそが，私たちの人権に対する意識を高めることに
つながっていくのではないでしょうか。

⑳--
差出人：友澤　悠季
送信日時：2007年7月2日
件名：Re：メール討論を振り返って

みなさま
最後になってしまいすみません，友澤です。

「メール討論」を振り返って考えたことを，二点に絞って書いてみようと思います。

想像力について。

どうもこのタームが私のスローガンのように受け取られてしまったようで反省しています。決して私は想像力「が」単体で無敵だと主張したいのではありませんでした。
逆説的ですが，実は私のほうこそ，想像力には限界があると思っています。脇中先生が仰っている障害に関わるものだけに限らず，あらゆる他者に対する想像には限界がある，と意識しているつもりです。

つもりではありますが，つい，気づかずに身の丈を超えた邪推・推測をしてしまうことは多くあると思います。その典型が，脇中先生が紹介されたエピソードについて私がどうこう「想像」してしまったことです。やはりこれは出すぎたマネだったなと後悔しています。申しわけないことでした。想像という行為には限界がある，つまり，どうしてもわからないことがあるということは，私にとっても思考の出発点です。

限界を認識せずに行われる想像は，えてして当人からすれば迷惑千万大きなお世話である，とは，意識しているつもりです。
というのも実は数年前，友人とのメールのやりとりで，こんなことを言われました。要約すれば次のようなことです。

──小学校などではよく「他人の気持ちを考えなさい」といわれる。どうやって？　と問い返せば，すぐに，「自分だったらどういう気持ちになるか考えなさい」と返される。しかし，後者は実のところ，単なる自己投影に基づく思い込みでしかない。それは他者を想像するということとは別問題である。想像力というのは，自分と全く異なるシステムで回っている世界がある，ということを認識してから初めて発露するものだと思う，とすれば，自分が今まで人生で一度でも想像力を駆使したことがあるかと問われると，それはとてつもなく疑わしいことだ──。

じゃあどうすればいいんだろう，と，私はこの問いを思い返しては気持ちが疼きます。ひとつだけ信じてもいいかなぁと思うことは，何か発言をするときには，その対象について知らないよりも知っているべきだということです。だから知りたい，わからないんだけど知りたい。そして知ろうとするんだけど，わからない。わからないんだけど……などというぐるぐるした渦の中にいつも自分がいて，戸惑いながら発話をしているというのが正直なところです。

恥ずかしながら，私などは気のおけない友人との日常会話でさえそうなので，ましてや自分がキーを叩いて打ち込んだ文章が，活字になるなどとは実に怖く，これがまた誰かに苦痛を与えるのではないかといつもびくびくしています。
私が使う「想像」という言葉の背後には，いつもこういうわからなさがつきまとっているということを，先に述べておくべきでした。脇中先生とそう遠くないことを考えているように思うのですが，いかがでしょうか。

つぎに当事者の範囲について。

脇中先生と前平先生がそれぞれで使う「当事者」の指示範囲が異なっていることも一つの論点となっていました。

以前お送りした通り，限るべきか広げるべきかという議論はあまり生産的ではないことだと私は考えていました（メールのやりとりを拝読するうちそうした思いが強くなり，思わず議論に参入してしまいました）。なぜなら，そもそもお二人が明らかにしたい問題（その先には，お二人が意図する〈政治〉があると思います）は，それぞれの問題に対応して異なるのだから，当事者を囲む境界線が異なってひかれるのは当然だ，と思うからです。つまり，その境界線の引き方は，お二人がそれぞれの現場で向き合われている個別具体的な文脈から必要となった〈政治〉のためにつかみとられてきたものなのだと思います。

したがって，その個別具体性を無化して議論を行うには，二つの文脈同士の距離がありすぎて，議論が抽象化し，隘路に入ってしまったのかな，というふうな気がしていました。これもまた，あくまでひとつの想像なのですが，いかがでしょうか。

ふだん，会議を議論をしていても，お互いの議論を推測し解読しようとするものの，考える材料が足りず（あるいは共有できず），議論がよけいこんがらがってしまった，という状況はよく生じます。
「偏見」「差別」「人権」という言葉だけでは当然無理ですが，ここでは更に，「障害」「部落」という言葉ですら，到底単体では共通の議論の土台にはなりえない，ということも再認識しました。
ともかく，私個人はこの議論を経て，個別具体的な材料（背景に関する認識差異）が足りない中で，抽象化した議論をたたかわせることの危険を改めて思い知ったという印象です。

この議論を次につなげるにはどうすればいいのか。
私が思ったことは，たとえば書物においては「書き手」と「読み手」，「講義」においては「教える側」と「教えられる側」など，どの立ち位置に身を置くにせよ，両者ともが，実のところ何事かについてすべてを知っているわけではないという点で同様の限界を持っているのだという前提（言い訳でも開き直りでもなく）を，常に確認・共有しつつ進んでいきたいということでした。

この一見ぶざまな舞台裏であるメール討論を開示することの意味も，本書に限れば「書き手」あるいは「教える側」として登場している私たちが，実のところ抱えてしまっている限界のありかを開示するという一点に尽きるのだろうと思います。これを材料に，多くの方々と議論を開いていければいいなと思っています。

ありがとうございました。

京都大学・全学共通科目「偏見・差別・人権」に関して
あとがきに代えて

竹本修三

はじめに

　本書は，京都大学の全学共通科目「偏見・差別・人権」の講義体験に基礎をおいている。それは，本書の執筆者の多くがこの講義を経験しており，講義を通じて考えたことが出発点になっているからである。また，「偏見・差別・人権」の講義は，全学の同和・人権問題委員会（2005年に人権委員会に改組）とも深く関わっている。ここでは，本書の背景をなしている「偏見・差別・人権」の講義改善に向けた試みと，本書に関係した同和・人権問題委員会の取り組みについて述べる。

　人権をめぐる論議は，とかく道徳説教的な「かくあるべし」という規範の押しつけになりがちであるが，京都大学では人権に関する全学共通科目「偏見・差別・人権」の講義を専門家だけに任せるのではなく，全学の責任において実施している。文系・理系を含む多くの部局の教員が，リレー講義の形式で，それぞれの専門性や個人的体験などを「偏見・差別・人権」のテーマに結びつけて独自の考察に基づく問題提起をすることにより，具体的な現実を再発見し，受講生も講師も共にみずからの視線を新たにしていくことを目指したユニークな講義である。

　このリレー講義は，学内10学部（総合人間学部，理学部，文学部，医学部，教育学部，薬学部，法学部，工学部，経済学部及び農学部）が持ち回りで責任部局と

なって企画・運営にあたり，1994（平成6）年度から実施されている。2003年度に責任部局が一巡する頃までに，この科目の重要性に対する学内の認識がほぼ定着したが，その一方で，これまでの経験から改善すべき点も数多く指摘されるようになった。

　2005年度に2回目の責任部局が理学部に回ってきた機会に，これまでの指摘に基づき，いくつかの改善が試みられた。そのうちの一つとして，毎回の講義の際に出席票を回収することにした。この出席票には受講生に簡単な講義の感想を書いてもらったが，この感想が予想以上に興味深いものであった。講義をする側の意図と講義を受ける側の理解とがくいちがっている場合も明らかになり，教える側にとって参考になった。この年度の講義担当者の間で，この経験を一冊の本にまとめておけば今後の講義の改善に役立つという意見がでて，その方向で努力をしようということになった。しかし，思うように原稿が集まらず，残念ながら，この計画は実現しなかった。

　その後，2006年には京大生を含む大学生による人権無視の犯罪が多発し，社会的批判を浴びた。この状況のもとで，学生に人権について自分の頭で真剣に考えてもらう際の拠り所となる問題提起の本がやはり必要であると考えられた。そこで，「偏見・差別・人権」の講義のなかから，「基幹講義」と位置づけられる重要なテーマの「部落差別」，「性差別」，「民族差別」，「障害者差別」及び「環境と人権」に焦点を絞り，講義の際の学生の反応を参考にしつつも，いったん講義内容から離れて，それぞれの担当者が現時点で感じる偏見・差別・人権の問題意識を改めて書き直してみることになった。さらにそれぞれのテーマについて新たな執筆者を加えてできあがったのが本書である。

同和・人権問題委員会との関わり

　2005年度に「偏見・差別・人権」の責任部局が理学部に回ってきたとき，理学研究科・理学部から全学の同和・人権問題委員会に出ていた私が実施責

任者を引き受けることになった。同和・人権問題委員会は，京都大学において，同和（部落差別）問題をはじめとする人権問題を扱う委員会であり，学内で差別落書き・ビラなどが見つかったときにその調査や告示案の審議などを行うほか，差別対応マニュアルの作成や人権擁護のための研修会の企画などを行ってきた。私は2002年度から同和・人権問題委員会に加わっているが，本書の執筆者のうちの3名（前平泰志，野田公夫，駒込武）は，それ以前からこの委員会の委員であった。

京都大学では1998年頃から学内で差別落書き事件が頻発しており，それに対する大学側の対応が不十分であったとして学生から厳しい追及を受けていた。学生側の要求で差別落書きをめぐる「事実確認会」がたびたび開かれ，同和・人権問題委員会がその対応にあたっていた。私は，2002年6月21日に開かれた第4回事実確認会にはじめて参加した。2001年に理学研究科・理学部中央図書室で，図書室所蔵の地図に「部落」の位置を示す四カ所の落書きが発見されたが，差別落書きが見つかってから後の理学研究科・理学部としての対応もその日の「確認事項」の一つに予定されていた。そこで，私はその事件発生当時の丸山正樹・理学研究科長（現・京都大学理事・副学長）にも事情をお聞きし，理学研究科・理学部としての回答資料を用意して確認会に臨んだ。

夕刻から開催された「確認会」で，新任の委員である私は，委員会側の末席に座っていた。そのとき，自分が学生であった頃を思い出して，一瞬，座る場所を間違えたのではないかと感じた。私が京都大学に入学したのは1961年である。まだ六十年安保闘争の余韻が冷めやらぬ頃で，政暴法（政治的暴力行為防止法）反対，工業教員養成所設置反対，学生部次長設置反対などでクラス討議を経て，スト決議をしたり，街頭デモに出かけたりしていた。大教室のうしろの方に座っている学生たちに目をやると，あの頃の自分に重なって見えた。

このときの「事実確認会」では，学部ごとの事実経過の確認に入る前に，委員の一人が「簡単に糾弾する側・糾弾される側と二極に分けることには問題がある」と発言したことから紛糾し，学内で多発している差別落書き・ビ

ラに対する大学側の対応をめぐって，委員一人ひとりの認識が問われることになった。委員になって日の浅い私は，正直に「私にはわからない」と発言すると，学生の一人から「無知であることは犯罪である」と言われた。"そんな無茶な"と内心思っていると，他の学生が立って，「部落出身の当事者にとって，"エタ殺せ！"という落書きは，のど元にナイフを突きつけられたのと同じである」と言う。この発言は私の心に沁みた。これを聞いてから，理学研究科のなかで新たな差別落書きが見つかったとき，私は教授会で事実経過を説明したあと，「このような卑劣な行為は，断じて許すことができない」と自分の言葉として言うことができるようになった。本書の第5講で，前平は，"無関心な人々がいて気づかないうちにいつの間にか差別をする側に回ってしまっていることがある"と述べているが，「事実確認会」に出席するまでの私は，まさにその立場であった。

　結局，この日の「事実確認会」は，学部ごとの事実経過の具体的な確認までにはいたらず，私が用意した理学研究科・理学部の差別落書きに対する回答資料を説明する機会はないまま，時間切れになった。深夜まで及んだ学生の厳しい糾弾からやっと開放されたときには体は固まっており，立ちあがると節々が痛かった。しかし，不思議と心は爽やかだった。それは，日ごろ身近に接している研究室の大学院生・学部学生から研究上の相談は受けても，研究・教育と直接関係ない社会的な問題について問いつめられることはなかったので，この日の「確認会」で社会の差別・不条理を真剣に追及してくる学生たちが新鮮に思えたからである。

　この日，本書の執筆者の一人である前平委員は，「同和・人権問題委員会に対するあなたたちの告発・追及を部落民全体の命に関わる問題にストレートに結びつけてはいけない」と発言して，一番鋭く学生側とやりあっていた。前平委員は，学生たちに対して理解と共感を示しながらも，自らの意見を率直に表明する態度を取り続けておられた。「事実確認会」の席では納得できなかった学生たちが，その後，個別に前平研究室を訪れてきて，「確認会」の内容のみならず，部落問題全般にわたって，何度か意見を交わしあったそうである。前平委員は，「当然のことながら，私と学生たちの意見がすべて一致

することはなかったが，相互の信頼関係は以前より深まった」と，後日私に語ってくれた。この話を聞いて，大学における同和・人権問題への取り組みの難しさを感じると同時に，一つの方向性が見えた思いがした。すべての人びとが偏見・差別・人権を自分の問題として考え，時間を惜しまず対話をかさねて，解決の道を探ることがいかに大切であるかを痛感させられた。

「偏見・差別・人権」——2005年度の経験から

　2005年度の「偏見・差別・人権」講義の実施責任者を引き受けるにあたって，当時の高等教育研究開発推進機構長であった丸山正樹教授から私に伝えられた要望は，「京都大学の学生には差別・人権について高い意識をもってもらわなければなりません。そのために，『偏見・差別・人権』は，京都大学にとってきわめて重要な全学共通科目です。しかし，この科目も開講以来10年を経過して，講義担当者の間で開講当時の意気込みが次第に薄れてきており，また一部の学生の間にこの講義が『楽勝科目』であるという風評があるようです。理学部が責任部局となった機会に，この科目の意義をもう一度見直して，くれぐれもこの科目が『楽勝科目』と認識されないよう，十分配慮していただきたい」というものであった。丸山教授は，10年前に理学部がこの科目の1回目の責任部局となったときの責任者として苦労された経験があり，この科目にはいろいろ思い入れがあるようである。

　早速，過去の資料を調べてみると，2003年度までのこの科目の履修登録者数は500人から1,200人台であった。この登録者数は，京都大学の全学共通科目のなかでも，トップクラスの人数である。これは講義室（定員376人）の規模からみて，とても正常な授業として受け入れられる人数ではない。しかし，なるべく多くの学生に人権問題への関心をもって欲しいという教員側の強い希望があって，これまで受講人数の制限を行ってこなかったとのことである。学生の側は，ぜひとも講義を聞きたいという希望よりは，レポート提出だけで単位がもらえることへの期待感から，とりあえずは履修登録をして

おこうという者が多かったようである．試みに学生がアクセスしている全学共通科目のブログの「楽勝科目教えて！」を覗いてみると，確かにそのなかに「偏見・差別・人権」についての書き込みも含まれていた．実際にこの科目の単位を修得した学生数は，年により変動があるが，100人から500人台であった．

いろいろ問題があることがわかり，その改善に向けて努力を続けたが，実際にこの科目に関与してみると，「人権」に関する全学共通科目の講義を特定の部局に押しつけるのではなく，全学の責任において実施するという京都大学の方針は，教員側にとってもよいシステムであると思えてきた．固体地球物理学・測地学を専門とする私自身の体験に照らしてみると，これまで自分の専門及び関連領域の研究と人権とを深く結びつけて考えたことがなかった．しかし，偶然のめぐり合わせから「偏見・差別・人権」の講義に関わるようになって，地震や火山噴火などの自然現象そのものだけでなく，これらの自然災害によってひきおこされる人間生活の混乱に伴う差別・人権問題にも目が向くようになった．

後日，この講義に加わった他学部の教員からも「突然指名されて，最初は戸惑ったが，『偏見・差別・人権』の講義を担当してみて，人権問題についての関心が深まった．今ではこのことを感謝している」という感想を聞いた．

もちろん，人権に関する全学共通科目の枠のなかで，「部落差別」，「性差別」，「民族差別」，「障害者差別」などの基本的で重要なテーマについては誰でも担当できるわけではない．担当者は限られ，それなりの知識を備えた「専門家」が必要である．しかしその一方で，通常は人権問題を直接意識しなくても各人の専門領域での研究・教育が成り立っている多くの教員をこの「偏見・差別・人権」の講義に巻き込んで，人権について改めて考えてもらい，人権問題の「専門家」たるべく努力してもらうことは，京都大学全体としての人権意識のボトムアップにつながっていると考えられる．

「偏見・差別・人権」の改善に向けて，2004年6月に高等教育研究開発推進機構長を通じて同和・人権問題委員会に伝えられた全学共通教育システム委員会からの要望は，「平成17年度の科目構成は，半期完結型のリピート科目

とし，より多くの学生が受講できるように前期，後期に少なくとも2コマずつの開講が望ましい」というものであった。これについて同和・人権問題委員会で検討した結果，半期完結型のリピート科目とするのはよいが，少なくとも2005年度は，前・後期に2コマずつの開講は無理であるので，前・後期に各1コマを開講することとした。

全学同和・人権問題委員会と実施責任部局である理学部の関係者との間でさらに検討をすすめ，2003年度の実施責任部局であった農学部の野田公夫教授からの意見も参考にしながら，2005年度の講義は次のような方針で臨むこととした。

① 2005年度にこの科目は，半期完結型の基本的にリピート科目とし，学生には前・後期のいずれかを受講してもらうこととする。
② 前期・後期の授業予定回数各13回のうち，各8回分については，同和・人権問題委員会が主体的に関与する「基幹講義」と位置づけ，「部落差別」，「性差別」，「民族差別」，「障害者差別」などの同和・人権教育に欠かせない重要なテーマに関する講義を配置する。その担当者選定にあったては，専門性を考慮して，同和・人権問題委員会から実施責任部局に候補者を推薦する。また，2005年度の新しい試みとして，「環境と人権」を「基幹講義」に加える。
③ 学部教育に関与している部局のなかで，「基幹講義」の担当者を出していない部局からは，これまでどおり，「偏見・差別・人権」の主旨に合ったテーマを自らの専門や個人的体験などを通じて自由に設定していただく「各論講義」の担当者の選出を依頼し，前期あるいは後期の1回分のみの担当をお願いする。なお，責任部局である理学研究科・理学部は，ガイダンスのほか，前期及び後期に各1回の「各論講義」を担当する。
④ ティーチング・アシスタント（TA）制を導入して，毎回の講義の際に出席票の回収を行う。
⑤ 出席票には受講生が講義の感想を記入できる欄を設ける。
⑥ 成績評価は，従来のレポートのみによる単位認定を改め，出席率と試験の成績によって決める。

以上の方針に沿って2005年度の全学共通科目「偏見・差別・人権」のリレー講義を実施した。「基幹講義」以外で各学部提供の「各論講義」としては，以下のような講義を90分の時間枠で1回ずつ受け持っていただいた。

◎前期
　・霊長類の比較から見た人間の性と社会（山極壽一：理学部）
　・家族法とジェンダー（横山美夏：法学部）
　・人権としてのプライバシー（水谷雅彦：文学部）
　・賃金と雇用の男女格差（宇仁宏幸：経済学部）
◎後期
　・薬の開発における人権（河合明彦：薬学部）
　・動物学から見た性と社会（今福道夫：理学部）
　・医療と人権（沼部博直：医学部）
　・「建設」という業界を理解する（金多　隆：工学部／国際融合創造センター）

　全体の講義名を見て，"この科目は重たい内容かな？"と身構えていた学生も，「各論講義」に関しては，それぞれのテーマが「偏見・差別・人権」とどのように結びつくのかに興味をもって受講したようだ。受講した学生たちの感想を読むと，「意外なところから人権問題を考える糸口が得られた」などという肯定的な内容が多かった。例えば，山極教授の講義への感想のなかに，「人間や人間の社会を生物学的に見たのが初めてで，人間以外の霊長類の社会が多様であることを初めて知った感動が大きかった」というのがあった。
　なお，2005年度も受講人数の制限は行わなかった。これは，多少水ぶくれとなっても，より多くの学生に人権問題に対する関心をもってもらうことが大切であるから，人数の制限や出席を厳しくチェックする体制への移行は慎重に行ったほうがよいという意見に配慮したものである。
　2005年度の受講登録者は前期が223人，後期が281人と従来に比べて大幅に減った。これは，学生の間でこの科目が安易に単位の取れる楽勝科目ではないという認識が広まったためのようである。しかし全学部から満遍なく受

講届けが出ており，講義室（定員376人）の規模からみると，受講者は適当な人数であった。

出席票に基づき集計した実際の講義出席者数は，前・後期を含めて140人から180人台であった。大教室で行う全学共通科目の講義は，初回は教室にあふれる受講生がいても回を重ねるごとに出席者が減少し，最後はパラパラと姿が見える程度になる場合もあると聞いていたが，「偏見・差別・人権」の講義にそのような傾向は見られなかった。これは，様々な学部の教員による多彩なリレー講義が最後まで学生の興味をひきつけたためと思われる。なお，出席率と試験の成績によって決めた合格者数は，前期が152人，後期が174人であった。

2005年度の新しい試みとして，出席票には受講生に簡単な感想を書いてもらったが，初回のガイダンスのときには，「出席票にＡ４版の紙を使うのは，紙の無駄づかいだ」と書いてきた学生もいた。しかし，多くの学生は，「京大でこのような講義があるとは思っていなかった。リレー講義でいろいろな先生のお話を聞けるのは楽しみだ」と好意的な感想を寄せてきた。なかには，「京大の入学式で前に座っていた教授が男だけだったのが気になった」と，大学側への疑問を率直に寄せてくれる学生もいた。

回を重ねるごとに，出席票の感想欄を空欄のまま提出する学生の数が減り，講義を聞いて考えたこと，講義に対する疑問などを出席票の裏まで使ってびっしり書いてくる学生が増えた。この感想は，教える側にとって大いに参考になった。学生の感想のなかから，いくつか拾いだしてみると，次のようなものがあった。

● 「偏見・差別・人権」というテーマは答えが出やすそうでいて，なかなか出ない。だからいろんな分野・切り口から考えてみることが必要だなと思った。（総合人間：１回生）
● 何気ない一言が人を傷つけてしまうこともあるのは悲しい。（法：１回生）
● 偏見や差別は人の内面を傷つける。目に見えない傷は一生残る。人権は犯してはならない大事な権利だ。最低限守られるべき権利について考え

ていきたい。(工：2回生)
- 「偏見・差別・人権」をわが身の事として受け入れるためには，「ぐっとこらえて人の話を聞く」ということが大切だとわかった。「その話はもう聞いた」，「いま，そんな話に時間を割く必要が？」という言葉は自らの思考を停めてしまう。(文：4回生)
- 人権について，規範の押しつけでなく，自分で考えよということだが，やはり難しい。(理：1回生)
- 人権に関する敏感な感性をもてるようになりたい。(教育：1回生)
- 差別のとらえかたは人によって違うと思う。電車で年寄りに席を譲ろうとしたらイヤな顔をされたことがある。(薬：1回生)
- 言葉・行動の影響は，受け取る側の認識の違いによって大きく異なってくるので難しい問題だ。(農：1回生)
- 大学に入ってこれまでの常識が覆させられるということがしばしばあった。環境問題についての今日の講義もそうだった。でも，今日の話は立ち止まってじっくり考えれば気づいていたことと思う。(理：1回生)
- 差別は必ずしも単独に起こるものでなく，複合差別という捉え方のあるのを初めて知った。(工：1回生)
- いろんな差別があるんだなあと思った。偏見・差別をなくすために，まずできることは知ることだ。(農：1回生)
- 僕は○○県の出身だが自分の出身地にそれほど多くの被差別部落があると聞いて驚いた。でも，いままでそれを知らずに生きてこられたので，部落問題がどれほどの問題なのか正直に言って実感できない。(理：1回生)
- 前期の終わりに学内トイレで差別落書きが発見された。私の年代で人権について考えおくことが必要と感じた。(経：1回生)
- 京都大学にはいまだに差別落書きがあったと聞いて，「本当にそんなことするヤツがいたんだ」と驚いてしまった。(法：1回生)
- 差別がゼロの社会って，秩序が保てるのだろうか？(理：1回生)
- 「男らしさ」，「女らしさ」っていけないことですか？(文：1回生)

- ●差別と区別の違いをしっかり考えたい。(教育：1回生)
- ●差別について私は全然わかっていない。差別された人の気持ちがわかるようになりたい。(医：1回生)
- ●大学から差別をなくすためのさまざまな取り組みが行われているようだが，もうじき社会に出る自分も真剣に偏見・差別・人権問題について考え，考え方の幅を広げていく必要があると感じた。(薬・1回生)

第4講を担当している脇中洋のメールを引用させていただくと，「学生の感想を読んで，私は数多くの示唆を受けましたし，学生の側もなにがしかの問題意識をもってもらうきっかけになったと思います。講義が終了した時点では，"やれやれ，とりあえず無事終わった"と思っていたのですが，今日になって学生の感想を思い出し，"誤解がないように，こう説明すれば良かった"，"あの学生の意見には反論する機会を持ちたい"などと気になっています」ということが書かれていた。

また，講義の内容によっては，学部別の学生の反応の違いも目についた。受講生の多くは1回生であり，法学部の学生，工学部の学生といってもまだ学部教育はほとんど受けていないにもかかわらず，個別の講義の際に受講生が感想欄に記入した意見の分布に学部の差があらわれていたことは興味深いことであった。

本書が生まれるまで

「偏見・差別・人権」の講義は，2005年度に講義担当者が学生の感想を読むというフィードバック機能が有効に働きだしたことにより，教える側にとっても多くの示唆を与えられ，今後の講義の改善につながる多くの改良点が浮かびあがってきた。前期の講義終了後，担当者が集まって議論した結果，文系・理系の学生が同時に受講するこの科目について，1回が90分という限られた時間内のリレー講義の枠組みのなかで，①学生に伝え残したこと，②学

生の感想を読んで思い通りにいったこと，いかなかったこと，③学生の疑問に対する補足説明，④様々な学部の学生を相手にするときに感じた問題点などを一冊の本にまとめておく必要があるという意見がだされた。理学研究科の山極壽一教授，経済学研究科の宇仁宏幸教授は，早速その方向で原稿の準備をすすめてくださった。その一方で，もともと本にまとめるつもりで講義をしていないので，講義に基づいた本の原稿を執筆するのは無理であり，また時間的な余裕もない，という意見もあった。結局，2005年度の講義担当者全員を巻き込んだ「偏見・差別・人権」の講義体験に基づく出版計画は，残念ながら実現しなかった。

その間，2005年12月には塾講師の大学生が教え子の小学6年生を刺殺するという衝撃的な事件が京都府下で起こった。また，2006年1月には京都大学アメリカンフットボール部の元部員が集団強姦容疑で逮捕されるという事件が発生し，社会的批判を浴びた。

京都大学では，学内の人権意識を高めるために，「自由で平等な社会をつくるために―人権関係法令等資料集―」の冊子を毎年新入生のオリエンテーションの際に配布し，各学部の人権担当委員が説明している。この資料集はA4版で100ページに達する内容の充実した冊子であるが，あまりにその中身が多いため，とくに新入生には問題点がわかりにくいのではないかという声が学内にあった。そこで人権委員会では，より具体的に人権の問題を説明した「『人権』を考えるために」のパンフレットを2006年2月に作成した。

このパンフレットは，人権委員会が2005年9月に決めた「京都大学ハラスメント防止・対策ガイドライン」の骨子を説明するとともに，京都という土地にある大学に深く関連する重要な問題として，部落問題・民族問題にからむ「差別落書き・差別ビラ」のほか，「ハラスメント」の具体例として，前述の京大生による集団強姦事件やかつて京都大学の著名な教授が同じ研究領域の研究志望の女性を強姦し，長年にわたって性的関係を強いたという事件にも触れている。これが在学生や新入生に配布されたとき，理学部のある教員は，「大学生にもなってこんなことを教えなければいけないのか」と嘆いていた。

「『人権』を考えるために」のパンフレットは，大学の公式な出版物としては，かなり突っ込んだ内容となっている。しかし，大学の立場を代表した出版物は，学内の大多数の意見を集約したものであり，その記述にはおのずから限界がある。人権をめぐる議論にはさまざまな側面があり，また差別の認識も時代と共に変わるので，なかなか定式化できるものではない。昨今の情勢のなかで，学生に人権について自分の頭で真剣に考えてもらう際の拠り所となる今日的な問題提起の本がやはり必要であろうと考えられた。

　そこで，京都大学学術出版会の鈴木哲也編集長とも相談した結果，1回限りの「各論講義」については別の機会に譲り，毎年講義を続ける「基幹講義」の普遍的なテーマに焦点を絞り，講義の際の学生の反応を参考にしつつも，いったん講義内容から離れて，執筆者が現時点で感じる偏見・差別・人権の問題意識を極端な専門性は避けながら記述し，大学に入った学生が真剣に生きることを考える際の拠り所となる原稿を改めて書き直してみたらどうかということになった。そこで「基幹講義」を担当された方々に改めて協力をお願いし，本書の構想がまとまった。

　こうしてできあがった本書は，多彩な執筆者がさまざまな角度から人権問題について語っている。ここで，理学研究科に所属し，固体地球物理学・測地学を専門とする私が，大学と人権について最近思ったことも述べておきたい。

大学と人権について思うこと

　大学院重点化に伴い，他大学出身者が京都大学大学院理学研究科へ多数進学してくるようになると，院生の研究テーマの選定がこれまで以上に重要な問題になった。とくに，他大学の大学院で修士課程を修了し，京都大学大学院理学研究科の博士課程に編入してきた院生は，京都大学に来る前に抱いていた大きな期待が，編入後に思いどおりに研究が進展しないときにより大きな失望に変わるという場合もありうる。限られた年限内で彼らに学位を取得

させるためには，研究テーマに関して事前に十分な打合せを行うとともに，そのテーマに沿った研究が順調に進展しているかどうかを，常に確認することが必要である。その注意を怠ると，深刻な事態になりかねない。

いま，一つの仮想的なケースを考えてみよう。ある実験系の研究室に他大学で修士課程を修了した院生が編入してきたとする。この院生は，出身大学で博士課程に進学する道もあったが，世界的に名の知られた京都大学大学院理学研究科の教員のもとで研究指導を受け，学位をとりたいという希望から京都にやってきた。京都に来ると，彼はさっそく，指導教員と博士論文のテーマについて相談し，研究室の実験装置を使ってできる最先端の研究テーマのなかから一つを選び，データ取得のための実験を開始した。実験を行うにあたって，指導教員から基本的な注意を受けただけで，具体的な機械操作に関する細かい指示はなかった。このような場合に理学研究科では院生の自主性に任せることが多く，指導教員は，その院生が他大学大学院の修士課程で実験の経験もあるので信頼しており，わからないところがあれば聞いてくるだろうと思っていた。

喜び勇んで実験を開始した院生は，途中，機械操作でわからないところがでてきたが，自分の判断で実験を続けた。するとある日突然大きな音がして，装置が動かなくなってしまった。翌日，院生が指導教員に報告すると，装置を見に来た教員が驚いた。多少なりとも実験の心得がある学生なら考えられない初歩的なミスをこの院生が犯してしまったために，高価な装置が使用不能になっていた。他の院生も使っているこの装置を早急に修理しなければならないが，その修理代をどうやって工面したらよいか，教員は頭を抱えた。そんなことがあってから，教員はその院生に高価な実験装置をなるべくさわらせないようにした。院生の方は精密な装置が使えなければ研究がすすまない。次第に指導教員と院生の溝が深まってしまった。

このような悲劇的な展開は，まったく架空の話ではなく，私の研究室を含む多くの実験系の研究室において，現実に起こりうる可能性があると考えておかなければならない。大学院重点化に伴って院生の定員が大幅に増加した。大学院の教員としては，定員の充足数を満たさなければならないという義務

感から，かなり無理をして院生を受け入れるケースもある。その一方で，教員の雑務は加速度的に増え，研究室の院生や学部生とゆっくり話をする時間がなくなってきている。このような状況で，教員と学生との間に十分な意思疎通ができなくなると，とりかえしがつかないことになる。

　私が学生の頃は，下宿で寝過ごしてしまって遅い時間に大学に歩いて行くと，大学近くの今出川通りに面した喫茶店のなかに顔見知りの教員が座っていて，目が合うと手招きされた。恐る恐る店に入り，向かい合った椅子に座ると，「最近何している？」から始まって，いろいろと聞かれた。こうして日ごろ抱えている疑問のいくつかが解消していった。しかし，私が教員の立場になってからは，自分の要領の悪さもあって，このような時間的余裕がなかなか得られなかった。会議や出張などに追いまくられて，学生とゆっくり話をする時間がとれないまま，ある日，出張先の宿でベッドに入ってから，先の仮想的なストーリーが頭に浮かんだ。多忙を理由にして学部生・院生との意思疎通をおろそかにしていると，そのうち学生から「アカデミック・ハラスメント」で訴えられることもあるのでないかと思うと，悶々として寝られなかった。それ以後は，なるべく時間を見つけて学生と話をするように心がけてきたが，それでも十分とはいえない。

　大学院重点化がすすんだここ10年ほどの間に，私の研究室におこった変化は，他大学出身の女子学生の割合が増えたことである。私の研究室は，地球の大きさや形と地球重力場の精密決定とそれらの時間的変化についての研究を行っている。人里離れた地下トンネルのなかに伸縮計，傾斜計などの計器を設置して，地球の動きをじっと観測したり，精密な重力計を持って国内のみならずインドネシアや中国の奥地などで重力の時間的変化を測定したりという泥臭い仕事をしているため，これまで女子学生から敬遠されてきた。しかし，最近は風潮が変わってきている。女子の院生を連れて海外の野外測定に出かけるケースも増えてきた。このような場合に教員側としてどういう点に配慮が必要かを考えなければならないが，学生の意見も聞きつつ，試行錯誤をくりかえしながら反省点を改善しているところである。本書の第3講で伊藤公雄が"性差別と向き合う"ことを述べているが，まさにこれは，私

の研究室で身近な問題になってきた。研究室のコンパのときなどに，女子学生にはなるべく酒をすすめないようにしている。しかし，なかには，すごい偏食で，牛肉はダメ，刺身もダメ，しかし，日本酒は大好きという女子学生もいたりする。このような場合に酒をすすめてもいいかどうか迷ってしまう。

　私は，「自分が嫌なことは，他人にもしない。まして，自分が聞いて嫌な言葉は，他人にも言わない」という生き方をしてきたつもりであるが，自分の一言が，思いがけず他人を傷つけてしまって衝撃を受けたことがある。

　知り合いに私よりも身長が10cm以上高い女性がいた。私の身長は同年代の男性の平均より低めなので，背の高いその女性をいつも羨ましいと思っていた。あるとき，その女性との話の途中で棚の上の資料が必要になり，「あなたは背が高いですから，あの棚の資料を取っていただけませんか？」と言ったところ，その女性は「それは，セクハラです！」と怒りだした。私は「背が高い」をほめ言葉で使ったつもりなのに，その女性にとっては身長のことに触れられるのが一番嫌だったようだ。私がほめ言葉と思って使った言葉が，受け取る側には「セクハラ」と感じられたことが大きなショックだった。

　「セクハラ」を含めて，ハラスメントは，受け取る側がどう感じるかということが大変難しい問題である。しかし，少なくとも研究室の院生・学部生にハラスメントと感じるような不快な思いをさせてはならないと強く思っている。

　外国人留学生に関して，2000年の時点で私の研究室には10人の院生がいたが，そのうちの7人が日本人，3人が外国からの留学生であった。3人の留学生は，それぞれ，ハンガリー，インドネシアおよびケニアから来ていた。また，男女の比率では，男子学生6人に対して，女子学生はインドネシアからの留学生を含めて4人であった。院生が使える部屋は2つあり，6人と4人分の机と椅子が置いてある。部屋割りは院生の自主性に任せておいたが，性別や国別には関係なく，研究テーマによって，衛星測地データを扱うグループと地上観測データを扱うグループとに分かれた。部屋割りについて，その後院生から不満はでなかったので，全員が納得して決めたことは，うまくいったようである。

インドネシアからの留学生は敬虔なイスラム教徒で，決まった時間になると床にマットを敷いてお祈りをする。同室の院生たちは慣れているが，私はそのことをすぐ忘れてしまう。院生に連絡しなければならないことを急に思いついて，院生の部屋の扉を開けると，留学生がお祈りの最中で，「すまん，またあとで」とだけ言って，慌てて部屋に戻ったことが何度かあった。

留学生たちは，日ごろ大学生協の食堂で食事をしていたが，インドネシアからの留学生が冬にお気に入りのメニューは「おでん」であった。ところが，ある日突然，生協のおでんにスジ肉だったか，豚ひき肉入りのロールキャベツだったか，イスラム教徒には信仰上許されない食材が加わったため，彼女は生協のおでんが食べられなくなってしまった。その話を聞いた同室の日本人女子学生が生協の担当者と交渉し，生協のおでんの中身を以前と同じものに戻してもらったことがあった。そのとき，ゼミでは頼りない発表をしていたその女子学生を頼もしく思った。このようなことがあってから，留学生と日本人学生との間の連帯感が強まり，3人の留学生がそれぞれ博士学位を取得して母国に帰ってからも，当時同室であった日本人学生とのメールによるやりとりが続いている。

このインドネシアからの留学生と同じタイミングで同国から来日し，理学研究科の他の専攻に入学した彼女の友人がいた。この友人が日本に来て2年目の夏にインドネシアに帰り，昔と同じように現地の旧友と夜店の屋台でサテ・アヤム（焼き鳥）とミーゴレン（焼きそば）を食べたところ，お腹をこわしてしまったという話を聞いた。われわれ日本人が観測のためにインドネシアを訪れると，3日目くらいから腹具合が悪くなり，10日ほど経つと回復するが，これは，現地の水道水か，調理に使われている椰子油が，日本人の体質に合わないためであろうと思っていた。しかし，日本で一年ほど暮らしたインドネシア人が現地に帰ると，われわれ日本人と同じような症状が現れるという話を聞いて，私は考えこんでしまった。

私が子供の頃，小学校の検便で回虫の卵が見つかって当惑したことを憶えている。当時は飲料水の水質検査も十分とは言えず，一般の家庭に冷蔵庫もなかったので，今とは比べものにならないほど多くの寄生虫の卵や雑菌を口

に入れていたと思う。それでも大病を患わなかったのは、体内に環境に適応した免疫力ができていたのではなかろうか。

　日本はここ数十年で衛生状態が格段とよくなり、回虫、ギョウ虫やサナダ虫などの寄生虫の話を身近で聞かなくなって久しい。さらに最近の日本では「環境と人にやさしく」とか「クリーンな世界へ」といった清潔志向を色濃く反映した抗菌グッズが多数販売されている。清潔志向は決して悪いこととは思わないが、極端に雑菌を恐れて無菌状態のなかで長い間暮らしていると、本来人間がもっている免疫力や抵抗力が低下してしまうのではないかと思う。本書の第1講で野田公夫・友澤悠季が、"「地球と自然との間」に線引きをする"ことの怖さを述べているが、ある日、突然大地震が襲って、水道も電気もガスも止まってしまったとき、このような清潔志向の若者たちが無事に生き延びていけるかどうかが心配になった。

　本書第2講の民族問題（駒込武・片田晶・安岡健一）に関して、理学研究科の教員として一つ忘れられないことがある。1998年9月に「朝鮮大学校卒業生、京都大学大学院へ入学」という見出しが新聞紙上に躍った。尾池和夫現京都大学総長が理学研究科長であった時代のことである。この年、京都大学大学院理学研究科は全国の国立大学の大学院で初めて3名の朝鮮大学校出身者の受験を認め、そのうちの1名を合格と認めた。もちろん、理学研究科では私の研究室も含めて、それまでにも数多くの外国人留学生を大学院に受け入れてきた。しかし、これらの場合は、個々のケースについて大学を卒業した者と同等以上の資格があるかどうかを審査したうえで独自の試験を実施し、それに合格すれば理学研究科会議の承認を得て、通常の定員とは別枠で、入学を認めてきた。それに対して、この朝鮮大学校出身者の場合は事情が異なっている。国立大学大学院の通常の入試に日本の大学卒の資格を持たない者が受験し、その合格を認めたということで話題になった。これまで、公立大学や私立大学では、受験を認められた例もあったが、国立大学の大学院ではそのような例がなかったからである。

　大学院の入学資格については、学校教育法第67条の本文中に「大学院に入学できる者は、第52条の大学を卒業した者又は監督庁の定めるところにより、

これと同等以上の学力があると認められた者とする」とある。大学卒業者と同等者については，同法施行規則第70条の5に「その他大学の専攻科又は大学院において，大学を卒業した者と同等以上の学力があると認めた者」となっている。これに基づいて，京都大学大学院理学研究科修士課程学生募集要項の出願資格の6番目に「本研究科において，大学を卒業した者と同等以上の学力があると認めた者」という項が記載されている。これを素直に解釈すれば，日本の正規の大学を卒業していない大学院入試受験希望者を門前払いするのは筋が通らないとうのが当時の理学研究科の見解であった。専門分野の学力試験などによって合格の可能性がでてきたら，その段階で「同等以上の学力がある」と認めるかどうかを判断すればよいというものである。このような判断をするのは，受験者個人についてであって，その出身校など，特定のグループに対して判断をするものではない。一部の新聞では「朝鮮大学校を大学と同等と認めて」受験させたという記事も見られたが，理学研究科では朝鮮大学校に対してそのような判断をしたわけではない。

　1998年9月24日の参議院文教・科学委員会で，佐々木文部省高等教育局長が「大学において一たん合格者とし，あるいは入学許可を行った場合には，その学生の利益を考慮いたしまして，取り消しを求めるようなことは行わない，そういう考えでございます」という答弁をするに及んで，京都大学大学院理学研究科の判断は，文部省（現文部科学省）でも追認されることになった。その後，京都大学大学院の他研究科のみならず，他の多くの国立大学大学院の入試でも次つぎと同様の方針が採用されるようになった。

　さらに時代がすすみ，今では国立大学の学部入試においても，インターナショナルスクールなどの外国人学校の卒業者（卒業見込みの者を含む）については文部科学省の省令改正により自動的に受験資格が認められるようになった。また，朝鮮学校の出身者についても，出願資格審査を経れば，受験が可能な制度となった。京都大学では文部科学省の方針変更に先立って，同和・人権問題委員会が2002年9月13日に「民族学校出身者の京都大学への受験資格に関する最終報告」を作成した。これは，同委員会のもとに設けられた「民族学校出身者の国立大学受験資格に関する小委員会」が京都朝鮮中・高級

学校と京都韓国学園の授業やこれらの学校で使用されている教科書の内容について専門学者の協力を得ながら検討を行い，これらの学校で行われている教育が学校教育法一条に定める「学校」の教育と基本的に差がないことを確認した結果に基づいている。また，公立大学，私立大学の6割近くが外国人学校卒業者の受験資格を認定しているという実情も把握したうえで，「最終報告」では，「わが国の歴史的責任という観点，人権という観点，教育の国際化という観点から，外国人学校卒業者の受験資格を認めることが適当である」と結論づけている。

＊　　＊　　＊

　本稿の前半では，本書の出発点となった京都大学の全学共通科目「偏見・差別・人権」の改革の試みとその背景をなす全学の同和・人権問題委員会の活動について，筆者がかかわった範囲で手短かに紹介した。

　本稿の後半では，理学研究科の地球物理学教室のなかで筆者が大学と人権について最近思ったことを述べた。固体地球物理学・測地学を専門とする私が，たまたま2005年度の全学共通科目「偏見・差別・人権」の実施責任者を任されたことが契機となり，本書の出版計画に関与することになったが，その過程で人権問題に関して深い専門性と見識をもつ多くの共著者と知り合うことができ，これまで気づかなかった身近な人権問題にも目が向くようになったことはありがたいと思っている。

　本書は，ふだんの生活のなかではなかなか自覚しにくい人権の問題について，極端な専門性は避けながらもそれぞれのテーマに関して各著者が真摯な問いかけを行い，学生が人権について考える際の拠り所となる本をめざして出版された。本書は，京都大学の立場を意識した人権問題に対する大学全体の考えの表明をめざしたものではない。各執筆者が個人の責任において，各人の思想に基づき，それぞれが社会に向き合う時代認識を読者に問いかけるかたちで自由に書き下ろしたものである。それだけに，これまでの「人権本」とは異なり，自由度の高いユニークな本になったと考えている。本書が，学

生の心性を揺さぶり，日常の閉塞感・抑圧感を打ち破る一助になれば幸いである。

謝　辞

　丸山正樹京都大学理事・副学長には，2005 年度の「偏見・差別・人権」講義の改善から本書の出版にいたるまで，終始変わらぬご指導と励ましをいただいた．また，京都大学共通教育推進部・第一共通教育教務掛の柴田 玲 掛長には資料収集等で大変お世話になった．これらの方々に厚く御礼を申しあげる．

　このほか，2005 年度前期「偏見・差別・人権」の「各論講義」を担当された，山極壽一理学研究科教授と宇仁宏幸経済学研究科教授には，本書の前段階で企画した講義体験に基づく本の出版計画に積極的に賛同していただき，深く感謝している．その後の経緯で出版の方針が変わり，残念ながら両先生の原稿を本書に取り込むことはできなかったが，動物学や経済学を人権に結びつけて論じた講義は，学生に新鮮なインパクトを与えて好評だった．次の機会には，ぜひこれらの講義を一つにまとめた本が出版されることを望んでいる．

　最後に，本書がこの類の本としては異色なものとなったのは，従来からの人権擁護の啓蒙書とは一味違う本ができないだろうかという，京都大学学術出版会の鈴木哲也さんや斎藤至さんたちの「挑発」に，執筆者がまんまと乗ってしまったためともいえる．この「挑発」に感謝するとともに，本書がさらに多くの人びとに「挑発」の輪を広げることになるよう願っている．

2007 年 8 月

著者を代表して　竹本修三

[執筆者紹介] （五十音順）

竹本　修三　（たけもと　しゅうぞう）

　1942年生まれ。京都大学理学部地球物理学科卒業，京都大学防災研究所助手，同理学部・理学研究科助教授を経て，理学研究科教授。この間，日本学術会議測地学研究連絡委員会委員長，日本測地学会会長，国際測地学協会地球潮汐委員会委員長などを歴任。現在，京都大学名誉教授。専門は，固体地球物理学・測地学。

　主な著書に，『レーザホログラフィと地震予知』（共立出版株式会社：1987年），*Laser Holography in Geophysics*, Ellis Horwood Ltd. (Chichester, UK：1989) など。

【なぜ本書に？】

　本文で述べたように，京都大学同和・人権問題委員会委員及び理学研究科人権擁護委員会委員長として「大学と人権」の問題に関わりました。特に，2005年度の全学共通科目「偏見・差別・人権」の実施責任者を務める中で，大学における人権教育の難しさを痛感するとともに，この問題を一部の専門家まかせにしてはいけないと強く思いました。そこで，本書の企画段階から参加しました。

駒込　武　（こまごめ　たけし）

　1962年生まれ。東京大学教育学部卒業，東京大学大学院教育学研究科博士課程修了。現在，京都大学大学院教育学研究科准教授。専門は，植民地教育史，東アジア近代史。

　主な著書に，『植民地帝国日本の文化統合』（岩波書店：1996年），『日本の植民地支配――肯定・賛美論を検証する』（岩波書店：2001年，水野直樹らと共編），『帝国と学校』（昭和堂：2007年，橋本伸也と共編）。

【なぜ本書に？】

　京都大学同和・人権問題委員会の委員として，差別落書き・ビラをめぐる大学当局の対応の不十分を学生・院生から追及された経験が，本書編纂のエネルギーとなりました。それまで差別に反対する側にいると思い込んでいた自分が，差別を助長する側にいるのだと糾弾された経験をふまえながら，それでも，差別と人権について語るとはどういうことか……。こうした問いに対する，自分なりの応答のひとつのあり方を本書で示せたことになるでしょうか。

伊藤　公雄　（いとう　きみお）

　1951 年，埼玉県生まれ。京都大学文学部卒，同大大学院文学研究科博士課程学修退学。京都大学文学部助手，大阪大学人間科学部助教授，教授を経て，現在，京都大学大学院文学研究科教授。

　主な著書に，『〈男らしさ〉のゆくえ』（新曜社：1993 年），『男性学入門』（作品社：1996 年），『「男らしさ」という神話』（NHK 出版：2003 年），『「男女共同参画」が問いかけるもの』（インパクト出版会：2003 年）他がある。

【なぜ本書に？】
　ジェンダーの問題に関わった経緯は本文で記した通りですが，研究のみならず，内閣府男女共同参画会議専門調査会委員や京都府，大阪府，兵庫県などの男女共同参画審議会委員など，色々な場でこの問題に積極的・具体的に関わるよう務めています。

友澤　悠季　（ともざわ　ゆうき）

　1980 年，横浜市生まれ。京都大学農学部生産環境科学科卒業。現在，京都大学大学院農学研究科博士後期課程在籍。

　主な著作に，「「被害」を規定するのは誰か ── 飯島伸子における「被害構造論」の視座」『ソシオロジ』158 号，2007 年。

【なぜ本書に？】
　いわゆるベッドタウンで，人権という言葉を必要とする事態に直面することもなく育ちました。では本書に関わる発想のもとは実際のところなんなのか，共著者から何度も問われ続けましたが，恥ずかしながら，合点のいく答を返せぬまま刊行を迎え，宿題が残りました。

野田　公夫　（のだ　きみお）

　1948 年，名古屋市生まれ。京都大学農学部農林経済学科卒業，京都大学大学院農学研究科博士課程修了。現在，京都大学大学院農学研究科教授。専門は，近現代日本農業史，比較農業論。

　主な著書に，『21 世紀の農学・生物資源から考える　第 7 巻　生物資源問題と世界』（京都大学学術出版会：2007 年，編著），「世界農業類型と日本農業 ── 小農社会における農業・農村主体性」『季刊あっと』（太田出版）6 号，2006 年。

【なぜ本書に？】
　「生きにくさ」に呻吟する人を身近で見てきたので，リアリティに届かぬ人権研究（者）への忌避感が強かったのですが，「苦悩をめぐる学への違和感から目を背けずにいたい」という共著者と重ねた対話が，揺らぎを与えてくれました。人権について大学で語ることも捨てたものでもないかもしれない，と思えるようになったのです。

前平　泰志　（まえひら　やすし）

　1949年和歌山県生まれ。京都大学教育学部卒，同大大学院教育学研究科博士課程学修退学。ユネスコ教育研究所員，京都大学教育学部助手，甲南女子大学文学部助教授，教授を経て，現在，京都大学大学院教育学研究科教授。
　主な共著・訳書として，『生涯教育 ── 抑圧と解放の弁証法』（エットーレ＝ジェルピ著，東京創元社：1983年），『生涯学習と計画』（松籟社：1999年）他。
【なぜ本書に？】
　私が部落問題について書くのは，おそらくこれが最初で最後になるでしょう。これまで縁があって大学の全学共通科目「偏見・差別・人権」のリレー講義や教育学部の「同和・人権教育」を毎年担当して部落問題について学生諸君に語りかけてきましたが，私自身は部落問題の専門家ではないし，拙稿が，部落問題について目配りよく整理されているとも思えません。異論や見解の相違も少なくないと思うのですが，読者の議論のたたき台にしていただければ幸いです。

脇中　洋　（わきなか　ひろし）

　1959年生まれ。京都大学農学部林学科卒業。立命館大学大学院文学研究科単位取得退学。現在，花園大学文学部教授。専門は，発達心理学および法心理学。
　主な著書に，『生み出された物語　目撃証言・記憶の変容・冤罪に心理学はどこまで迫れるか』（北大路書房：2003年，共著），『嘘とだましの心理学』（有斐閣：2006年，共著）。
【なぜ本書に？】
　「これまで自分はいったいなにをしてきたのだろう」と，何度もことばに詰まりながらの執筆でした。本書中で自分の問題点を露悪的に暴きながら，どうやらたどり着いたのは「自他の尊重」という地点ですが，さて今日から具体的にどう振舞うのかに，もう詰まっています。今となっては，この格好の悪さが読者に対する「教材」になれればそれでよいと思っています。この地点を5年，10年後に笑い飛ばせればよいのですが。

片田　晶　（かただ　あき）

　1982年生まれ。京都大学総合人間学部卒業。現在，京都大学文学研究科修士課程社会学専修在籍。
【なぜ本書に？】
　自分を「何人でもない」と感じ，「在日」について考えることもありませんでしたが，学部時代，偶然のきっかけから在日韓国学生同盟の活動に出会いました。同時に京大で駒込武先生の授業を受け，京都朝鮮第三初級学校に足を踏み入れ，その後，学校紹介ビデオ制作に参加したことで，朝鮮学校についてわずかながら知り，考えることになりました。

北村　直也　（きたむら　なおや）

1985年生まれ。京都大学工学部地球工学科在籍。
【なぜ本書に？】
　生まれつき障害を持っており，さらに全学共通教育科目の「偏見・差別・人権」という講義を受講したことがあるということで，今回この本を出すにあたってこの本の著者の方々に執筆を依頼されました。

西郷　甲矢人　（さいごう　はやと）

1983年生まれ。京都大学理学部理学科卒業。現在，同大学院理学研究科修士課程在籍。
【なぜ本書に？】
　「この京都大学で部落差別事件が起こっている」という事実に衝撃を受けたところから，部落差別問題への関心が引き起こされました。単なる「一般論」や「空論」ではなく，生きた人間に密着した立場から差別問題や社会問題を考えていきたいと思うようになりました。私のささやかな文章をきっかけに，ひとりでも多くの学友が，この問題に向き合う仲間になってくれたらとの思いで執筆しました。

戸梶　民夫　（とかじ　たみお）

1970年生まれ。北海道大学農学部農業経済学科卒業。現在，京都大学大学院文学研究科社会学専修博士後期課程在籍。専門はセクシュアリティ研究。
【なぜ本書に？】
　直接には伊藤公雄先生に声をかけていただいたことですが，性的少数者の存在は日本では年々「可視化」されてきているものの，「人権」の問題としてはまだ十分にとらえられていません。その現状と困難を少しでも知ってもらえたらと思いました。

松延　秀一　（まつのぶ　しゅういち）

1955年生まれ。京都大学文学部史学科卒業，同大学院博士後期課程満期退学。現在，京都大学人間・環境学研究科総合人間学部図書館職員。
【なぜ本書に？】
　執筆者の脇中洋氏から紹介がありました。彼とは，1980年代初めに教育学部の聴覚障害学生支援活動で知り合い，その後彼の子供さんが，京大の手話サークルに入ってきたことをきっかけに再会する機会があり，そういう縁から，本書への執筆依頼があったのだろうと思います。

丸山　里美　（まるやま　さとみ）

1976 年生まれ。京都大学文学研究科社会学専修博士課程単位取得退学。現在，日本学術振興会特別研究員。専門はジェンダー研究。

主な著作に，「自由でもなく強制でもなく」『現代思想』34-9（2006）など。

【なぜ本書に？】

伊藤公雄先生に声をかけていただいたのですが，私の聞いた弱い立場におかれている人の声を伝えていけたらと思い参加しました。私たちひとりひとりが少しでも生きやすい世の中をつくっていくことを目指して，弱い立場にある人々の声を聞き，文章を書いていきたいと思っています。

安岡健一　（やすおか　けんいち）

1979 年生まれ。京都大学農学部生産環境科学科卒業。現在，京都大学大学院農学研究科博士後期課程在籍。専門は農業・農民史。

【なぜ本書に？】

これから考えていきたいテーマとして，自分の権利が侵されていることに気がつくことの困難さ，があります。虐げられていることを認識するということ自体が，非常に負荷が伴うという印象を深めています。わたしたちひとりひとりの＜弱さ＞を見据えていきたいです。

京都大学講義「偏見・差別・人権」を問い直す
©S. Takemoto, T. Komagome 2007

2007年10月20日　初版第一刷発行

編者	竹本修三
	駒込　武
発行人	加藤重樹

発行所　京都大学学術出版会
　　　　京都市左京区吉田河原町15-9
　　　　京大会館内　（〒606-8305）
　　　　電話（075）761-6182
　　　　FAX（075）761-6190
　　　　URL http://www.kyoto-up.or.jp
　　　　振替01000-8-64677

ISBN 978-4-87698-730-6　　印刷・製本　㈱クイックス東京
Printed in Japan　　　　　　定価はカバーに表示してあります